DOUGLAS PRESTON

失落的猴神之城

THE LOST CITY OF THE MONKEY GOD

[美] 道格拉斯·普雷斯顿 著　吴真贞 邓菁菁 译

A TRUE STORY

重庆出版集团 重庆出版社

目录
CONTENTS

Chapter 1

The Gates of Hell

For centuries, Mosquitia has been home to one of the world's most persistent and tantalizing legends.

第一章

地狱之门

几个世纪以来，莫斯基蒂亚成了世界上最悠久、最吸引人的传说的诞生地之一。

地处洪都拉斯腹地的莫斯基蒂亚*，是地球上为数不多尚未被发掘的地区之一。这是一片广阔的法外之地，占地约829万公顷，内有雨林、沼泽、潟湖、河流以及山麓。因地形险恶，在早期的地图上，它被标记为“地狱之门”。莫斯基蒂亚是世界上最危险的地区之一，数百年来，人们多次深入和探索此地，但都无功而返。即便是在21世纪的今天，这里还有几万公顷的雨林尚未被科学探查过。

莫斯基蒂亚中心地带有着世界上最茂密的丛林，就像一张绿色的毯子覆盖在绵延不断的群山上。这些山峰高约1.6千米，山峰之间是陡峭的峡谷、奔流而下的瀑布和咆哮的洪流。这里年降水量超过3000毫米，洪水和山体滑坡时有发生。频频发生的泥石流瞬间就可以吞噬掉一个活生生的人。丛林的下层游荡着致命的毒蛇、美洲虎，猫爪藤的弯钩倒刺轻易就能撕烂人们的皮肉和衣服。在这里，即使是携带砍刀和锯子的探险老手一天辛辛苦苦探索十来个小时，也只能前进三四千米。

探险莫斯基蒂亚面临的并非仅止大自然的威胁。洪都拉斯是世界上谋杀率最高的国家之一。从南美洲运往美国的80%的可卡因都要途经洪都拉斯，其中大部分会经过莫斯基蒂亚。贩毒集团掌控着周边众多的城镇和乡村。美国国会已经禁止美国政府工作人员到莫斯基蒂亚及其附近的格拉西亚斯–阿迪奥斯省旅行，“据可靠情报显示，此处存在针对美国公民的威胁”。

可怕的隔绝带来了一个奇怪的结果：几个世纪以来，莫斯基蒂亚成了世界上最悠久、最吸引人的传说的诞生地之一。据说在人迹罕至的莫斯基蒂亚某处，坐落着一个由白色石头筑成的“失落之城”，人们称之为Ciudad Blanca，也就是“白色之城”，也有人说它是“失落的猴神之城”。有人说这座城市是玛雅人的，但也有人认为这座城市是几千年前由一个不知名的、现已消失的族群建造的。

2015年2月15日，我在洪都拉斯卡塔卡马斯市的帕帕贝托酒店的会议厅参加了一个吹风会。在接下来的几天里，我们的团队将按计划乘直升机前往一个名为“一号目标”的未经勘探的山谷，该山谷位于莫斯基蒂亚群山深处。直升机会把我们带到一条无名河流的岸边，我们必须依靠自己的双手在雨林中开辟出一个原始的营地，并以此为基地探索这座未知城市的遗迹。我们将是第一批进入莫斯基蒂亚的研究人员，在这片被茂密的丛林包裹着的土地上，在这片没有任何人类痕迹的原始地带上，会有什么发现？我们无从知晓。

夜幕降临卡塔卡马斯，探险队的后勤负责人站到了会议室的最前面。他是一名退伍军人，名叫安德鲁·伍德（Andrew Wood），我们都叫他伍迪。他曾是英国特种空勤团的军士长，也曾是冷溪近卫步兵团的一员。伍迪是丛林战和野外生存方面的专家。在介绍任务时，他开门见山地告诉我们他的任务很简单：保住我们的命。他召开此次会议，是为了告诉我们在探索峡谷时可能会遇到的威胁。他要求我们所有人（甚至包括探险队名义上的几位负责人）都要清楚，并且同意他的前特种空勤小组完全负责我们身处荒野的这些日子：我们的探险队将采用准军事化模式，我们必须无条件地服从他们的命令。

这是探险队的第一次碰头会。这个探险队由科学家、摄影师、电影制片人和考古学家等各色人等组成，当然，也包括我这个作家。我们每个人都具备一些野外生存技能。

伍迪走到安保处，用他那特有的短促的英式腔调说着注意事项。在这里，甚至还没进入丛林，我们就得小心了。卡塔卡马斯是一个由暴力贩毒集团掌控的危险城市，在没有武装护卫的情况下，任何人都不得离开酒店。对于此行的目的，我们要守口如瓶。我们不能在酒店工作人员会听到的情况下谈论项目，也不能在房间里乱放与工作相关的文件，更不能在公共场合打电话。酒店的储藏室里有一个巨大的保险箱，可以存放文件、现金、地图、电脑和护照。

至于我们在丛林中所面临的危险，毒蛇当排在首位。伍迪说当地人将矛头蛇叫作"黄胡子"。爬行动物学家认为矛头蛇是最危险的蝮蛇。在美洲新大陆，这种蛇咬死的人比任何其他蛇都要多。这种蛇攻击性强、易怒且行动迅速，它们昼伏夜出，喜欢去有人的地方。据观察，这种蛇的毒牙能喷出超过1.8米远的毒液，其毒牙甚至能穿透最厚实的皮靴。有时候，矛头蛇会首先发动攻击，再追赶，然后再次发起攻击。它们经常会跳跃起来攻击对方，咬在膝盖上方的位置。矛头蛇的毒液极为致命。它会引发脑出血，让人立刻死于非命，即便没有立刻死亡，之后其毒液也会引发败血症，让人在毒发不久后不治身亡。如果你侥幸活了下来，被噬咬过的四肢通常也必须被截掉，因为毒液会导致组织坏死。伍迪告诉我们，在夜晚或天气不好的时候，直升机都无法抵达我们要去的地方，所以被蛇咬到的人要想被送出去，可能得几天之后。他还告诉我们，任何时候都要穿着凯夫拉防蛇绑腿，特别是在晚上起来小解的时候，他还特别提醒我们，小解时要站在圆木上，完了再下来；绝对不能让脚处于没有防范措施保护的境地。他的朋友史蒂夫·蓝金（Steve Rankin，贝尔·格里尔斯的制作人）就是在哥斯达黎加寻找外景地时，因为没有做好防范措施才被蛇咬伤的。虽然蓝金也穿着防蛇绑腿，但藏在在圆木另一端的矛头蛇还是击中了他的靴子，毒牙轻而易举地刺透了皮革。"你们看，这就是当时的情况。”伍迪说着便掏出自己的苹果手机，将那张照片展示给我们看。照片上显示的是蓝金的脚被蛇咬后的可怕情形，当时医生正在为他做手术。即使经过抗蛇毒血清的治疗，脚部也发生了坏死，坏死的腐肉被清理得很干净，露出了皮肉下方的肌腱和骨头。蓝金的脚保住了，但他大腿内侧的一块肉不得不被移植到脚部的伤口处。（这张照片在网络上可以轻松找到，承受能力强的读者可以搜一下。）伍迪继续说道，这个峡谷看上去正是矛头蛇的理想栖息地。

我偷偷地看了一眼周围的同胞，早先手持啤酒游走于酒店泳池边的欢乐气氛，早已消失得无影无踪。

接下来是一场我们可能会在丛林中遭遇哪些携带病菌的昆虫的讲座。这些虫子包括蚊子、沙蝇、恙螨、蜱虫、接吻虫（之所以这么叫，是因为它们喜欢咬人的脸）、蝎子和“子弹蚁”（被这种蚂蚁叮上一口，感觉和被子弹击中一样疼，因此得名）。在莫斯基蒂亚地区，最致命的流行性疾病当属一种皮肤病，即利什曼原虫病，又被称为“白麻风病”。这种病是被感染了利什曼原虫的沙蝇叮咬后引起的。被沙蝇叮咬之后，利什曼原虫会进入人的鼻腔黏膜和嘴唇黏膜，以啃噬黏膜为生，从而在人的脸部引发严重的溃疡。他特别强调我们要定期使用驱蚊胺，从头喷到脚，衣服也要喷，天黑之后更是要喷遍全身。

听说，蝎子和蜘蛛会在晚上爬进靴子里，所以我们得把靴子倒扣在木桩上，每天早上穿靴子之前都要抖干净。还有一种成群结队生活在矮树丛中的有毒红蚂蚁，只要树梢稍有颤动，红蚂蚁就会像下雨一样一股脑掉下来，钻进人的头发里、脖子里，疯狂地噬咬，让人觉得像是被注射了有毒物质一样，一旦发生这种情况，我们就必须立即撤离。伍迪警告我们，在手碰触树枝、树茎或树干的时候一定要非常小心。此外，不要随意穿越茂密的植被。除了藏匿的昆虫和树上的毒蛇以外，很多植物的棘刺和尖刺也会把人割伤。在丛林里要戴上手套，最好是潜水员用的带水肺的那种，因为它可以有效地防止植物的枝叶刺扎进来。伍迪还告诉我们，在丛林里非常容易和大部队走失，仅仅离开队伍三四米就可能会走丢，因此在丛林里面，任何人在任何情况下都不得独自离开营地或队伍。每次从大本营出发探险时，我们都被要求必须携带一个装着应急物品的旅行包，里面有食物、水、衣服、避蚊胺、手电筒、刀、火柴和雨具。万一我们走失，不得不躲在湿淋淋的圆木下过夜时，这些用品都是必不可少的。他还给我们发放了哨子，一旦发现自己走失，就要马上停下来，吹响哨子求救，原地等待救援。

我用心听完了伍迪的介绍。从安全问题的介绍中，明显能看出来伍迪只是想要吓唬我们，让我们听从指挥，特别是提醒那些对野外环境缺乏经验的探险队成员要格外小心。在座的有三个人曾经从“一号目标”上空飞过，我就是其中之一。“一号目标”就是我们要去的山谷，位置极为偏远。从空中俯瞰，它就像一个阳光普照的热带天堂，而不是像伍迪说得那般危险潮湿，那般疾病肆虐和毒蛇横行。我们不会有事的。

*莫斯基蒂亚这个名字不是来源于昆虫，而是因附近沿海地区居住的一个种族而得名，这个种族的人拥有印第安、欧洲和非洲混合血统。该种族的人在几百年前得到了毛瑟枪（西班牙语为mosquetes），因此别人称他们为“米斯基托人”（Miskito或Mosquito）或“马斯基特人”（Musket）。但是，也有人认为这个名字源于本地土语。

Chapter 2

Somewhere in the Americas

I can tell you only that it is somewhere in the Americas.

第二章

美洲某处

我只能告诉你，它在美洲的某个地方。

我第一次听说“白色之城”是在1996年，那时我受《国家地理》(*National Geographic*) 杂志的委派，写一篇关于柬埔寨古神庙的故事。那时候，为了确定雷达是否能穿透树叶发现丛林下方隐藏的东西，美国国家航空航天局（NASA）一架携带着先进雷达系统的DC-10飞遍了世界各地的丛林区域。加州帕萨迪纳NASA喷气推进实验室里一个主攻遥感（即分析从太空拍摄的地球图像）的专家小组对调查结果进行分析。处理完数据之后，该小组发现了一座不为人知的12世纪的神庙遗迹，它就藏身在柬埔寨的丛林里。为了了解更多的信息，我拜访了该小组的负责人罗恩·布鲁姆（Ron Blom）。

布鲁姆不是那种老派的科学家，他蓄着络腮胡，面容粗犷，身体强健，鼻梁上架着飞行员眼镜，头戴一顶印第安纳·琼斯式的帽子。阿拉伯沙漠中失落之城乌巴（Ubar）的发现，令他在国际上声名鹊起。我问他手上还有什么项目，他一口气说了很多任务：绘制穿越阿拉伯沙漠的乳香贸易路线、寻觅古丝绸之路、绘制弗吉尼亚州内战遗迹的地图。布鲁姆解释说，将用不同波长的红外线和雷达拍摄到的数码图片结合在一起，然后利用电脑处理过的数据，他们现在都能够看到沙漠下方4.6米处的东西；这些射线还可以穿透茂密丛林的树冠，甚至是穿过现代的小路和公路，发现地下的古道。

古道也挺有意思，但我特别感兴趣的是，是否可以利用这种技术发现其他像乌巴一样的失落之城。当我向布鲁姆询问此事之时，他却突然变得闪烁其词。“跟你透露一点儿吧，我们目前正在研究其他遗址。”

科学家真的很不擅长撒谎，我一眼就看出他这么说是为了掩盖一些更重要的事情。一再追问之下，他最终承认，“那是个非常重要的遗迹，但是我不能说。我现在在为一个私人组织工作，并签了一份保密协议。我们是根据‘失落之城’的传说来寻找它的，但我只能告诉你，它在美洲的某个地方。我们根据传说划定了一个大致的范围，我们正在用卫星数据来定位目标”。 16

“找到了吗？”

“我只能说这么多。”

“你和谁一起工作？”

“不能说。”

布鲁姆同意将我的意思转告他的神秘雇主，看雇主能不能给我打电话，但他不确定能否联系得上那个人。

出于对“失落之城”的强烈好奇，我给自己认识的几位中美洲考古学家打电话咨询此事，他们给出了自己的猜测。大卫·斯图尔特（David Stuart）当时还是哈佛大学皮博迪博物馆玛雅象形文字语料库项目的助理主任，致力于玛雅象形文字的解读。他说：“我非常了解那片区域，其中有些地方几乎从未有考古学家前去探索过。当地人常常告诉我，他们去雨林狩猎时看见过这个遗迹，那个巨大的废墟里有许多雕像。这些故事大多都真实可信，那些人没有理由撒谎。”他补充道，在玛雅人的文献中，还有许多引人遐想的内容，其中提到一些和已知的遗址毫无关联的大城市和寺庙。若说这世上还存在尚未被发现的前哥伦布时代的城市，且数百年来从未有人踏足，那只能是在这里。

哈佛大学玛雅文化专家戈登·威利（Gordon Willey，现已去世）听了我的问题，马上就想到了“白色之城”的传说。“记得1970年我在洪都拉斯时，听人说起过‘白色之城’，说它就在远离海岸的那边。那不过是一群人在酒吧里闲谈，我觉得那可能只是一道石灰崖。”尽管如此，那些话还是唤起了威利的好奇心，想去看看。“但是我一直没能拿到进入那里的许可证。”洪都拉斯政府极少签发去那里探查的考古许可证，因为那里太危险了。

一周后，布鲁姆的雇主居然给我打电话了。他叫史蒂夫·埃尔金斯（Steve Elkins），“一个电影摄影师，一个充满好奇心的人，一名探险家”。他想知道我那样盘问布鲁姆到底是为什么。

我说我想要为《纽约客》（*New Yorker*）写一个小短篇，报道他寻找传说中的“失落之城”的故事。他勉强答应和我谈一谈，但前提是我不能报出这个遗址的名字或所在国家。私下里，他终于承认他们的确是在寻找“白色之城”，也就是众所周知的“失落的猴神之城”。但是他希望在“白色之城”被证实之前，我不要在《纽约客》上披露这些信息。“你就说这是中美洲某处的一座失落之城。不要说它在洪都拉斯，否则咱们就别聊了。”

埃尔金斯听过“白色之城”的本地版和欧洲版的传说。“白色之城”被描述成一个“先进的富裕之城，有着密集的贸易网络，位于莫斯基蒂亚人迹难至的崇山峻岭深处，数世纪无人问津，它一直保持着被遗弃时的样子”。这将是个意义重大的考古发现。埃尔金斯解释说：“我们认为，通过空间成像技术，就能锁定目标区域，从而确定那些可能存在遗迹的区域，以便后期进行实地考察。”布鲁姆和他的团队将范围缩小到了约260公顷的目标区域，他们将之标为“一号目标”，也就是T1，那里似乎有大型人造建筑。但埃尔金斯拒绝详细说明。

“我不能再多说了，因为任何人都可以购买这个空间成像数据。我们所做的工作，其他人也能做，他们会抢走我们的功劳。遗址也可能会被洗劫一空。接下来我们能做的就只有亲自走一趟了，我们计划今年春天去那里。”他补充道，“到时，我们希望能发现一些可以向全世界宣布的东西。”（我为《纽约客》写的小短篇于1997年10月20日和27日发表。）

Chapter 3

The Devil Had Killed Him

The devil had killed him for daring to look upon this forbidden place.

第三章

魔鬼杀死了他

魔鬼杀死了他，因为他竟敢窥视这片禁忌之地。

最神圣的陛下：……我得到可靠情报，向您汇报一个地域广阔的富有省份，以及一些手握重权、统治此省的酋长……经查明，从特鲁西略城到达那个地方需要8到10天的时间，约五六十里格（1里格约为4.8千米）。有关该省份的报告非常精彩，毫不夸张地说，它的财富甚至超过了墨西哥，其城镇村庄的面积、人口密度和居民政策等都不逊于墨西哥。

1526年，赫尔南·科尔特斯（Hernan Cortes）在停泊在洪都拉斯海岸外的特鲁西略湾船上，写下了这份报告，这是他写给查尔斯五世的著名的“第五封信”。这份报告写于科尔特斯征服墨西哥的6年后，历史学家和人类学家认为，该报告为“白色之城”或“猴神之城”的神话播下了种子。“墨西哥”（即阿兹特克王国）有着惊人的财富，其首都拥有至少30万居民，但他关于新大陆比阿兹特克王国更大的断言是值得注意的。科尔特斯写道，印第安人称这片土地为“古老的红土大陆”，在他语焉不详的描述中提到此地位于莫斯基蒂亚的山中。

但在当时，科尔特斯被卷入了一场阴谋，他忙于镇压下属的叛乱，所以无暇探索这片“古老的红土大陆”。即便在遥远的海湾处也清晰可见的崇山峻岭让他心生畏惧。但是，就像在南美流传数百年的黄金国故事那样，他的故事有了自己的生命。在科尔特斯写下“第五封信”的20年后，一个名叫克里斯托巴尔·德·佩德拉萨（Cristóbal de Pedraza）的传教士被任命为洪都拉斯的第一任大主教。他宣称在艰苦的传教之旅中，曾经到过莫斯基蒂亚丛林深处。在那里他见到了令人震惊的景象：从高高的悬崖俯瞰下去，下方是一座散布在河谷中的巨大而繁荣的城市。他的印第安向导告诉他，那片土地上的贵族吃饭用的是金盘子和金杯子。然而佩德拉萨对黄金不感兴趣，故而没有进入山谷，只是继续前行。但他在随后写给查理五世的报告中提到了这个传说。

此后的300年间，中美洲废墟城市的故事在地理学家和旅行者之间广为流传。19世纪30年代，一个名叫约翰·劳埃德·史蒂芬斯（John Lloyd Stephens）的纽约人对此产生了浓厚的兴趣，想要寻找这些藏身中美洲雨林深处的古城。他设法争取到了一份外交任务，去短命的中美洲联邦共和国任大使。1839年，正当洪都拉斯共和国陷入暴乱和内战之际，他抵达了洪都拉斯。在混乱中，他找到了一个独自探秘神秘废墟的机会（尽管这也是个危险的机会）。

与他同行的是一位非常优秀的英国艺术家弗雷德里克·凯瑟伍德（Frederick Catherwood）。弗雷德里克带着一个描像器，准备用它记录下他们发现的每一个细节。在当地向导的陪伴下，二人追寻着这座伟大之城的传说，在洪都拉斯艰难跋涉了几周。深入丛林后，他们最终来到了一个既贫困又不友好且蚊子猖獗的村庄，这个名叫科潘（Copán）的村庄沿河而建，靠近危地马拉边界。当地人告诉他们，河对岸确实有一些古代庙宇，但现在那里只有猴子。他们在河岸边，看见对岸矗立着一堵石墙。他们骑着骡子涉水过河，爬过一段台阶进了那座城。

“我们踩着巨大的石阶拾级而上，”史蒂芬斯后来写道，“石阶有的还很完整，有的则被裂缝中长出来的树木顶开了。之后到了一个平台上，这个平台的整体构造看得不太清楚，因为厚厚的树木层层覆盖在了它上面……向导用砍刀开辟出一条路，沿着这条路我们发现了一个方形石柱……柱子的正面雕刻着一个男人的形象，他的穿着怪异而华丽，面部的特写表情庄严甚至严厉，让人不由心生畏惧。柱子背面的图案则完全不同，和我们之前见过的东西都不一样，而柱子的另外两侧则刻满了象形文字。”

在这一废墟被发现之前，大多数北美人心中的印第安人，就是他们在书上读到或是偶然在边疆地区碰到的狩猎–采集部落那般。在大多数人看来，新大陆的原住民就和半裸的野蛮的印第安人差不多，他们所创造的东西和文明一点儿边也沾不上。

史蒂芬斯的探索完全改变了这种看法。这是历史上的重要时刻，它让世人意识到了美洲曾创造过自成一体又令人瞩目的文明。他写道："这座丰碑的意外发现，瞬间将我们对美洲文物的怀疑一扫而空……它就像新出土的历史文献那样，证明美洲大陆原来的主人并非野蛮人。"这个被称为"玛雅人"的种族建造了这座金字塔和庙宇纵横交错的城市，并在纪念碑上刻满了他们的象形文字，他们所创造的文明和其他古代文明一样先进。

史蒂芬斯是个极其有魄力的美国人，他立刻用50美元从当地地主手中买下了科潘的遗址，并计划（后被放弃）将这些建筑拆卸下来，装船运到美国，然后打造成景点用于吸引游客。在接下来的几年里，史蒂芬斯和弗雷德里克二人继续前去探索，绘制并记录下从墨西哥一直延伸到洪都拉斯的玛雅古城。但是他们一直没有冒险进入莫斯基蒂亚，或许是因为那里的崇山峻岭和雨林看上去比他们在玛雅王国所遭遇的所有困难都更加吓人吧。

他们将自己的经历写成了《中美洲、恰帕斯和尤卡坦纪闻》（*Incidents of Travel in Central America, Chiapas, and Yucatan*）一书，分两卷出版。书中记载了许多关于遗迹、土匪、艰难的雨林之旅的故事，还配有丰富的插图，这些插图都是弗雷德里克绘制的精美版画。他们的书很快就成为整个19世纪最畅销的非小说类书籍之一。美国人被彻底震撼到了，美洲新大陆竟然拥有能与旧大陆匹敌的、与埃及金字塔和古罗马辉煌相媲美的城市、庙宇和巨大的文物古迹。史蒂芬斯和弗雷德里克的作品激起了美国人对失落之城的向往之情，并且让人们意识到，中美洲丛林一定还有很多秘密有待发现。

不久，玛雅文明就成为新大陆上被研究得最为深入的古代文化之一，对它们感兴趣的不仅仅是当时的科学家。根据1830年出版的《摩门经》（*The Book of Mormon*）记载，耶稣基督后期圣徒教会宣称玛雅人就是以色列失落部落中的一个——拉曼人。拉曼人在公元前600年左右离开了以色列，乘船来到美洲；《摩门经》中有耶稣在新大陆的拉曼人面前显灵，让他们皈依成为基督徒的故事，书中还讲述了很多欧洲人到来之前这里发生的故事。

20世纪，为了证实这些故事，摩门教资助了很多考古学家前往墨西哥和中美洲考察，试图通过考古发掘来证实这些传说故事。虽然这催生了一些有价值、高质量的研究，但这也让这些考古学家陷入了两难的境地。面对与摩门教历史观相悖的明确证据，一些考古学家最终因丧失信念而终止研究，还有一些人因为发出质疑声而被逐出了教会。

玛雅王国从墨西哥南部一路延伸至洪都拉斯，它的尽头似乎就是科潘。科潘东部巨大的丛林山脉，尤其是莫斯基蒂亚地区的密林，看上去是如此荒凉和危险，以至于几乎没有人来此地探险，更不用说进行考古了。人们在科潘东面找到了前哥伦布时代的非玛雅文明，但消失的玛雅文明仍然难以捉摸，研究得也很少。玛雅人的影响究竟波及科潘东部和南部的什么地方，很难说。在与世隔绝中，这些诱人的传说被演绎得愈加丰富多彩。更大、更富庶的城市（可能是玛雅人的，也可能不是）隐藏在密不透风的丛林中，这样的故事深深地吸引着考古学家和寻宝者。

到了20世纪初，这些故事和谣传融汇成了一个有关神圣的禁忌之城“白色之城”的传说，一处尚未被发现的丰富的文化宝藏。“白色之城”这个名字可能是源于莫斯基蒂亚的佩赫印第安人（也被称为帕亚第安人）；人类学家从佩赫印第安人那里收集到了很多关于卡哈卡玛萨的故事。据说，在两河源头处的山口之外坐落着一个“白色宫殿”。一些印第安人将之描述成了一个难所，他们的萨满为了躲避入侵的西班牙人，曾经躲进了那里，从此再也没有出来。还有一些印第安人说，西班牙人实际上进入了“白色之城”，但是他们受到了神的诅咒，最后或死于非命，或在丛林中失踪了，永远地消失了。然而，在其他印第安故事里，这里被描述成了一座遭遇一系列灾难打击的悲剧之城；因为目睹了神的怒火，居民们便遗弃了这座城。在那之后，它就变成禁忌之地，任何进入该城的人，不是病死了就是被魔鬼杀死了。关于这个传说还有一个美国版本：许多探险家、地质勘探者和早期的飞行员都曾说过，在莫斯基蒂亚中部的某个地方，透过层层叠叠的丛林，他们都曾瞥见过一座废墟城市的石灰岩城墙。所有这些故事——本地版、西班牙版和美国版的故事加起来，似乎就构成了“白色之城”或猴神传说的基础。

虽然随着埃尔金斯发现的曝光，有很多探险者也到访过中美洲雨林，但几乎没有人敢冒险前往莫斯基蒂亚这片令人生畏的地区一探究竟。20世纪20年代，卢森堡民族学家爱德华·康西莫斯（Eduard Conzemius）成为最早探索莫斯基蒂亚的欧洲人之一，他乘着独木舟沿普拉塔诺河深入密林。在这次旅行中，他听说“在20至25年前，一个橡胶割胶工人在普拉塔诺河与保拉亚河之间的灌木丛中迷路了，偶然发现了一些重要的遗迹”。康西莫斯写道：“这个人用迷人的语言描述了他所看到的景象。那是一座十分重要的城市废墟，里面的建筑是用类似白色大理石的材料建成的，城市四周的城墙也是用同样的石材建成的。”

割胶工说出他的发现后不久就失踪了。有个印第安人告诉康西莫斯："魔鬼杀死了他，因为他竟敢窥视这片禁忌之地。"康西莫斯试图雇一位向导带他去"白色之城"，但印第安人都装糊涂，他们害怕一旦他们暴露了禁地的位置，他们就得死（当地人是这么告诉他的）。

到了20世纪30年代初，甚嚣尘上的传说引起了美国考古学家和一些主要机构的注意，他们认为玛雅王国边境尚未被发掘的山区丛林中可能真的隐藏着一个废墟城市，它甚至可能是一个失落的文明。*它可能是玛雅文明，也可能是某种全新的文明。

20世纪30年代早期，史密森学会的美国民族学局派遣了一位专业考古学家去科潘东部考察，想看看玛雅文明是否延伸到了莫斯基蒂亚险峻的丛林地带。威廉·邓肯·斯特朗（William Duncan Strong）是位高瞻远瞩的学者，在工作上他少言寡语，对待工作认真而谨慎，不喜欢引人注目和张扬。他认为莫斯基蒂亚里居住着一个古老的、不为人知的族群，他们不是玛雅人。他也是最早得出这样结论的人之一。1933年，斯特朗耗时五个月横穿洪都拉斯，乘独木舟沿着帕图卡河及其数条支流探险。他写了一本带有插画的日志，该日志现收藏于史密森学会。这本日志包含许多探险细节，里面有很多关于鸟类、手工艺品和风景的精美插图以及细节图。

斯特朗发现了一些重要的遗址，在日志中他对这些遗址进行了详细描述，并绘制了下来，还对其进行了几次试挖掘。这些遗址包括弗洛雷斯塔土丘（the Floresta mounds）、万基比拉（Wankibila）古城、杜斯·奎布拉达（Dos Quebradas）古城和棕色遗迹（the Brown Site）。在旅程中，他也遇到过危险：有一回他的手指被子弹打中了（具体情况尚不清楚，也可能是他自己不小心枪走火了），他还得和大雨、昆虫、毒蛇和密林搏斗。

斯特朗立刻意识到，这些古城并不是玛雅城市：玛雅人爱用石头建城市，而在这一区域中，到处都是巨大的土丘，显然这是一种独立而复杂的文化。这是一种全新的文化。然而，尽管斯特朗的研究显示，莫斯基蒂亚不属于玛雅王国，但他的发现所引发的问题却远远多于答案。这些人是谁，他们来自何方，为什么没有留下任何记录？他们究竟是如何在如此恶劣的丛林环境下生存和耕作的？他们和强大的玛雅邻居关系如何？这些的土丘带来了另外一个谜题：这些土丘下面是埋藏了建筑物或坟墓，还是出于其他原因建造的？

虽然斯特朗发现的古代奇观有很多，但在他听到其中最大的废墟“白色之城”的故事时，他只是将之视为“可爱的传说”。当他坐在莫斯基蒂亚密林深处的力拓河河畔时，一个向导跟斯特朗讲述了下面的故事，他将之记在了日志里，并取名曰“禁忌之城”。

他在日志里写道，这座失落之城坐落在北方群山深处的湖岸边，白色的城墙周围环绕着一片果树林，有柑橘树、柠檬树和香蕉树。如果有人吃了禁忌之果，那他将永远迷失在山林之中。“传说是这样的，”斯特朗写道，“但我还是决定像向导的父亲那样，沿着河流走，当河流开始变成在黑色石头和树林之间蜿蜒的涓涓细流时，就必须掉头回来。那座城市仍然会以这种方式存在。就像‘白色之城’那样，禁忌之果也依然会长久地吸引着好奇的人。”

所有谣传、传说和故事都为下一个阶段奠定了基础：一方面，运气不太好的探险队仍在狂热地寻找失落之城；另一方面，严肃的考古研究也在这一地区展开。二者都有助于我们揭开“白色之城”的神秘面纱。

*如今的考古学家不喜欢使用“文明”这个词，因为文明意味着优越性，他们更倾向于使用“文化”。但我还是继续沿用“文明”一词吧，我所说的“文明”没有价值判断的意思，它只是指一种内容复杂、广泛传播的文化。

Chapter 4

A Land of Cruel Jungles

A land of cruel jungles within almost inaccessible mountain ranges.

第四章

险恶丛林

一片人类无法靠近的深山中的险恶丛林。

在这里，乔治·古斯塔夫·海伊（George Gustav Heye）登场了。

海伊的父亲把自己的石油生意卖给了约翰·D.洛克菲勒，赚了很大一笔钱。海伊后来在纽约当了投资银行家，积累了更多的财富。但除了钱，海伊还有其他爱好。1897年，大学刚毕业的海伊在亚利桑那州找了份工作。在那里，海伊偶遇了一个印第安女人，这个女人当时正在噬咬她丈夫的豪华鹿皮上衣，因为她想要“杀死上面的虱子”。海伊一时兴起，买下了这件爬满虱子的衣服。

这件鹿皮上衣，开启了美国历史上最贪婪的收藏职业。海伊迷上了美洲原住民的东西，并最终积累了上百万件藏品。1916年，他在纽约的上百老汇地区建了个美洲原住民博物馆来存放他的藏品。（该博物馆于1990年移至华盛顿特区，成为史密森学会的一部分。）

海伊身材高大，身高1.93米，体重约136公斤，脑袋圆滚滚的，一张娃娃脸，下巴肥厚。一根金表链垂在他结实的胸前；他常常穿着黑色西装，戴着渔夫草帽，嘴里叼着雪茄。他经常坐着豪华轿车到全国各地采购藏品，还会查阅当地报纸上的讣告栏，询问其亲属逝者是否留下了一些无用的印第安老物件。在这些旅行中，海伊有时会让司机坐在后座，而他自己则像个疯子一样飙车。

新奥尔良的一个医生把一尊据说来自莫斯基蒂亚的犰狳雕像卖给了海伊，自此以后，海伊对美洲原住民物品的痴迷便拓展到了洪都拉斯。这个奇特又有趣的东西由玄武岩雕刻而成，它有着滑稽的脸、拱起的背，只有三条腿，但站得稳当当的（这件雕塑如今仍是博物馆的藏品）。海伊被这个雕塑深深地吸引住了，他最终决定资助一个探险队到这个危险地区去寻找更多的艺术品。他雇了一位名叫弗雷德里克·米歇尔–黑吉斯（Frederick Mitchell-Hedges）的英国探险家，此人宣称自己在伯利兹（即英属洪都拉斯地区）找到了名为卢巴安敦的玛雅古城，还说自己的女儿在那儿发现了著名的水晶头骨，即“厄运头骨”。米歇尔–黑吉斯精力充沛，是个典型的英国探险家：一口纯正的英国腔，嘴里叼着石楠根的烟斗，脸上的皮肤晒得黑黝黝的，还有那带连字符的复合姓氏。 28

米歇尔–黑吉斯在1930年开始对莫斯基蒂亚的边缘地区展开探索，后因为疟疾和痢疾病倒了，他才停下了脚步。这场病非常严重，以致他一只眼睛暂时失明了。病愈之后，他展示了1000多件艺术品，同时还讲述了一个令人震惊的故事：群山的深处有一座被遗弃的城市，那里埋藏着一个巨大的猴子雕像，他说当地人称这个城市为“失落的猴神之城”。海伊得知后立即派米歇尔–黑吉斯重返莫斯基蒂亚，开启新的探险，去找寻这座失落之城的踪迹，英国博物馆是这次探险的联合出资方。

于是，他们开始兴致勃勃地准备第二次探险。米歇尔–黑吉斯在《纽约时报》上宣布：“我们的探险队计划深入地图上标注的某片尚未被探索的区域……据我所知，这个地区有着许多尚未被发现的巨大遗址。”这个地方就在莫斯基蒂亚的某处，但他说具体的位置需要保密，“可以说，这是一片人类无法靠近的深山中的险恶丛林”。但是在这次新的探险征程中，米歇尔–黑吉斯并没有深入丛林内部，也许是因为他不想再次经历先前的痛苦旅程。相反，他把大部分时间都花在了探查洪都拉斯海湾群岛的沙滩和海岸线上，他在这些地方找到了一些水下石雕，它们可能是因为海岸受到侵蚀而沉到这片水域中的。在解释自己为什么没能重返莫斯基蒂亚的时候，米歇尔–黑吉斯说自己有了更伟大的发现，那就是亚特兰蒂斯的遗迹，他认为亚特兰蒂斯是“美洲各民族的摇篮”。他还带来了更多关于“失落的猴神之城”的传说，这些都是他在海边旅行时听到的。

海伊立即开启了新的洪都拉斯探险之旅，这次他明智地抛弃了米歇尔-黑吉斯，找了个新的领队，也许是因为他也开始怀疑这个人是个骗子吧。实际上，米歇尔-黑吉斯还真就是个超级大骗子。他根本没有找到卢巴安敦，水晶头骨后来也被曝光是个赝品（很久之后才被发现），但当时他成功地骗过了许多人；就在米歇尔-黑吉斯去世的时候，刊登在《纽约时报》上的讣告还反复强调他多年来散播的一系列不知真假的事情，比如他曾经“中了八枪，身上有三个刀疤”，他说是他曾经和潘丘·维拉（一战时美国的一个秘密特工）一起并肩作战，他还曾与阿瑟·柯南·道尔爵士的儿子一起寻找过海洋怪兽。尽管如此，早在他第二次赴洪都拉斯探险之前，一些持怀疑态度的考古学家就已经认定米歇尔-黑吉斯是个江湖骗子，所以在他宣布自己发现亚特兰蒂斯的时候，这些考古学家就对他大加嘲笑。米歇尔-黑吉斯用《神奇与恐怖之地》（*Land of Wonder and Fear*）一书来描述自己的经历，有位考古学家是这么评价这本书的：“对我来说，神奇的是他如何能写得出这样的废话，恐怖的是不知道下一回他还能编得多离谱。”

在第三次深入洪都拉斯探险之时，海伊联合了洪都拉斯国家博物馆和该国总统一起探险。总统希望新的探险能有助于开发广阔的莫斯基蒂亚地区，让现代洪都拉斯人能移居其中。他们深知这种扩张努力会带来一些令人遗憾的后果，致使居住在那里的印第安土著流离失所，甚至会破坏他们的生活形态（就像发生在美国西部的情况一样），因此政府和国家博物馆都急于在印第安人的生活方式消失前对其进行记录存档。此次探险的一个重要目标，就是不仅要进行考古研究，还要进行人种学研究。

海伊原本打算雇佣一个严肃认真的专业人员，但他又一次暴露出自己对不可靠的牛皮大王的偏爱。海伊选了个名叫R. 斯图尔特·穆瑞（R. Stuart Murray）的加拿大记者帮自己寻找“掩盖在茂密丛林底下的巨大遗迹”。15年前，穆瑞在圣多明哥参与一次不光彩的革命之时，曾自称“上尉”。在启程去洪都拉斯之前，穆瑞在一次采访中说：“我要去寻找一座失落之城，印第安人称之为‘猴神之城’。他们不敢靠近它，因为他们认为任何靠近这座城的人，不出一个月就会被毒蛇咬死。”

穆瑞在1934年和1935年两次带领海伊的探险队前往莫斯基蒂亚，这两次探险很有名，被称为第一次和第二次洪都拉斯探险。在追查关于失落的“猴神之城”的各种传说以及种种描述的过程中，穆瑞认为他正在一步步接近“猴神之城”。但一次又一次地，每当他以为自己就要成功的时候，他似乎就会遇到一些障碍，有时候是一片丛林，有时又是一道河流，有时候是一座山脊，甚至是向导的死亡。美洲原住民博物馆档案馆里存放着一张穆瑞在河边的照片，他跪在一排小磨盘或研磨石旁，这些石头上雕刻着精美的鸟头和其他动物的头。照片的背面是穆瑞写给海伊的一封短信：

这些都来自“失落的猴神之城”。带这些东西出来的印第安人在9月被矛头蛇咬死了。城市的所在地也随着他的死亡湮灭了。——我回来后会再详说。R.S.穆瑞。

在他带回来的众多艺术品中，穆瑞认为有两件含有失落之城的线索：一个是刻有象形文字的石头，另一个则是双爪遮脸的小猴子石雕。

在1935年探险完成后，穆瑞接手了一些其他项目。1939年，他受邀成为当时最高端的游轮——“北极星号”的客座讲师。在那儿，他遇见一个名叫西奥多·A. 莫德（Theodore A. Morde）的年轻人，这个人在游轮上负责编辑报纸。两人成了好友。穆瑞跟莫德分享自己探索“失落的猴神之城”的经历，而莫德则讲述了自己报道西班牙内战时的经历。在邮轮停靠纽约的时候，穆瑞把莫德介绍给了海伊。“多年来，我一直在搜寻那座失落之城，”穆瑞说，“现在，轮到别人了。”

海伊随即聘请莫德带队第三次深入莫斯基蒂亚进行探险，他希望这次探险最终能向世界揭示“失落的猴神之城”。莫德当时只有29岁，但他的探险经历和历史性的发现将被载入史册。被“失落的猴神之城”的故事深深吸引住的美国公众怀着巨大的兴趣时刻关注着这次探险，这次探险也给未来的历史学家和探险者提供了神秘的线索，让他们不断去探讨、争论。若非莫德和他宿命般的探险，那么在20世纪50年代到80年代的几十年里，为了这座失落之城而展开的各种奇幻之旅和错误探索就不会发生了。没有莫德，史蒂夫·埃尔金斯或许都不会听到这个传说，更别说开启他搜寻“失落的猴神之城”的奇异之旅了。

Chapter 5

One of the Few Remaining Mysteries

I'm going back to the City of the Monkey God, to try to solve one of the few remaining mysteries of the Western World.

第五章

所剩无几的谜团

我要回到“猴神之城”，试着去揭开这个西方世界里所剩无几的谜团。

一个英俊的年轻人，嘴上留着八字胡，额头宽大而光滑，头发向后梳成了大背头，他就是西奥多·A. 莫德。莫德生于1911年，来自马萨诸塞州新贝德福德的一个古老的捕鲸家庭。他衣着入时，喜欢棕榈海滩套装、挺括的衬衫、白色的鞋子。高中时，他就开始给当地报纸撰写体育新闻，开始了自己的记者职业生涯。随后，他进入广播新闻行业，成了一名作家和电台新闻评论员。他在布朗大学上了几年学，从20世纪30年代中期起，他开始在各种游轮上做报纸编辑。到了1938年，他作为通讯记者和摄影师报道了西班牙内战的情况。他宣称自己曾泅水穿过法西斯阵营和共和政府阵营之间的战线，所以交战双方的情况他都能知道。

海伊非常希望莫德能尽快开始这次探险，于是莫德当即开始组织这次远征。他邀请老同学地质学家劳伦斯·C. 布朗（Laurence C. Brown）一同前去。1940年3月，欧洲爆发战争，与此同时，莫德和布朗携带着超过450千克重的器械和补给从纽约动身前往洪都拉斯。海伊将这次探险正式命名为第三次洪都拉斯探险。在之后长达四个月的时间里，这支探险队音讯全无。当这两个探险家最后终于离开莫斯基蒂亚时，莫德给海伊写了一封信，汇报了他们的惊人发现：他们完成了其他探险家无法完成的事。这个消息被刊登在1940年7月12日的《纽约时报》上：

“猴神之城”位置确定

洪都拉斯探险队特大喜讯

“据前方发来的信息，”《纽约时报》的文章这样写道，“探险队已确定传说中‘失落的猴神之城’的大概位置，它位于普拉亚河和普拉塔诺河之间的一片人迹难至的地区。”美国公众津津有味地读着这个故事。

在一片喧嚣欢庆中，莫德和布朗于8月回到纽约。1940年9月10日，莫德接受了哥伦比亚广播电台（CBS）的采访。采访稿时至今日依然保存良好，上面还有莫德亲笔写的注解，这份稿件是记录他们发现的最完整公开记录。“我刚刚发现了一座失落的城市，”他这样告诉听众，“我们去的是洪都拉斯，到了一片无人探寻过的地方……我们花了数周时间在错综复杂的丛林溪流中撑船而行，这个旅程非常沉闷无趣。船走不动的时候，我们就在丛林里面劈出一条路往前走……这样过了好几周，我们被饿得奄奄一息，情绪十分消沉。正当我们要放弃之时，从一个小断崖的顶部往下看到东西，让我不由地停下了脚步……那是一座城市的围墙，是‘失落的猴神之城’的城墙！……我不知道这个城市有多大，我只知道它一直远远地延伸到丛林深处，大概有3万多人住在那里。然而这可是2000多年前的城市啊。而如今，这里只剩下覆盖着破败的围墙、可能是宏伟庙宇的石头地基的一个个土丘。我还记得一个印第安人给我讲过的古老传说。相传在失落之城中，有一个巨大的猴子雕像，人们把它当作神灵一样来崇拜。看着那个被大片丛林覆盖着的土丘，我相信有朝一日我们会让猴神再次露出真容。如今，一说到‘猴神之城’，附近的印第安人就非常害怕。他们认为这个地方居住着巨大的类人猿，它们毛发浓密，被称作乌拉克斯（Ulaks）……在附近的小溪里，我们找到了丰富的沉积物，有黄金、白银和铂金。我还找到了一个面具……它看起来就像是一张猴子脸。几乎每个物件上面都雕刻着猴神的肖像……我要回到‘猴神之城’，试着去揭开这个西方世界里所剩无几的谜团。”

由于担心遭到抢劫，莫德拒绝透露这座城市的位置，似乎连海伊他都没有说。

在给一份杂志撰写的另一篇报道中，莫德对这座废墟作了详细的描述。“‘猴神之城’四周环绕着城墙，”他写道，“我们发现有些城墙因为丛林所施展的绿色魔法而出现了一些小损伤，但这城墙也挡住了大片植物的侵袭。我们跟踪一道墙，直至它消失在一片土丘下，有证据显示这些土丘曾经是巨大的建筑。在这些古老的覆盖物之下一定还有其他建筑存在。”

“这真是个理想的地点，”他继续说道，“高耸的山峦为这里提供了绝佳的屏障。不远处湍急的瀑布犹如一条缀满亮片的美丽长袍，一泻如注，溪流汇入废墟所在的绿色山谷中。鸟儿的羽毛像珠宝一样耀眼，它们轻盈地在树间飞舞，小猴子从周围浓密的植物屏障中探出脑袋来，好奇地盯着我们。”

他仔细询问了那些年长的印第安人，对这座城市有了更多的了解，“这些故事都是从见过古城的祖先那里流传下来的”。

“他们说，我们会发现一条长长的阶梯道路，一直通向古城，这是按照北边被毁的玛雅城市建造和铺设的。道路两旁陈列着猴子石雕。

“庙宇的中心是一个高高的石台，猴神本人的雕像就矗立于石台之上。雕像面前是放置祭祀品的地方。”

莫德带回了一些文物，有用石头和陶土制成的猴子雕像，有他乘坐过的独木舟，也有罐子和石头工具。其中很多现在还保存在史密森学会中。他发誓他次年便会回到那里，“正式开始发掘”。

第二次世界大战的爆发影响了他的计划。莫德成了情报局的间谍和战地记者。在他去世的时候，他的讣告说他参与了刺杀希特勒的行动。但他再也没能重返洪都拉斯。1954年，因为酗酒成性、婚姻失败，莫德最终选择在马萨诸塞州达特茅斯市他父母的避暑别墅的洗浴间里上吊自杀。终其一生，他从未曝光过“猴神之城”的位置。

莫德对“失落的猴神之城”的描述被广泛传播，激起了美国人和洪都拉斯人的无限遐想。自他死后，“猴神之城”的位置就成了人们热烈讨论的话题和辩论的主题。许多人逐字逐句地分析莫德的著作和报道，试图发现可能的线索，但他们寻找“猴神之城”的尝试却都无功而返。莫德的家族还留有他心爱的手杖，如今它已经成了探险者心目中的圣物。这个手杖上刻着四组神秘的数字，看上去有点儿像方位和坐标——例如“NE300，E100，N250，SE300”。有一个名叫德里克·帕伦特（Derek Parent）的加拿大制图师对手杖上面的记号十分着迷，他曾花费数年时间探寻莫斯基蒂亚，并绘制了地图，他试图利用这些数字来寻找“猴神之城”。在这一过程中，帕伦特绘成了史上最详细、最精准的莫斯基蒂亚地图。

对莫德的“猴神之城”的最近一次搜寻发生在2009年。《华尔街日报》的克里斯托弗·S. 斯图尔特（Christopher S. Stewart）是普利策奖获奖记者，为了追寻莫德曾经走过的路线，他在莫斯基蒂亚中心地区展开了一场艰难的探险活动。斯图尔特的同伴是考古学家克里斯托弗·贝格利（Christopher Begley），贝格利曾到访过上百个类似的遗址，而且他的博士论文就是关于莫斯基蒂亚遗址的。贝格利和斯图尔特沿河而上，穿过丛林来到一片名叫兰瑟第拉（Lancetillal）的巨大废墟，该遗址位于普拉迪诺河的上游。建造这个遗址的古人，和斯特朗及其他考古学家所说的莫斯基蒂亚人，当是同一群人。这座先前为人所知的城市，早在1988年便被和平队*的志愿者清理过了，还绘制了地图。它的位置就在莫德所说的地方附近，至少贝格利和斯图尔特是这么认为的。该遗址上有21个土丘，它们构成了四个广场，以及一个像是中美洲球场的场所。在废墟后面不远的丛林里，他们发现了一处白色断崖，斯图尔特认为如果从远处看，这个断崖可能会被误认为是一堵残墙。他将自己的研究出版成书，名为《丛林之地：一座神秘的失落之城、一位二战间谍和一个真实的致命之旅故事》（*Jungleland：A Mysterious Lost City，a WWII Spy，and a True Story of Deadly Adventure*），风靡一时。这本书引人入胜，但是，尽管贝格利和斯图尔特已经尽了自己最大的努力，但他们也没能找到足够的证据证明兰瑟第拉废墟就是“失落的猴神之城”。

看起来，在将近3/4个世纪里，所有的研究员都在错误的地点寻找答案。莫德和布朗的日志就保存在莫德家族里。他们带回的文物收藏在了美洲原住民博物馆里，但日志却没在其中；这个做法本身是有违惯例的，因为这种日志通常都含有重要的科学信息，它一般属于赞助机构而不是探险家本人。现今这本日志的所有者是莫德的侄子大卫·莫德。2016年，莫德家族将日志借给美国国家地理学会几个月，期间我有幸得到了这本日志的复制本。国家地理学会内部都没有人读过这本日志，但因为我当时正在为杂志写文章，学会里的一位考古学家非常友好地为我扫描了一份日志。我知道斯图尔特至少读过其中一部分的内容，但令他失望的是，他没能从中找到有关“失落的猴神之城”位置的线索。他猜测莫德是出于安全原因隐瞒了这一信息，连日志上也没有写。所以我在翻阅日志之时，并不期望能从中找到什么有价值的内容。

日志一共有三本：其中两本包着脏脏的帆布硬皮，封面上印着“第三次洪都拉斯探险”的字样；第三本是一个小巧的螺旋装订本，黑色的封皮上写着“野外工作日志”。这些日志足足有300多页，详细介绍了探险的始终。日志没有缺失日期或纸张，每一天都被详细记录下来了。这些日志是布朗和莫德共同写成的，在进入黑暗的密林之后，他们共用一本日志本记载自己的所见所闻。布朗的记录简单易懂，他的圆体字和莫德细长的斜体字交替出现在日志里。

这些日志的内容让人印象深刻，对于我来说，首先是迷惑，然后是怀疑，最后却是完全被震惊到了。

海伊和美洲原住民博物馆，还有美国公众，似乎都被骗了。从日志中可以发现，莫德和布朗有一个秘密议程表。打从一开始，他们就没打算去寻找一座失落之城。日志中唯一提到失落之城的记录是随意写在纸张背面的一段话，看上去就像是后来添加进去的，里面清楚地提到了康西莫斯。关于失落之城的全部内容是这样的：

> “白色之城”
>
> 1898年，普拉亚河，普拉塔诺河，旺布河，这些溪流的源头位置应当就在这座城市附近（“Plantain”是莫德给普拉塔诺河起的名字，“platano”就是西语中的plantain）。
>
> 1905年，蒂莫蒂特奥，独眼的橡胶收割工罗萨莱斯（Rosales），穿过普拉亚河到普拉塔诺河看见了依然矗立着的柱子。

在数百页的笔记中，只有这些信息是与寻找失落之城有关的，但在面对美国媒体时，他们却能把这座城市描述得那般鲜活动人。他们并没有寻找考古遗址，仅仅是粗略地调查了一番。日志显示他们根本没有在莫斯基蒂亚找到废墟，没有艺术品，没有遗址，更别提“失落的猴神之城”了。那么问题来了，当海伊和全世界都屏住呼吸翘首以盼的时候，在消失的这四个月当中莫德和布朗做了什么？他们在寻找什么呢？

答案是：黄金。

寻找黄金并不是冲动之下的临时决定。在数百千克的装置中，莫德和布朗携带着精密的采金设备，包括淘金盘、铁铲、镐、洗选黄金的洗矿槽以及水银，以便用汞齐化法来提取黄金。值得注意的是，莫德在挑选探险搭档的时候，没有选考古学家，而是选了一个地质学家。布朗和莫德带着有关布兰科河及其支流可能存在金矿的详细信息进入丛林，并据此规划了他们的路线。长期以来，一直有传言说该地区富含沙金，这些沙金可能沉积在河床的沙砾层和洞穴中。从他们所说的发现失落之城的位置往南走数千米，便是布兰科河的所在。当我日复一日地按日志所说的信息绘制地图，却发现布朗和莫德从未沿普拉亚和普拉塔诺河逆流而上。在朝着帕图卡河上游而去的途中，他们绕开了旺布河口，继续向南行了很远，到了库亚梅尔河与帕图卡河的交汇处，接着继续往上走，最后来到布兰科河。他们从未到达距普拉亚河、普拉塔诺河和旺布河源头64千米以内的区域，可他们却声称在这一区域找到了“失落的猴神之城”。

他们在寻找另一个加利福尼亚，另外一个育空地区。他们每到一个地方，就开始挖掘沙砾层，用淘选盘筛选河沙，寻找“有颜色的”沙子（内含少量的金子），他们狂热而小心地检查着每一粒沙子。最终，在一条汇入布兰科河的溪流里，他们真的找到了金子，这条溪流名叫乌拉克-沃兹（Ulak-Was）。1907年，一个名叫佩勒·波尔（Perlor Pearl）的美国人曾在此地建起了洗选黄金的洗矿槽（所有这些都曾在日志里提到过）。但是波尔这个纽约富豪家的败家子，没有专心采矿，而是把时间都浪费在了喝酒和嫖妓上，因此他的父亲就把他的矿场给关了，该矿场在1908年关门歇业了。波尔留下了一个水坝、一些水管、闸门阀和其他有用的设备，莫德和布朗将它们废物再利用了起来。

在乌拉克—沃兹溪流的河口，莫德和布朗遣散了所有的印第安向导，沿溪水而上，在波尔曾经开矿的地方安营扎寨。他们给自己的营地起名为“乌拉克营地”。在接下来三周的时间里（这就是他们探险的核心部分），他们每天都辛辛苦苦地忙着开采金矿。

他们修复了波尔建造的旧水坝，将溪水引流到洗矿槽上，飞溅的水流和粗麻布将沙砾中的黄金颗粒分离出来并集中在一起；他们还在日志里记录了下每天的收益。他们拼命地工作，忍受着倾盆大雨浇灌，被成群的沙蝇和蚊子叮咬，每天都能从身上挑出三五十只蜱虫，还得时刻提防着那无处不在的毒蛇。渐渐地，咖啡和烟草消耗殆尽，食物也开始短缺。他们把大部分空闲时间都花在了打牌上。“我们不停地展望淘金的前景，”莫德写道，“思考战争可能的进展，想着美国是不是已经参战了。”

他们的梦想也很远大。“我们已经选好了一个适合修建机场的地方，”布朗写道，“位置就在河的对面。如果计划行得通的话，我们可能还会在这那个高地上建立永久性的营地。”

但是雨季向他们发起了疯狂的攻击：倾盆大雨咆哮着从树梢上倾注而下，每天的降雨量达数厘米之多。乌拉克—沃兹河因为每天的降雨而暴涨，他们拼命地与上涨的河水做斗争。6月12日，灾难来袭。大规模的暴雨导致山洪暴发，冲垮了小河，冲坏了他们的水坝，还冲走了他们的采矿设备。“很明显，我们没法再采金矿了，”莫德在日志中痛心地写道，“我们的水坝彻底毁了，我们的木板支架也都没了。我们觉得最好的办法就是尽快把这儿的事情了结了，然后赶快到下游去。”

他们放弃了采矿，把补给和金子抬上独木舟，然后以极快的速度沿着涨满了水的河流出发了。泛滥的乌拉克—沃兹河带着他们一路往布兰科河、库亚梅尔河以及帕图卡河而去。一天，他们误入帕图卡河的一个支流，花了两周时间才重回正轨。当他们终于抵达文明边缘的时候，通过帕图卡河边当地居民的收音机，听到了法国沦陷的消息。莫德被告知美国“实际上已经参战，并且再过差不多一天的时间就会正式参战”。他们很恐慌，十分害怕自己会被困在洪都拉斯。“我们决定快点儿完成整个探险目标。”这句奇怪的话到底是什么意思？人们对此各执一词。但现在看来，他们似乎意识到必须赶快编造出一个虚构的故事来，还得弄到一些从“失落之城”带出来的文物，然后带回去给海伊。（到这一页为止，日志中还未曾提及从莫斯基蒂亚深处发现和带出来的任何文物。）

他们继续前行，突破泛滥的帕图卡河，白天匆匆赶路，偶尔晚上也需要前进。6月25日，他们抵达布鲁尔的潟湖（今布鲁斯拉古纳）和海滨。他们在那里待了一周，没有再匆忙赶路，因为他们知道美国远没有到要参战的地步。7月10日，他们终于抵达首都特古西加尔巴。大概就是在这两天里，莫德写下了这个虚构的故事并说给他的赞助人海伊听，这也就是发表在《纽约时报》上的那篇文章。

在返回纽约的路上，莫德一次次地重复他们发现“失落的猴神之城”的故事，每讲一次，故事的细节就会变得更加丰富。公众就喜欢这样的故事。他们带回的那些并不贵重的艺术品被放在博物馆里展出，同时展出的还有一只平底船，也就是独木舟。根据日志看，这二人在离开丛林后，就跑到布鲁尔的潟湖西边、靠近海岸的地方，仓促搞到了这些艺术品；有个西班牙人带他们去了一个满地都是陶器的地方，这些艺术品就是在那里挖出来的。

莫德和布朗并没有在日志里费心隐藏和掩饰他们的行动。为什么他们要如此坦诚地记录下他们的骗局？真是令人难以理解。但是可以肯定的是，他们显然没有打算和赞助人海伊或大众分享这些日志的内容。也许他们是过于狂妄，幻想着这次非凡的掘金之旅会成为他们传奇的一部分，所以他们为子孙后代记录下了这一切。他们可能是在冲动之下宣称自己发现了这座失落之城，但他们的行为看上去似乎更像是蓄谋已久，是为他们真实的计划打掩护的。

我们也都知道，数十年来，很多人都在猜测莫德等人是否找到了一座城市。人们本已达成了一个共识，认为他们可能确实找到了一处考古遗址，甚至还可能是个重要的遗迹。但是这些日志却证明莫德什么都没有发现，他的“发现”其实就是一场彻头彻尾的骗局。

手杖和手杖上奇怪的方位指的是什么呢？我最近给德里克·帕伦特写了几封信。帕伦特曾经花费数十年时间探索莫斯基蒂亚，他研究过莫德的路线，也曾尝试解析这手杖上的密码。他和莫德的家人密切往来了数十年，他对莫德的了解可能比任何人都多。

多年以来，大卫·莫德给帕伦特分多次寄送了部分日志的复印件，每次都只寄几页，内容也很少。在我们通讯期间，帕伦特曾对我说，遗失的那部分日志就包括莫德发现失落之城的内容。

“遗失的部分？”我问道。

大卫·莫德的小伎俩就是在这个时候露出了马脚。

大卫·莫德对帕伦特说第二本日志中的大部分内容都不见了。他说遗留下来的只有第二本日志的第一页，他也把这第一页复印下来寄给了帕伦特。大卫·莫德还说自己敢肯定遗失的部分记录的就是莫德沿普拉亚河逆流而上找到“猴神之城”的过程。为什么只有那部分遗失了？大卫·莫德向帕伦特解释说，英国的情报部门命令其家人在莫德死后就把莫德的资料都烧掉，可能就是因为这样才遗失了一部分；也有可能是因为日志被存放在马萨诸塞州一个潮湿的仓库时，被老鼠咬坏了。

帕伦特告诉我这些话的时候，我十分惊讶，因为大卫·莫德口中遗失的那些页码，实际上并没有遗失。我有第二本日志的完整版，每一页的日志都有，每一页都牢牢地粘在硬封皮下，一天也不缺，文本也很完整。第二本日志没有记录下来的，不过是莫德在布鲁尔潟湖放松休息的日子，他没有记录自己和当地的侨居者的“亲密接触”、出海、钓鱼的事情，也没有写自己花一天的时间去挖艺术品的经过。

为什么要撒谎？有人猜想大卫·莫德也许是想保护他叔叔的回忆或捍卫家族荣誉，但不幸的是他没法给自己辩护；他因为犯下严重的罪行而锒铛入狱。在他入狱之后，他的妻子在不经意间把完整版的日志借给了国家地理学会。

我把这些发现告诉了帕伦特，并把第二本日志的其余部分寄给了他，他在邮件中说："我实在是太震惊了。"

尽管这是一场骗局，但手杖之谜的答案依然没有找到。在得知这个消息后，帕伦特把他最新的想法告诉我。他认为这根手杖可能记录的是从乌拉克营或其周边地区前往"某个有趣的地方"的方向。他认为莫德找到了某些东西，并在手杖上刻下方位，而不是写在日志里；这个东西实在太重要了，他想要用更隐秘的办法保存起来，而不是记在和布朗共享的日志里。

帕伦特按照手杖上的方位绘制了地图。他说，如果沿着乌拉克—沃兹河河口逆流而上，手杖所示的罗盘方位及距离与布兰科河的转弯处甚为吻合。他深信手杖记录下的其实是一次旅行路线，"记录了沿着河岸一路到一处特定目的地的步骤"。帕伦特认为这个目的地是一个120多公顷的细长峡谷，布兰科河从中穿流而过。从未有人勘察过这个峡谷。它有可能是另外一个沙金矿床，或许莫德是想等布朗不在的时候再自个儿回来；那里可能存在着其他有趣的发现。但手杖之谜仍未解开。

不过现在我们都知道，手杖上并没有暗示失落之城的位置。1940年6月17日，即探险的最后一天，也就是他走出荒野来到文明城镇的前一天，莫德在日志中写道："我们相信那儿不曾有过伟大的文明，也没有什么重要的考古发现。"

*和平队（the Peale Corps）是美国政府为在发展中国家推行其外交政策而组建的，由具有专业技能的志愿者组成。——译者注

Chapter 6

The Heart of Darkness

We took canoes into the heart of darkness.

第六章

黑暗深处

我们乘独木舟进入黑暗深处。

在过去的3/4个世纪里，莫德充满浪漫和冒险色彩的故事让这个失落之城的魅力经久不衰。“白色之城”和猴神的传说成为洪都拉斯民族精神的一部分，这个故事甚至连小学生都知道。1960年，洪都拉斯政府在莫斯基蒂亚内部未被发掘的地区中，圈定了50多万公顷土地，设为“白色之城”的考古保护区。1980年，联合国教科文组织将该地命名为普拉塔诺河生物圈保护区，两年后又宣布这片独一无二的雨林是世界遗产。与此同时，野心勃勃的探险家们继续发出一些未经核实、真假不明的声明，说自己找到了“白色之城”，而很多考古学家则认为在莫德所说的丛林深处或者别的什么地方，真的存在那样的城市。1994年，洪都拉斯政府考古学主要负责人乔治·哈斯曼（George Hasemann）在一次采访中说，他相信莫斯基蒂亚所有的大型遗址都是属于同一个政治系统，这个政治系统的中心“白色之城”却还没被发现。

史蒂夫·埃尔金斯第一次听到“白色之城”的故事，是在一个名叫史蒂夫·摩根（Steve Morgan）的冒险家那里。摩根是个专门收集传说和故事的人。摩根列了一份清单，内容是他眼中世界上最大的未解之谜，他家里有好几箱研究文件，写的都是各种失落之城、海盗宝藏、失落的陵墓和满载黄金的遇难船只。摩根从事的是海上救援工作，他也确实找到过很多沉船。他家里到处是成堆的中国瓷器和大箱子，箱子里堆满银质的西班牙里亚尔和八里亚尔*。埃尔金斯在洛杉矶拥有一家相机器材租赁公司，其服务对象主要是电视节目摄制组。因为手头有相关设备，他决定自己制作电视节目。他向摩根征求意见，并仔细品读了一番摩根列出来的未解之谜。其中有两个未解之谜让埃尔金斯特别感兴趣：一个是“白色之城”的传说，另一个则是利马的战利品，也就是众所周知的科科斯群岛宝藏。

埃尔金斯决定和摩根合作，他们对“白色之城”做了一些研究，认为莫斯基蒂亚的某片区域可能存在“白色之城”。他们组织起一次由摩根带队的探险活动。埃尔金斯还把拍摄搜寻活动的点子卖给了德国明镜电视台。

埃尔金斯、他的德国合伙制片人兼记者及加州制片团队于1994年抵达洪都拉斯。他们雇了一个名叫布鲁斯·海尼克（Bruce Heinicke）的当地协调人来负责后勤工作。海尼克是摩根儿时的朋友，娶了个洪都拉斯的老婆。海尼克在洪都拉斯经商多年，做过淘金者，走私过毒品，当过寻宝猎人，还盗窃过文物。虽然选择海尼克这种人似乎有点儿不合常理，但这次探险需要的不仅是熟悉洪都拉斯的，还要熟知何时以及如何贿赂人（这是一种微妙的艺术），知道如何应付洪都拉斯的官僚，知道如何威胁和恐吓别人，并且还要知道怎样和危险的犯罪分子周旋且不会被杀。埃尔金斯还记得他们初到洪都拉斯之时，在机场停车场第一次看见海尼克的情形。海尼克是个大胖子，身穿印有菠萝花纹的衬衫，小拇指上套着个戒指，腕上带着个金表，嘴里叼着一根香烟，手里攥着一沓钞票。他当时正一边用西班牙语大声发号施令一边发钱。“我们把这一幕录了下来，”埃尔金斯说，“真是太搞笑了。”

他们漫长而又复杂的关系便是从这个时候开始的。

摄制组先在科潘进行拍摄，随后飞到了莫斯基蒂亚海边的一座小城：帕拉西奥斯。他们和当地向导正是从这里启程进入丛林深处的。根据他们的研究和采访，他们对失落之城的位置有了一个粗略的想法。

“我们乘独木舟进入黑暗深处。”埃尔金斯回忆道。摩根是本次探险的领队，他雇用了当地的线人，这些人声称自己知道深山中有一片废墟。“老实说，”埃尔金斯说，“我只是一路跟着走，根本不知道我们是在往哪个方向去。”

独木舟有12米长，由一棵红木树干挖成，船上装配有埃文鲁德斯牌（Evinrudes）舷外发动机，每条可容纳6个人和一套设备。“我们沿一条小河逆流而上，我甚至连这条河的名字都不知道。”上游的河水变得很浅，河里满是沉木和淤泥，所以他们不得不把发动机抬出水面，用撑杆撑着船前行。他们按着不知真假的地图前行了数千米，走过了没有尽头的沼泽湿地，穿过了无数的未知支流。“我们一路都在淤泥里前进，时而上船划水前进，时而下船步行。丛林越来越茂密，最后我们来到了高高的山上。”

他们没有找到失落之城的任何迹象，但是确实也有所发现。“忽然间，我们看见溪水里有一个巨大的圆形石头，”埃尔金斯说，“上面刻着一个戴着美丽头饰的人正在耕种。”他说这仿佛是上帝显灵了一样：如果还需要证据，这就是证据，在如今这片无法居住的密林深处，一个高级、神秘的种族曾在此居住、耕种过。在当地印第安向导的带领下，埃尔金斯和他的团队继续向前推进，他们被迫放弃独木舟徒步前行，用大砍刀在丛林里面劈出一条路。运气好的话，经过一天的艰难跋涉他们能够前进两三千米。埃尔金斯和队员吃的是即食食品，而印第安向导们吃的则是鬣蜥。向导们一度激动起来；他们拿出武器，说美洲豹盯上了他们整个团队。他们还经常碰上毒蛇，时刻都得遭受蚊虫叮咬。“在走出丛林之前，”埃尔金斯回忆道，“我一连被蚊虫咬了六个月！”他很庆幸自己没有染上该地区常见的可怕的热带病。

一天晚上，他到帐篷外面去上厕所。森林里面泛着无数的光点，那是真菌在湿度和温度都适合的时候发出的光芒。“那情景就像是从9000多米的高处俯瞰洛杉矶，”他说，“那是我见过的最美的东西。”

在雨林里面，他们还真找到了一些四散的破碎石雕、陶器和工具。他们无法确定自己有没有发现人造的土丘，因为丛林太茂密了。总而言之，他们找到的都是小遗迹，显然并不是“白色之城”。因为身体太过疲惫，经费也已耗尽，他们最后还是放弃了。

海尼克在洪都拉斯的处事方式，每次都让埃尔金斯无比震惊。当他们走出丛林，到达洪都拉斯湾的罗阿坦岛上时，埃尔金斯的德国制片人接到一通紧急卫星电话，让他立刻赶回德国汉堡。他们匆忙赶往机场，可等他们赶到时，却发现飞机已经满员并且正准备起飞。而下一趟航班还要等好几天。海尼克一怒之下就冲到停机坪，登上飞机，他掏出一把柯尔特点45口径自动手枪：最后一个登机的人是谁？他拿着手枪指了指这个乘客，说：“我要你的座位，快滚。”最后，这个人哆哆嗦嗦地下了飞机；海尼克把枪塞进腰带，对德国制片人说：“好了，你现在有座了。”

多年后，在海尼克讲这个故事时，他解释了他是如何看待自己在合作中的角色的：“你看，和埃尔金斯在一起有点儿危险。他会告诉我他在别人身上看到的优点，但是我会说，‘去他的，我不喜欢那个人，我不相信他’。而这可能就是我们能成为好搭档的原因。”

埃尔金斯则说：“海尼克这种人，绝对是你最需要的伙伴，你肯定不愿意和他成为对手。”他压低了声音补充道：“为了让他加入我们，有时候我不得不与魔鬼共舞。”

首次寻找“白色之城”的尝试改变了埃尔金斯。他对“白色之城”的传说越来越好奇，从此找到了人生的目标。“我管这叫‘失落之城的病毒’，”他后来告诉我，“我对它上了瘾，痴迷于证实失落之城是否真的存在。”

埃尔金斯有着惊人的毅力和不屈不挠的性格，也许这正是源自他那非传统的家庭。他的曾祖父和曾祖母分别来自英国和俄罗斯，于19世纪90年代穿过埃利斯岛迁到美国。他的祖父杰克·埃尔金斯是一位爵士乐钢琴手，20世纪20年代曾经跟随迪克西兰爵士乐队一起巡演。埃尔金斯的父亲巴德却选择了完全不同的人生道路：参军。15岁的时候，巴德谎报年龄去参军，结果在基础训练的时候被发现，他的母亲只能去部队把他拽回家完成中学学业。二战期间，巴德加入了“阿留申猛虎中队”抗击日本人；战后，他开始做服装生意，拿下了为花花公子俱乐部制作兔女郎外套的合同。后来他又返回部队，在越南战争中参与作战及情报搜集工作，官至上校。他的终极退休梦是拥有一个芝加哥风格的犹太热狗馆；所以在退伍后，他造了一辆热狗形状的巨型卡车，开着车在洛杉矶四处叫卖热狗和波兰香肠，直到生意做不下去了才收手。巴德是个有魅力的男人，非常讨女人喜欢，他一刻也闲不住，总是渴望冒险。因为父亲拈花惹草，在埃尔金斯11岁的时候他的父母就离婚了，所以埃尔金斯的成长过程或多或少缺了父亲的关爱。“我母亲品性高尚，且稳若磐石。”他说。

埃尔金斯似乎继承了父亲对冒险的渴望，同时也继承了母亲的坚定与务实，这两种性格为他搜寻失落之城的工作带来极大的帮助。

埃尔金斯就读于南伊利诺伊大学。他热爱徒步旅行，常和朋友一起去附近的肖尼国家森林里游荡，朋友们都叫他“翻过下一座山脊的埃尔金斯”，因为他总是怂恿大家继续向前，“去看看下一座山脊后面有什么”。在一次远足中，他在一道俯瞰密西西比河的断崖上发现了一处石头掩体。他和朋友在那里安营扎寨后便开始发掘地面，结果发现了一些箭头、矛头、骨头和破碎的陶器。他把这些东西带回了学校。他的考古学教授组织学生对这个洞穴进行了挖掘，并将这个任务当作他们那个学期的特别研究项目。在试挖掘的过程中，埃尔金斯和同学发现了人类的骨骼、贝壳材质的雕刻品、石头工具和食物残渣，经放射性碳年代测定法检测，该洞穴底层的时代可追溯到几千年前。

“我就是从那时候起开始迷上古代历史的。”他告诉我。他在这个石头掩体中待了很长时间，看着外面的密西西比河谷，想象着5000年前的美洲：人们在这个洞穴里出生、成长、生儿育女、衰老，最终死去。

莫斯基蒂亚的第一次探险留给埃尔金斯一个简单又残酷的印象，“漫无目的地在丛林里乱走简直让人抓狂，这样是不会找到任何东西的”。

他需要采用更系统的方法来解决问题。他用了新办法：历史研究和太空技术双管齐下。

他深入研究别人寻找“白色之城”的故事，其中有些人宣称自己找到了这座城，他们大多数都是怪人或者完全不值得信任的人，但有一个人不一样。史蒂夫·摩根把埃尔金斯介绍给了一个叫山姆·格拉斯麦尔（Sam Glassmire）的人，此人宣称自己找到过“白色之城”。当见到格拉斯麦尔时，埃尔金斯看到的是一个性格稳重、受人尊敬的科学家。格拉斯麦尔所说的故事让人深信不疑，他的客厅里还有一些令人印象深刻的石雕，他说这些石雕都是从那片废墟带回来的。1997年，埃尔金斯和他的电台摄制组来到格拉斯麦尔位于

圣达菲的家中，对他进行采访，并录下了他讲述的故事。（我第一次遇见埃尔金斯就是在这里，那时我就住在圣达菲。） 52

莫德的探险出现波折之后，地质学家格拉斯麦尔受人委派去莫斯基蒂亚掘金，可实际上他却是为了寻找失落之城。20世纪50年代末，他带着队伍三次深入莫斯基蒂亚展开探险活动。格拉斯麦尔是一个坚强而又饱经风霜的人，他说话慢吞吞的，声音低沉沙哑，带着新墨西哥州人那种不紧不慢的腔调。他是一个受人尊敬的科学家，50年代中期的时候，他曾在洛斯阿拉莫斯国家实验室做工程师，那时候洛斯阿拉莫斯还是个封闭的城市。因为不想制造核弹，所以他来到圣达菲开了家地质咨询公司。

1959年，美国矿业利益集团雇佣格拉斯麦尔协助勘探帕图卡河及其支流，看那里的沙砾层是否含有沙金。他的雇主十分有钱，单第一次探险的预算就给了4万美元，这样大手笔的赞助后来又给了两次。

在第一次探险途中，格拉斯麦尔听到了很多有关“白色之城”的传闻。“你一到洪都拉斯就会听到这些传说。”他向埃尔金斯说道。

在河边找金子时，他揪着自己的向导问问题。“当地人经常提起神秘的‘白色之城’，”他在1960年发表于《丹佛邮报》（*Denver Post*）上的文章中写道，“我就去问向导这是怎么事。他最后才告诉我，他们担心我会去旺布河的上游探险，因为那里是通向‘白色之城’的必经之路。如果我要去的话，他们就会逃跑。”格拉斯麦尔问他原因，向导说，西班牙征服者到来的时候，“白色之城”还是个宏伟的城市。“接着就发生了一系列意想不到的灾难。人们认为那是神明的怒火”，所以他们抛下所有财物，遗弃了这座城。从那以后，人们再也不敢靠近这里，把此地视为禁地。

第三次来洪都拉斯勘探时，格拉斯麦尔在布兰科河和库亚梅尔河边发现了沙金矿床，“黄金的储量超出我的意料”，这位置差不多就是当年莫德找到黄金的地方，但是格拉斯麦尔却牵挂着失落之城。“当所有的工作都完成之后，”他告诉埃尔金斯，“我就踏上了寻找失落之城的道路。”格拉斯麦尔挑选了十个人，包括一个年迈的印第安玛雅人，这人说他小时候曾到过“白色之城”，而且他还记得“白色之城”在哪儿。“我给了他们一大笔钱，好让他们跟我一起走。我们朝着丛林中一条河流的上游而去，他们管这条河叫旺布河，离开主河道后到了一条叫作保河的支流。这期间我们一直乘独木舟前进。到了没有河流的地方，我们不得不开始徒步前行。”他们在密林里砍出了一条路。“这是世界上最可怕的丛林之一，”他回忆道，“这个地方到处都是山，山路崎岖又陡峭……我从来都不知道这世界上还有如此偏远的地方。”

在丛林里艰难跋涉了六天之后，1960年3月10日，他看见一个异常的土丘，“就像一个巨大的冰淇淋筒一般倒扣在地上，上面覆盖着许多绿色植物”。在一片小草甸上，他们还发现很多艺术品散落在地上，其中有一个东西看起来像是仪式用的座椅或王座，上面装饰着一个动物的头。他们继续向前推进，“其他的土丘从无边无际的丛林绿毯中显现出来……在一片绿莹莹的丛林中，我也认出了那些很难捕捉到的灰色亮点。通过九倍双筒望远镜，我清楚地看见了它们，石造建筑物的废墟！”

“找到了！”他冲着印第安向导喊道，“我找到‘白色之城’了！”

他们在这个城市里外艰难探索了三天，但是在丛林里穿行的速度太慢了，所以对整个城市的探险只相当于“在公园里走了一小会儿”。他带出来了一些美丽的石雕和其他文物，但不得不留下成

“吨”的东西。

格拉斯麦尔想要用这次发现打动某个基金会或大学。他告诉埃尔金斯说，宾夕法尼亚大学想要他收藏的石雕和艺术品，所以他寄走了大部分的文物、照片和地图，但也保留了很多石雕头像和石碗。这些藏品现都在他的女儿邦妮手中，我也曾有幸一见。藏品有石制容器、磨盘以及精美的石雕头像，其中包括极其罕见的羽蛇神雕像，那羽蛇神雕像和纽约大都会博物馆的迈克尔·洛克菲勒藏品完全一样。单是这些藏品就能证明他找到了一个重要的遗迹，一张拍摄到遗址上有大量物件的照片，也能证明有大量的石雕没有被带出来。他手绘的地图显示出保河上游分水岭处溪流的一些细节，这些之前未知的细节也证明他曾深入过这些前人未曾到过的地方。（根据地图所示，他的据点就在距离T1峡谷约19千米的地方。）格拉斯麦尔在访谈中提到，宾夕法尼亚大学组织过一次探险，但这支队伍不是从海边进入密林、乘独木舟沿河而上，而是从卡塔卡马斯开始的。探险队想要抄近道翻越大山。“他们死了三四个人，两个是被蛇咬死的”，其他人则是死于疾病。这次探险最终无功而返。

我一直无法确定这次探险是否确有其事，宾夕法尼亚大学坚称他们根本没有收藏那些东西。（我也和宾夕法尼亚州政府一起查过此事，万一是格拉斯麦尔搞错了呢？）但是格拉斯麦尔的女儿邦妮也同样肯定地说，她父亲曾送过一些资料给宾夕法尼亚大学的人类学和考古学博物馆。

格拉斯麦尔把自己的地图复印了一份给了埃尔金斯。这份地图并不够详细，要通过它找到精确的位置是不可能的，但对于埃尔金斯来说已经绰绰有余了，足以帮助他确定格拉斯麦尔发现的遗迹是在哪个峡谷里。很多年后，在我们对“白色之城”进行空中勘测时，埃尔金斯把这个峡谷命名为“四号目标”。格拉斯麦尔的发现是一个重大的进步，它为埃尔金斯提供了一个可信的报告，那就是在莫斯基蒂亚内陆深处至少藏着一个重要的未知废墟。他把格拉斯麦尔的发现视为一个有力的证据，证明有关失落之城的传说不是虚幻的。

为了解开这个未解之谜，埃尔金斯采用的第二个办法就是引入最新的太空技术。为此，他找到了喷气推进实验室的罗恩·布鲁姆。埃尔金斯知道罗恩·布鲁姆曾经在阿拉伯半岛的鲁卜哈利沙漠（又称空白之地）中成功地找了失落的乌巴古城。乌巴，又名“千柱之城”，《古兰经》曾提到过它，为了惩罚人类的堕落，“主在他们身上降下惩罚”，主摧毁了这座城并将它埋进了沙漠。布鲁姆和他的团队仔细查看了从太空拍摄的空白之地的图像，发现了一条辐射状的古代商路，但在地面上完全看不到，这个辐射形图案的汇合点位于一个已探明的古代水塘，那里还有一座商队旅馆，古代骆驼商队常常夜宿于此。卫星信息显示，那里不仅仅是一个宿营地。勘探队实地展开发掘时，发现了一座堡垒的残垣断壁，其历史超过了15个世纪，他们还发现巨大的墙体、八座塔楼，完全符合《古兰经》里的描述。他们还弄清楚这里到底发生了什么：古人不断从水塘取水，此举破坏了堡垒，终于有一天堡垒坍塌成一个天坑，随后被流沙埋住了。《古兰经》中的这个传说是基于一个真实的事件。

埃尔金斯问布鲁姆是否有兴趣寻找其他的失落之城。布鲁姆给了肯定的回答。

但是有个问题，探索莫斯基蒂亚，挑战比阿拉伯沙漠要大得多。沙漠好比一本摊开的书，综合孔径雷达可穿透到干燥沙漠地面以下4.5米或更深的地方。其关键是因为这里“干燥”，而在潮湿的地方，水分子会吸收大量的雷达波。正因如此，雷达很难穿透丛林里的植被——一片大叶子就能完全挡住雷达光束，但雷达光束却可以轻易穿透几米厚的干沙子。布鲁姆及其团队并没有被困难吓倒，他们开始分析大量的莫斯基蒂亚卫星图像，这些图像是通过红外线和可见光波拍摄的。他们仔细检查航天飞机拍摄的综合孔径雷达图像。布鲁姆对图像进行影像合成、数据压缩、数据处理和强化。经过几个月的努力，布鲁姆似乎取得了成功。他和团队发现了一个似乎存在一些非自然的直线和曲线形状的区域。他们管这个区域叫作“一号目标”，简称T1。

1997年5月12日，埃尔金斯给他的搭档汤姆·温伯格（Tom Weinberg）发了一份传真，告诉他以下消息：

> 这个峡谷四周环绕着十分陡峭的大山，群山中只有一个小“切口”可以通过。有两条河流经峡谷。这是一个完美的定居点……这让我想起了一部电影，《香格里拉》（*Shangra La*）！

他兴奋地在传真的结尾说，布鲁姆发现一个“相当大（罗恩测量其长度为549米）的L形物体”。

峡谷本身就足以让人惊叹了。这个神秘的地质构造看起来像一个火山口或一个碗，周围是陡峭的崖壁，环绕的山脊形成了一个天然的堡垒。这里的确和传说中的香格里拉很像，或者更贴切地说，它更像阿瑟·柯南·道尔所说的“失落的世界”。两条河流灌溉着峡谷里的土地，谷中地势平缓，整个峡谷由丘陵、梯田和冲积平原组成，非常适合古人耕种和居住。从卫星图像看，人类还未曾进入、占据此地，这里也没有当地印第安人生活过的迹象；它看上去就是无人居住的原始雨林。如今，完全杳无人烟的热带雨林十分罕见；就连亚马孙流域里最偏远的地区，以及新几内亚的高地，都是土著居民在季节性地使用，科学家们至少进行了最低限度的探索。

这是个令人兴奋的想法，但目前也仅仅是个想法而已，或者说只是一个假设。虽然他们做了大量的图像处理，可也没有征服这片顶着三层林冠、深度达到46米的巨大雨林，没能揭示它的秘密。在20世纪末，大多数非加密卫星图像的分辨率都不太高，地面分辨率只有27米。也就是说，图片上能看到的东西的边长最小是27米。这些图像只有一个模糊的轮廓，如果盯着一直看，会在上面看到一些人工的痕迹，但这也不足以作为铁证。这有点儿像罗夏墨迹（Rorschach blots）现象，也许大脑看到的是并不存在的东西。

埃尔金斯渴望能了解更多情况，想知道到底有没有人发掘过这个峡谷。他和搭档汤姆·温伯格找到每一个曾经去过莫斯基蒂亚的人，对他们进行采访。他收集了许多故事，有考古学家的、淘金者的、毒品走私犯的、地质学家的、文物大盗的，还有探险家的。他聘用研究人员梳理洪都拉斯和其他地方的档案，找出莫斯基蒂亚有哪些地区已经被探索过，还有哪些地区没人去过。

经过大量的研究，他确定T1是真的未被发掘过。几乎所有进入莫斯基蒂亚的探险队都是沿大河及其可航行的支流进行的。河流是丛林中传统的交通；若离开河流继续前进，探险队无法在凶险且难以通行的群山中走得很远。可是，T1并没有可通航的河流，它四周都是山。

最后，埃尔金斯对T1产生了一种直觉："我想，如果我是国王的话，那这里就是我的王国的绝佳藏身之地。"

*西班牙古钱币，一枚银币等于八里亚尔，故称"八里亚尔"。

Chapter 7

The Fish That Swallowed the Whale

They strangled the country's evolution and cultivated a corrupt and extreme form of crony capitalism, in which they subverted the government to their own ends.

第七章

小鱼吃大鱼

他们的所作所为影响了这个国家的发展，培养出了一个腐败且极端的权贵资本主义政权，为了达到自己的目的他们不惜颠覆国家政权。

埃尔金斯觉得自己就快要解开秘密了，于是他立刻着手制定T1探险的计划。要做好后勤工作真是不容易。负责签发通行许可证的洪都拉斯政府机构不稳，不能正常运作。该国政府派系林立，这就意味着如果一个政客同意帮助他们，那政客的对头就会使绊子。好在埃尔金斯态度温和而又坚定，和执政党、反对党都有关系，再加上资金使用到位，他最终拿到进入T1探索的许可证。在此期间，他还要小心保密，不让洪都拉斯政府知道T1的具体位置，害怕消息走漏会引来文物贩子的劫掠，要做到这一点，需要高水准的外交平衡策略。在资金上，他成功地筹集到6位数的资金。他计划乘直升机进入密林，不想把数周的时间浪费在地面跋涉上。

他所有的计划都在1998年10月29日这一天戛然而止：米契飓风袭击洪都拉斯。米契飓风给一些区域带去了900多毫升的大雨，造成了灾难性的洪水、泥石流和7000人死亡，传染病肆虐，还引发了抢劫和内乱。暴风雨造成的损失约为洪都拉斯GDP的7/10，并冲毁了洪都拉斯2/3的公路与桥梁。这次探险被迫取消，也不知道什么时候可以重新启动，或者是否有重启的可能？

洪都拉斯总统说这次风暴令洪都拉斯的经济倒退了半个世纪。随后的暴乱和社会动荡持续了很多年，在动乱期间，谋杀率激增，投资系统和司法系统纷纷崩溃。2013年，一个洪都拉斯商人告诉《每日电讯报》（*Telegraph*）记者：“整个国家陷入了僵尸横行的末日当中。”

风暴之后，洪都拉斯恢复得如此困难，主要有两个原因。第一是该国承自西班牙的土地所有制，少数极为富庶的家族掌控了大部分土地；但对这个国家来说，更为严重的是另一个原因，那就是它与美国之间扭曲的关系，在长达一个多世纪的时间里，美国短视的政策和商业利益使该国政治十分动荡。从1821年独立至今，洪都拉斯一直飘摇不定，发生了近300次的内战、叛乱、政变和突发的政权更替。

有人可能会说早在1873年，当儒勒·凡尔纳（Jules Verne）在他的小说《八十天环游世界》（*Around the World in 80 Days*）中向美国人介绍香蕉（文中称赞香蕉是“像面包一样健康，像奶油一样多汁鲜美”的食物）的时候，洪都拉斯的现代史就已经拉开了帷幕。凡尔纳所说的香蕉原产亚洲，西班牙人把它带到了中美洲，之后在那里繁衍了几个世纪，但因为产量稀少且易腐烂，香蕉对于美洲而言还是一种异域美食。1885年，波士顿企业家安德鲁·普雷斯顿（Andrew Preston。我的家族来自波士顿，我曾向熟知家族谱系的表姐艾伦·卡特勒询问安德鲁是不是我家的亲戚。她说他和我是同一个曾祖的后人，但辈分差了两代，他是我们家族里诞生的又一个帝国主义资本家）和他的搭档开办了波士顿水果公司，他们想到了一个解决香蕉运输问题的办法：放弃普通的海运，改用快速蒸汽船，在香蕉腐烂前把它们送到市场上。他们此举大获成功：价格便宜且味道甘美的香蕉一时间风靡全美国。到了世纪之交，波士顿水果公司（后更名为联合水果公司）在洪都拉斯北部海岸边开辟出1.6万公顷香蕉种植园，一跃成为该国最大的用人单位。美国香蕉公司和洪都拉斯之间长久而又扭曲的关系便由此开始，洪都拉斯因此还得到了一个带有贬义色彩的绰号：香蕉共和国。联合水果公司和随之而来的其他公司因为在政治和税务问题上设置阴谋、策划政变、行贿官员以及剥削工人而声名狼藉。他们的所作所为影响了这个国家的发展，培养出了一个腐败且极端的权贵资本主义政权，为了达到自己的目的他们不惜颠覆国家政权。

这段历史中有一个关键人物：一个名叫塞缪尔·那穆瑞（Samuel Zemurray）的美国人。他是一个来自俄国的年轻移民，最早曾在阿拉巴马做沿街售卖的推车小贩。18岁那年，他发现波士顿水果公司的货船到达莫比尔港后，会把运输过程中熟透了的香蕉扔掉，因为这些香蕉没等送到市场就会烂掉。那穆瑞几乎没花什么钱就买下了大量的熟香蕉，装满一火车皮运往内陆。他给沿路的杂货商发电报，让他们火速到火车车厢找他买便宜的香蕉。到了21岁，他已赚了10多万美元，还成了有名的“香蕉大王山姆”。那穆瑞成立起库亚梅尔水果公司，旗下有两艘船期不定的货轮，在洪都拉斯海岸边还有一个2023公顷的香蕉园。美国人对香蕉的需求十分大，简直供不应求。（即便今天也是如此，在沃尔玛超市里，香蕉的销量一直稳居第一。）

水果公司蓬勃发展之时，洪都拉斯的经济却几乎陷入了永久性的危机中。那时，世上的银行家大都是英国人，他们不明智地给洪都拉斯提供了大量的贷款，而洪都拉斯根本就还不起。洪都拉斯外债迅速增加，英国威胁说要通过战争收回这些债务。美国总统威廉·霍华德·塔夫脱（William Howard Taft）绝不允许英国或任何一个欧洲势力干涉中美洲。1910年，他的国务卿菲兰德·诺克斯（Philander Knox）雇佣J.P. 摩根（J. P. Morgan）制定了一个方案，买下洪都拉斯拖欠英国的债务（1美元债务折价15美分买下），并对债务进行重组。通过这样的交易，摩根重创了洪都拉斯政府。为了收债，摩根事务所的人员粗暴地占领洪都拉斯的海关办公室，迅速截留了所有税收。

这一举动惹恼了那穆瑞。他花费多年时间才同洪都拉斯政府建立起一个良好的免税交易网。可现在摩根却要对香蕉征收每磅1美分的重税，这样一来，库亚梅尔水果公司很快就要关门大吉了。那穆瑞跑到华盛顿抗议这一新措施，还特地去拜访诺克斯。这次会晤进行得不太顺利。诺克斯带着自以为是的热情教训了那穆瑞一顿，要求那穆瑞为了国家的利益好好配合摩根大通优秀的银行家做事。那穆瑞怒气冲冲地走了，诺克斯对那穆瑞的反应有些担忧，命令特勤队跟踪他。

那穆瑞找到了一个简单的办法解决问题：推翻这个与摩根达成协议的洪都拉斯政府。被罢黜的洪都拉斯前总统曼纽尔·博尼拉（Manuel Bonilla）当时身无分文地住在新奥尔良，他的住处距离那穆瑞的宅邸只有几个街区。那穆瑞很容易就摆脱了特勤局的监视，暗中派雇佣兵购买武器和一艘船，偷偷地把博尼拉带回了洪都拉斯。与此同时，他鼓动洪都拉斯的媒体谴责"摩根计划"，强调它将如何破坏洪都拉斯的主权。洪都拉斯人民本来就对摩根的方案有怀疑，于是很快就被激起了革命的热情。这次"入侵"起效了；博尼拉胜利回归；洪都拉斯总统辞职，而博尼拉以压倒性优势当选。作为奖励，他给那穆瑞提供了长达25年的免税特许权、一项50万美元的贷款，还把北部海岸约1万公顷的肥沃种植园送给了他。

虽然洪都拉斯欠美国的债务大都没有还，但那穆瑞个人却获得了非凡的胜利。他运用策略击败诺克斯，成功地反击了美国政府，戳中了摩根的要害，让自己变得更富有了。在策划这次"入侵"时，他非常精明地掩盖自己的行踪，以至于调查这次阴谋的人都无法将他与这次"入侵"联系到一起，也没能证明他有任何违法的行为。但是他确实是为了达到自己的目的，而故意去颠覆一个政权。

在安德鲁·普雷斯顿就任总统期间，联合水果公司成为全世界最大的水果和糖品公司。但那穆瑞的库亚梅尔水果公司也不让其后，其实力已经壮大到能与对手打价格战的程度。1930年，联合水果公司收购了库亚梅尔水果公司，解决了价格战问题，他们支付给那穆瑞价值3100万美元的联合水果公司股份，让他成为董事会的一员。可后来经济大萧条给联合水果公司带来了沉重打击；1924年普雷斯顿去世后，联合水果公司就变成了一个人员冗余、作风懒散、管理不善的公司。此后几年，那穆瑞眼睁睁地看着联合水果公司的股票下跌了90%，自己的股份缩水至200万美元。他想要给董事会提一些意见，但却被粗暴地拒绝了。那时候，控制董事会的都是波士顿的新教精英，他们大都是丑恶的反犹分子；对于那穆瑞这个因为库亚梅尔合并案而进入董事会的犹太移民，他们更是讨厌。在1933年那次决定命运的大会上，那穆瑞再次呼吁董事会采纳他的意见挽救公司；当时的董事会主席是一个颇有影响力的波士顿社会精英，名叫丹尼尔·古尔德·温（Daniel Gould Wing），他带着轻蔑的态度听那穆瑞用浓重的犹太口音提意见，然后笑着对其他董事会成员说："不好意思，那穆瑞先生，你说的话我一个字也听不懂。"

那穆瑞可不是个好欺负的人。他带来了一个大杀器：联合水果公司其他持股人签署的一袋子代理委托书，因此他手中握有公司大部分的股份，使得他可以在适当的时候行使权力。他离开会议室，取回装授权书的袋子，一把甩在桌子上，说："你被解雇了。看清楚没，主席先生？"随后，他转身对其他董事会成员，说："你们这群人把生意搞砸了，够了！我现在要把它给整好。"

驱逐了董事长、主席和董事会的大多数成员后，那穆瑞接管了这个庞大、无能的公司，他让公司走出混沌，迅速回归盈利状态。因为这戏剧性的转变，《纽约时报》称那穆瑞为"吃大鱼的小鱼"。

完全掌控联合水果公司后，那穆瑞继续强硬干涉洪都拉斯的内政，这样的情况一直持续到1954年他退休为止，随后他开始全身心投入慈善事业。晚年之时，也许是为了弥补早年的一些不正派做法，他大力资助中美洲的公益事业、学校和慈善；那穆瑞在以色列建国一事上也扮演了重要角色；他还为哈佛大学的女性教职提供了资助，让哈佛大学有了历史上第一位女性全职教授。他还资助进步杂志《国家》（*the Nation*）。那穆瑞是一个极为聪明、复杂和矛盾的人。*

虽然普雷斯顿和那穆瑞的人生丰富多彩，但这两人和水果公司给洪都拉斯留下了黑暗的殖民主义遗产，这遗产就像毒气一样一直笼罩着这个国家。水果公司给洪都拉斯的发展带来了极其恶劣的影响。虽然洪都拉斯最终摆脱了他们的束缚，但是这里政治动荡，国家机构不完善，权贵家族、商业利益集团、政府和军队互相勾结，到处都可以看到政局不稳和企业欺凌所遗留的痕迹。这些问题让米契飓风造成的灾难雪上加霜。国家沦为毒枭的猎物。20世纪90年代，哥伦比亚采取了有效的禁毒措施，迫使大量毒品贸易都转向了洪都拉斯。毒品贩子把洪都拉斯变成南美和美国之间最重要的可卡因走私转运点，而莫斯基蒂亚则成了这个转运点的中心。他们在丛林中铲出了简陋的飞机跑道，为来自委内瑞拉的运毒飞机提供夜间紧急迫降场，至于安全与否，飞机和一两个飞行员的命哪里比得上毒品的价值。在谋杀率激增的同时，执法和司法制度却崩溃了。暴力团伙掌控了主要城市的大片区域，他们参与勒索、收取保护费，甚至还设定禁止通行地区，不允许军队和警察进入；除非警察自己也参与这些活动。当然，警察参与的情况也很常见。因为持续的帮派暴力，绝望的洪都拉斯家庭纷纷把自己的孩子送往北方（往往是小孩孤零零地送出去），去美国寻求安全庇护。

在这种环境下，埃尔金斯不可能得到许可或组织探险。这个国家看起来毫无指望。他放弃了对“白色之城”的搜寻，永远地放弃了。他当时对我说：“我受够了，就这样吧，可能我注定解不开这个谜。”

*他给我们留下一些积极的东西；他的女儿多丽丝·那穆瑞·斯通成了有名的考古学家和人种学者，她曾在洪都拉斯和哥斯达黎加做过开创性的工作。杜兰大学的斯通拉美研究中心就是她和丈夫创立的。

Chapter 8

Lasers in the Jungle

Their paper declared lidar a “scientific revolution, ”and an “archaeological paradigm shift.”

第八章

丛林激光

激光雷达是一场“科学革命”和“考古学范式转变”。

放弃对“白色之城”的寻找之后，埃尔金斯把注意力转向了史蒂夫·摩根未解之谜清单上的第二个对象：利马宝藏。他希望能把搜寻“白色之城”时用到的前沿科技用来寻找宝藏。这场新的搜寻工作花费了他十年时间，期间他把我也拉进了搜寻的队伍。

利马宝藏也被称为科科斯群岛宝藏。这些所谓的黄金和红宝石宝藏（约10亿美元）据说是在1821年秘鲁爆发独立战争时被偷偷地带出了秘鲁的利马省。当时利马城被叛军团团围住，据说是为了避免城市在落入叛军之手时，该宝藏也会被抢走，西班牙总督才想要带走宝藏。

革命者封锁了港口，但允许外国民用船只自由通过。总督秘密将宝藏委托给一位相熟的英国船长。为防万一，他还派一批西班牙士兵和牧师到船上守护宝藏。按照他的计划，这艘船会穿过封锁线，如果叛军被击退的话，船长就会把宝藏送回来，如果守城失败，船长就会把它带到位于墨西哥的西班牙财务部去。

据说，因为宝藏的诱惑太大了，船只穿过封锁线之后，英国船员立刻找机会杀死了西班牙士兵和牧师，把他们的尸体扔进了大海，然后带着宝物离开了。为躲避西班牙人的追查，他们来到了科科斯岛，这是一个偏远的太平洋无人火山岛。他们把宝藏埋在岛上后，驾船离去。但没过多久，他们就被西班牙舰队逮住了。西班牙人以海盗罪绞死了英国船上的军官和船员，只饶了船长和第一大副的命，但他们得带西班牙人找回宝藏。

一到岛上，这两个人就逃进了山林里。西班牙人在岛上搜寻了几个星期，补给都快耗尽了还没抓到人，他们不得不放弃搜捕，起航离开那里。最后途径这座岛屿的捕鲸船把船长和大副给救了，捕鲸人以为他俩是因为沉船才被困在那里。英国船长和大副两人秘密绘制了一份地图，还用其他文档记录下了宝藏的位置，想着一找到机会就回去挖掘宝藏。

不久船长就死了。而名叫詹姆士·亚历山大·福布斯（James Alexander Forbes）的苏格兰大副最后定居于加利福尼亚，娶了个西班牙望族的女儿，他的家族后来成了拥有广阔土地的富裕的加州世家。他全身心投入自己创建的各种企业，很快就赚取了大量的财富，所以一直都没有回去挖宝藏，但据说他把地图和标记藏宝位置的文件都给了他的大儿子查尔斯。这些材料在福布斯家族中代代相传，直到今天。

米契飓风毁了埃尔金斯寻找“白色之城”的梦想。在那之后，埃尔金斯及搭档与手握寻宝资料的福布斯家族后人联合起来，计划一起去寻宝。科科斯岛如今已是一座国家公园，这么多年来它的地貌早已大变样，很多地标都没有了，因此埃尔金斯很乐意尝试使用最新的尖端技术，通过远程遥感来检测埋藏在地下的金属。他和搭档花费了数年时间筹集资金，因为这座岛屿属于哥斯达黎加，他们还得从哥斯达黎加政府拿到必要的许可，但该项目在真正开始探险之前就失败了。宝藏（如果还在的话）很可能还没有被人发现。

2010年，史蒂夫·埃尔金斯已经59岁了。在过去的20年间，他花费大量资金想要解开这两个未解之谜，但却一无所获。

也就是在这令人沮丧的一年，埃尔金斯在《考古学》杂志上读到了一篇名为《丛林激光》（*Lasers in the Jungle*）的文章。文章中描述了一种强大的技术，名为激光雷达，也称作激光探测和测距技术，刚刚绘制完成的卡拉科尔玛雅古城（位于伯利兹）地图正是运用了这种技术。卡拉科尔的激光雷达测绘是考古学上的分水岭。这篇文章让埃尔金斯激动万分：他意识到自己也许找到定位“白色之城”的工具了。

探险家在20世纪30年代发现了卡拉科尔，并且意识到这是玛雅王国最大的古城之一。《丛林激光》讲述的是阿伦和戴安·蔡斯夫妇在20世纪80年代如何绘制卡尔科尔及其周边地区地图的事情。为了完成这项艰巨而令人望而却步的任务，25年来，由助理及学生组成的团队走遍了雨林，测量并记下了他们发现的每道墙、每块石头、每个洞穴、每片梯田、每条道路、每座墓葬和每一个建筑物。到了2009年，他们制成了有史以来最详细的玛雅城市地图。

但在多年之后，蔡斯夫妇依然感到很沮丧。这座古城很宏伟，但是因为丛林太茂密，在这样的环境下绘制地图太过艰难和危险，他们总觉得还有很多东西没有发现，所以他们一直深感不安。“我们用大砍刀开路，”他们写道，“匍匐穿过低矮茂密的下层丛林，但还是担心自己会不会漏掉什么。”他们渴望能有更好的方式来绘制地图，而不是（用他们的话说）“在地面上再摸索25年”。

所以他们决定采用新的工具：激光雷达。激光雷达也曾用于绘制月球表面的地图和大面积的地表图，但直到最近10年，这项技术才获得了用于绘制精密考古遗迹地图的分辨率。飓风过后，激光雷达被用于测绘科潘古城遗址，但该技术在中美洲的运用也就仅限于此。蔡斯夫妇与美国航空航天局、休斯敦大学的国家机载激光测绘中心（NCALM）共同合作，使用机载激光雷达绘制卡拉科尔古城的地图，机载激光雷达技术可比当年布鲁姆搜集雷达和卫星数据的技术要强大得多。20世纪90年代中期，布鲁姆拿到的地表影像分辨率最多只有27米；而激光雷达甚至能穿透森林树冠，其分辨率在0.9米以内。

美国国家机载激光测绘中心拥有一架小型塞斯纳空中大师直升机，直升机内部被装入了一个绿盒子，这个盒子里装的就是价值上百万美元的激光雷达。飞行员在接受过激光雷达使用方法的培训后，驾驶飞机从洪都拉斯飞到伯利兹，与之同行的还有3个制图工程师。这一小组在卡拉科尔古城及其周边地区执行了5次飞行任务，用激光对雨林进行了扫描。这项工作花了1周多的时间才完成。

影像传回来的时候，蔡斯夫妇都惊呆了。“似乎不费吹灰之力，”他们写道，“这个系统就生成了2万多公顷的详细视图，其中只有13%是前人绘制过的。这些图像曝光了地形、古代建筑、堤道和农业梯田等结构。”此外还有洞穴、高台、建筑、陵墓等成千上万的考古特征，这些都是当年地面制图时忽略掉的内容。激光雷达在不到5天时间里所取得的成就比蔡斯夫妇25年成果的7倍还要多。

他们在文章中称激光雷达是一场“科学革命”和“考古范式的转变”，是继碳14年代测定法发明以来最伟大的考古进步。

Chapter 9

Something That Nobody Had Done

Archaeology is in a race against deforestation.

第九章

亘古未有

考古学正在与森林盗伐做斗争。

埃尔金斯越是了解激光雷达，就越是相信如果失落之城确实存在，而且自己也有毅力重新开始这个研究的话，激光雷达必然能帮助他找到失落之城。但是，想到之前向洪都拉斯政府申请许可证的那场噩梦，他的兴奋劲儿就没那么强烈了。政府已经多次易主，还经历了军事政变，审批流程看来比以往任何时候都更加令人畏惧。埃尔金斯对我说："我不知道自己是不是还想再次经历一遍这些乱七八糟的事。"在过去的12年间，莫斯基蒂亚已经变成了一个极度危险的地方，一个由暴力贩毒集团和犯罪帮派控制的法外之地。甚至飞越莫斯基蒂亚领空都是一件极其危险之事，因为那是可卡因走私犯常用的空中走廊，不明身份的飞机随时都可能会被美国或洪都拉斯军方击落。

但之后却出现了一个百年难遇的巧合，巧得连小说家都不敢这么编。史蒂夫·埃尔金斯还在思索该怎么办的时候，他接到了一位老友的电话，这位老友就是在洪都拉斯当过协调人的布鲁斯·海尼克。

海尼克的妻姐死于1996年的一场谋杀，同年海尼克便和妻子梅布尔搬到了圣路易斯。海尼克放弃了毒品走私生意和抢劫事业，过上了世俗平凡的生活。但是他也像埃尔金斯一样，从未动摇过寻找"白色之城"的念头。

2009年年底，梅布尔独自一人回特古西加尔巴参加她父亲的葬礼。当时洪都拉斯刚从军事政变中恢复过来。就在当年早些时候，时任左翼总统荷西·曼纽尔·塞拉亚（Jose Manuel Zelaya）为了修改宪法谋求连任，试图用高压手段举行全民公投，由此引发了政变。最高法院裁定他这一企图为非法，塞拉亚不服法院判决；洪都拉斯国会下令逮捕他。一个周日的清晨，军队解除了总统卫队的武装，把他从睡梦中叫醒，将他送往哥斯达黎加。在机场的时候，他还愤怒地发表了一番措辞激烈的抗议演说，那时他还穿着睡衣呢。媒体都说塞拉亚被赶走得太快了，连换衣服的时间都没有，但后来洪都拉斯一位政府官员私下告知我，其实他们允许塞拉亚换上衣服，还允许他带些衣服走；但这个戏精在飞机上狡猾地换回了睡衣，以图博取同情，从而激起民愤。

军队把政权交还给了民政部门，随后进行的选举持续了5个月之久。经过激烈的竞争，权力最终落于波尔菲里奥·“佩佩”·洛沃·索萨（Porfirio “Pepe” Lobo Sosa）之手。梅布尔在教堂参加葬礼的时候听说新当选的总统洛沃连同内阁会在下周六来这个教堂做礼拜，以祈祷能在接下来的四年任期内得到上帝的祝福。

梅布尔在给海尼克打电话的时候提到了这件事，海尼克督促她一定要抓住这个机会。梅布尔在一次访谈中告诉我：“海尼克一整个礼拜都在念叨这个事情。他让我设法去接近这家伙，跟他讲一下‘白色之城’的事情就行，其他的事情他来办。”

总统到访的那一天，梅布尔和她弟弟曼戈（洪都拉斯的足球明星）来到教堂，想要找机会跟总统搭上话。教堂被堵得水泄不通。总统迟到了，身边还带着20个保镖以及一支身佩来复枪的当地警察队伍。

总统做完礼拜完后，曼戈让梅布尔在座位上待一会儿，他去安排。他走上前去和牧师攀谈，看他们说了那么久还没停，梅布尔意识到曼戈根本就没有说到点子上。与此同时，总统和他的随从已经起身准备离开了，梅布尔意识到自己再不抓紧就失去这个机会了。她从座位上站了起来，推开拥挤的人群快速挤过去，朝着总统奔去。总统的保镖围成一圈把总统保护在中间。她喊着总统的名字：“佩佩！佩佩！”可他并没有注意到她。最后梅布尔冲到保护圈前，双手越过保护圈，一把抓住了总统的胳膊。“佩佩，我有话跟你说！”

“好吧，”他回答道，无奈地转向她，“想要忽略你都难啊。”

“我跟保镖说：‘不好意思，让我过去一下。’他们都摇头不肯，还把手放在枪上。他们围得那么紧，我只能用力推了。洛沃笑了，我对他说：‘您能不能跟他们说让我进去？’保镖把我放了进去，然后又紧紧地拉起手，把我也围在圈子里面。”

“我问他是否听说过‘白色之城’。他说是的。我说：‘我丈夫20年前曾试图寻找过这个城市。’他说：‘听起来似乎很有意思，继续说吧。’我说：‘他曾经去过那儿。’（这当然是夸张的说法。从海尼克讲的故事看，他只是习惯性地把莫斯基蒂亚地区所有的大型废墟都称为‘白色之城’。）他说：‘你丈夫能再去一次吗？’我说：‘这就是为什么我们需要你的许可。’”

洛沃看着梅布尔，最后回答道：“好吧，如你所愿。只有上帝才知道，你是怎么找到我的。我听说过那个城市，但我从没有听说有人到过那里。我相信你，我也希望你能相信我。我会把你引荐给一个内阁成员。他会代表我跟你谈，给你签发所有的许可证，提供做这件事所需的任何东西。他的名字是阿非利加·马德里（Áfrico Madrid）。”

于是梅布尔来到内阁办公的地方，找到了阿非利加。“我跟他谈这个项目。他说：‘哇，听起来确实很有趣。既然总统都说这件事该做，那我们就做吧。我会给你办好你需要的一切。’”

他们交换了电子邮件。

梅布尔离开的时候，看见总统正在上车，她急忙来到总统身边，请求用自己的手机跟总统自拍一张合影。他满足了她的请求，然后提出用她的电话跟海尼克通话。梅布尔把手机给了总统，给身在美国的海尼克打电话。

“我当时正在圣路易斯，电话就这么打过来了，”海尼克跟我说，“是洪都拉斯总统打来的电话。他问我：‘你当真知道那个城市在哪里？’我说：‘是的，先生。’他说：‘我想找到这个城市。这会给整个国家带来好处。’”

总统挂了电话，把手机还给梅布尔，问：“现在我可以走了吗？”

“可以了，佩佩，”她说道，“可以走了。”梅布尔回忆道：“他匆匆离开了，就好像我要去追着他要什么东西似的！”

埃尔金斯听到这个神奇的事情，甚至都不敢相信这件事是真的，就像他碰巧看到激光雷达那篇文章一样，这件事也是充满巧合。等他联系上海尼克和洪都拉斯新总统时，他才敢相信一切都是真的。总统对这个项目充满了热情，他不但看到这个发现会给自己的国家带来什么益处，更明白这个发现可以帮助他提升摇摇欲坠的支持率。

拿到总统承诺的许可证之后，埃尔金斯便飞往休斯敦与国家航空激光测绘中心的工作人员会面（卡拉科尔古城的测绘工作便是他们做的），想要说服他们承接这个项目。NCALM是休斯敦大学和加州大学伯克利分校的联合项目，由美国国家科学基金会资助，只做学术和科学研究，不参加野外探险，更不会去寻找或许并不存在的失落之城。NCALM的联合首席研究员兼首席科学家威廉·卡特（William Carter）是激光雷达之父中的一位。在读研究生期间，卡特就曾参与过阿波罗项目，还参与设计并负责操作第一个月球激光测距站，该测距站能够精确测量地球到月球的距离，可以精确至几厘米。

埃尔金斯花了一整天说服NCALM的主任拉梅什·什雷斯塔（Ramesh Shrestha）带着他们的团队加入搜寻失落之城的项目。这是个奇怪的提议，不同于NCALM过去所做的任何事情。他们曾为世界闻名的遗址卡拉科尔绘制地图，因为他们知道那个项目一定会有结果。可是埃尔金斯的项目是有风险的，因为这个古城可能根本就不存在，他们也许会白费工夫，到时候在学术界就尴尬了。把雷达当作纯粹的考古探险工具，用来寻找无法确定的东西，亘古未有。

“我们不知道那座古城是否真的存在，”什雷斯塔说，“问题是，一切都是未知数。”不过让卡特折服的是，埃尔金斯居然早就取得了美国航空航天局的支持。他看了一下罗恩·布鲁姆绘制的T1图像，觉得图上所显示的内容足够让他们抓住机会搏一搏了。

从很多方面上看，这都是个有风险的项目。什雷斯塔还记得他们争论的内容。“这是前人从未做过的事情，我们有可能会找到一些东西或发现一些在考古界极具影响力的东西。我坦白告诉埃尔金斯：‘你看，这是个实验性的项目。我们只能尽力而为，但结果就不敢保证了，如果真的没结果，你们也不要怪我们。’”不过这个项目最让什雷斯塔和卡特二人感兴趣的，就是用激光雷达测绘全世界最稠密雨林下方地形的挑战。如果激光雷达能在莫斯基蒂亚派上用场，那它在任何地方都能工作。这将是对激光雷达技术的终极考验。

NCALM的一些成员对此表示怀疑。什雷斯塔说：“同事里也有人说这事成不了。因为雨林太厚了，但是我说，不试一试的话，怎能轻言不可能。”

还有一些人担心的则是这个项目居然没有一个考古学家参与。“史蒂夫·埃尔金斯只是个拍电影的，”NCALM的首席测绘科学家迈克尔·萨托里（Michael Sartori）后来跟我说，“我好几次跟同事说这是个坏主意，这不是我们该做的项目。这不是向考古学领域的学者提供高质量数据的正常模式。”

埃尔金斯先是提议让NCALM用激光雷达勘测整个莫斯基蒂亚地区，在他得知这将耗资数百万美元后，便把调查范围缩减到1.3万公顷。测绘这样一片区域的直接成本约为25万美元，支持费用也要差不多25万美元。

T1区域仅仅有5180公顷。为防在T1区一无所获，埃尔金斯又选了另外三块无人探寻过的区域展开调查。他将这三块区域命名为T2、T3和T4。T2地区是一条深深的峡谷，周围环绕着白色的石灰岩崖壁，曾有传闻说“白色之城”就在这里。T3和T1一样，都是很难到达的地方，前人从未在此科考过，这里有景色优美的大片开阔之地，但四周却被崇山峻岭封闭住了。至于T4区，埃尔金斯认为山姆·格拉斯麦尔找到的废墟就是在这个峡谷里。

埃尔金斯对这四个目标区域进行了细致深入的研究，他把莫斯基蒂亚一带的考古遗迹地图全都找来，对洪都拉斯人类学和历史学研究所的档案进行梳理，就连未发表的报告也一一寻来，并对洪都拉斯官方登记在册的考古遗址进行了搜寻，想看看这里之前有没有进行过考古或者其他性质的探险活动。

整个20世纪期间，考古学家在莫斯基蒂亚发现了大约200个遗址。但与玛雅地区成千上万的遗址比起来，这几乎不算什么，跟我老家新墨西哥州163000个登记在册的考古遗址比起来，也不过是九牛一毛。这200个莫斯基蒂亚遗址既包括发现众多陶器的大型定居点，也有小型遗址、洞穴墓葬、岩石艺术和散乱的艺术品，所有的东西似乎都属于同一个广泛传播的地域文化。和玛雅地区不同的是，这些遗址在地图上很多都只是一个简单的标注，人们从未对它们进行过详细勘探，从未对它们进行全面挖掘。莫斯基蒂亚的考古工作已经进行了一个世纪，但却没有取得什么进展，很多考古工作规模都很小，浮于表面且质量低下。到目前为止，考古学家连这个文化的一些基本问题都回答不了：他们是谁，来自哪里，他们如何生活，到底发生了什么事。毫无疑问，莫斯基蒂亚藏有很多尚未发掘的遗址，这些遗址将会告诉我们一些重要的秘密。

埃尔金斯找不到任何档案证明过去有人探寻过T2、T3、T4区域。没有人类进入的记录，对于科学而言这片区域就是空白的未知之处。但这里也没人住过吗？档案中并没有当地人在这片区域狩猎和采集的记录。

埃尔金斯要来了这四个地区的最新卫星图像。拿到图像时，他大吃一惊。T4区域（据格拉斯麦尔说，“白色之城”的位置正是在此）最新的卫星图像显示，该区域存在数个非法砍伐森林留下的痕迹。森林盗伐和考古盗掘往往是并存的；格拉斯麦尔的废墟（假如存在的话）也会被人发现，并被悄悄地洗劫一空，能搬得动的艺术品都会分散流入黑市或被当地人拖走。但埃尔金斯也知道，莫斯基蒂亚有许多规模庞大或知名或不知名的废墟，当中任何一个都有可能是传说中的“白色之城”（假使它确实如描述一般存在的话）。不过在那个时候，“白色之城”是否存在还是一个未解之谜。埃尔金斯把T4剔除出了搜寻目标，相应地扩大了其他三个区域的搜寻范围。

不幸的是，T4区域实在是命途多舛。洪都拉斯的雨林在以每年至少12公顷的速度消失。1990年到2010年间，因为滥砍滥伐，洪都拉斯的雨林缩小了至少37%。埃尔金斯感兴趣的目标都位于塔瓦卡·阿纳尼生物圈和普拉塔诺河生物圈保护区内，但保护区的存在也是有名无实，保护力度和法律执行力度都很弱。偏远、崎岖的山麓和危险的丛林并不能阻挡人们伐木和放牧的脚步。考古学正在与森林盗伐做斗争，等到考古学家有能力进入雨林遗址测绘的时候，这雨林也许早就落到了伐木工的斧子和劫匪的铲子下了，也许早就不复存在了。

2010年10月，政府终于批准探险队用激光雷达扫描莫斯基蒂亚雨林地区。这次，探险队带着总统、内政和人口部部长阿非利加·马德里的祝福，还有洪都拉斯人类学与历史研究所（IHAH）及其所长维尔吉利奥·帕雷德斯（Virgilio Paredes）的全力支持。洪都拉斯新政府也为这次探险提供了坚强的后盾和有力的支持。

洛沃总统在一场极具争议的选举中取得了胜利，在洪都拉斯陷入历史最低潮的时候登上了总统宝座。洪都拉斯是美洲第二贫穷的国家。大片农村、城镇和一些大城市的部分区域都落入了毒品贩子手中。帮派涌现，肆无忌惮地进行敲诈勒索和绑架的非法勾当。这里的谋杀率早已是世界最高的，且还在飞速增长中。腐败猖獗，司法系统和执法部门完全陷入了瘫痪。贫困不堪、居无定所、愤世嫉俗的百姓也不太安分。2009年的政变让这个国家（包括考古界）变得四分五裂。洪都拉斯迫切需要一些好消息。洛沃总统后来告诉我们，“白色之城”的发现正是他们需要的好消息。

Chapter 10

The Most Dangerous Place on the Planet

I would never go back up that river.
That's the most dangerous place on the planet, that river.

第十章

世界上最危险的地方

那条河我再也不去了，那是世界上最危险的地方。

拿到许可证之后，埃尔金斯便着手筹集资金。他请自己的朋友，电影制作人比尔·贝尼森（Bill Benenson）帮忙找几个投资人来赞助记录探险过程的电影项目。贝尼森认识很多有钱人，但考虑过后，贝尼森决定还是自己掏钱赞助这个活动。这样的机遇千载难逢，他要亲自资助整个探险活动。最终贝尼森和埃尔金斯俩人决定自己担任这部纪录影片的联合导演，并任命贝尼森为独立制作人，汤姆·温伯格和埃尔金斯为联合制作人。

项目进行之时，贝尼森已经72岁了，但他依然是个身体健壮、长相英俊的男人，脸上留着细密的胡子。他说话谨慎，字斟句酌，看起来不像是个爱冒险的人。他承认这个项目简直是“太疯狂了”，但他仍跃跃欲试想要搏一把。“我对这个故事很感兴趣，也对失落之城、探险活动、骗子以及一直想要去寻找失落之城的疯子很感兴趣。投资什么电影不是冒险呢，我觉得就应该投这个项目。这是我赌盘上的17号。就它了，赌了！”

贝尼森的祖父本杰明于19世纪晚期从白俄罗斯来到美国，定居在纽约州布朗克斯区。他是个木匠，一开始给建筑老板打工，后来就开始自己建房子。如今作为主要合伙人，贝尼森与人一同创办了贝尼森股份有限责任公司，主营房地产业务，该公司在曼哈顿和其他地方拥有一批一流的物业。但贝尼森的真爱是电影，特别是与人类学、考古学相关的电影。大学毕业后，他曾经加入美国和平队，在巴西待了两年，期间他拍摄了自己的第一部电影，名叫《钻石河》（*Diamond Rivers*），该影片曾在美国公共电视网上映。他拥有20多部故事片和纪录片。他是纪录片《无境之兽》（*Beasts of No Nation*）的执行制作人，也是《哈扎人：最后的开始》（*The Hadza：Last of the First*）的导演和制片人，这是一部讲述东非最后的狩猎采集者的纪录片。

贝尼森对一些非常规项目有着敏锐的目光，他相信即使什么也没发现，这段疯狂搜寻这座传奇之城的失败经历也能制作成吸引人的电影。埃尔金斯、贝尼森以及其他合伙人一起创办了一家名为UTL（意为：激光雷达之下）的股份有限责任公司来处理探险和电影的细节问题。

梦想了几十年的老项目终于有了转机，埃尔金斯组建了一支团队。多年来，他和我一直保持定期联系，因为我有时候会给《纽约客》写一些有关考古的文章，所以他问我是否愿意就此次研究给《纽约客》再写一篇文章。我答应了，但有些不情愿。说老实话，我非常怀疑这次研究能不能有结果，我决定在探险活动结束之前不向《纽约客》透露一点儿信息，如果他们什么都没有发现，那我就不写了。要是激光雷达也勘测不到什么的话（我认为确实有这个可能，毕竟在过去的500年中，每次寻找失落之城的尝试最后都是以骗局和失败告终的），我可不想让别人觉得我是个傻瓜。当我向埃尔金斯坦白自己的看法时，他说：“就算我们一无所获，至少你也得到了一次度假的机会。”

2012年4月28日，探险队的10个成员在洪都拉斯汇合，一起飞往罗阿坦岛。罗阿坦岛地处洪都拉斯湾，是一个与洪都拉斯大陆隔海相望的世界；该岛长48千米，宽约3千米，是一个热带天堂，拥有泛着珍珠光芒的沙滩、宝石绿的海水、炫目的珊瑚礁、渔村和奢华的度假村——大型游轮的主要目的地和潜水胜地。因为历史上它曾是英国的殖民地，所以这里的通用语言是英语。

虽然这里是很棒的度假地，但埃尔金斯和贝尼森之所以选择罗阿坦岛，主要是因为与大陆相比，岛上的飞机场能为我们的飞机和机上的机密装备提供更好的安全保障。洪都拉斯国务院颁发了为期两周的许可，但也要求飞机必须停留在高度安全的非公共区域，而且要配有24小时武装守卫。埃尔金斯和贝尼森雇了洪都拉斯军队来做保卫工作。

罗阿坦岛位于这个国家的东北部，最妙的是它与莫斯基蒂亚的距离：从这里到三个目标区域的飞行时间都只有一个小时左右。但是它也有一个缺点：罗阿坦岛的机场禁止储藏航空汽油。因为贩毒问题，航空汽油在洪都拉斯管控得很严格。毒贩打劫运油车的案件时有发生，他们杀害司机，用抢来的燃油开飞机贩毒。每次完成激光雷达勘测飞行后，塞斯纳飞机都得先降落到大陆上的拉塞瓦机场加油，然后再返回罗阿坦岛。

我们的总部位于该岛南部海边的鹦鹉树种植园里，探险队占据了一片红瓦屋顶的平房，这些房子沿蓝绿色的潟湖延伸开来，旁边是白色的沙滩，四周还有流水喷泉和沙沙作响的棕榈树。这些套房配有一流的大理石浴室、花岗岩台面的厨房、用抛光热带硬木装饰的卧室。空调将套房的温度控制得非常凉快。房子后面的一片假山之中有个巨大的淡水游泳池，还有瀑布、小桥、一簇簇沾满露水的热带花丛，藤架上覆盖着雪白的布单，雪纺窗帘在热带的微风中飘扬。不远处的码头上，价值百万的游艇停泊在泊位上，加勒比海的海水拍打着它们，擦拭得亮闪闪的船体在太阳下发出耀眼的光。山上遍布刷着白色涂料的别墅。

“干吗不让自己舒服点儿呢？”埃尔金斯感叹道。我们聚在一起吃烧烤龙虾尾时，可以从海滩的草棚下远眺潟湖。夜空中的星光闪烁，海浪如私语般沙沙地拍打着沙滩。

但是奢华的环境却只会让我们对探险活动更焦虑。从休斯敦过来的小型塞斯纳飞机在飞越佛罗里达群岛时，遭遇了持续的海湾暴风，只能选择迫降。可能过几天天气才能好转。就这么闲着什么都不做，贝尼森和埃尔金斯每天也得为我们花费几千美元。大家都不开心。

NCALM派了三个激光雷达工程师参与这个项目：胡安·卡洛斯·费尔南德斯·迪亚兹（Juan Carlos Fernández Díaz）博士，他是任务策划人兼首席激光雷达工程师；迈克尔·萨托里，数据地图科学家和固有的怀疑论者；以及激光雷达技术人员阿比纳夫·辛加尼亚（Abhinav Singhania）。

巧合的是，费尔南德斯恰巧是土生土长的洪都拉斯人。他在佛罗里达大学获得地质传感系统工程学的博士学位，在洪都拉斯天主教大学取得工商管理学硕士学位，且是最高荣誉毕业生；同时他还是富布莱特奖学金资助的学者。他熟悉洪都拉斯的政治和文化，能讲一口流利的西班牙语，拥有丰富的激光雷达知识和迷人的性格，因此成为此次探险最不可或缺的人员之一。这个35岁的工程师看起来冷静而又务实，但在这样的外表下，却藏着一颗聪明的科学头脑和狡黠的幽默感。他个性随和，说话温和，即便周边的环境再糟糕（这种情况在探险的过程中时有发生），他也绝不生气。费尔南德斯很乐意成为这个项目的一分子，此次参与让他成了洪都拉斯英雄式的人物。“这里肯定有猴神。”他笑着说，“这次探险太让人惊叹了，它能成功既是因为幸运，也是因为机遇，命运安排我为这个项目贡献一己之力。如果你来自洪都拉斯，那你身上一定会融合不同文化的因素，有来自西班牙的，也有来自印第安人的。虽然我取了个西班牙名字，但我知道我内心也有着印第安的烙印。”他希望这次的努力能给自己的祖国带来一些有意义的东西，“洪都拉斯人没有清晰的文化身份认同感。若要想创造一个更光明的未来，我们必须多了解我们国家的历史”。

而萨托里则毫不掩饰地表达了他的怀疑：“真的要去那片巨大的荒野之地吗？真要去探索那些地区吗？可你根本不知道那儿有什么呀！这看起来就像是在黑暗中漫无目的地胡乱开枪一样。”度假胜地里荒谬的奢华享受，和学术界常见的拮据探险一点儿都不一样，这些更增加了他的疑虑。

探险队里还有一个影片摄制组、一位平面摄影师，以及影片的另一个联合制作人汤姆·温伯格，他也是探险的官方记录者。温伯格的笑声极具感染力，他已经72岁了，性格温和，头上的灰头发和脸上的胡子显得颇为不羁。早在1994年，他就参与了埃尔金斯的“白色之城”项目。在他漫长的电影和电视生涯中，他获得过数次艾美奖，是芝加哥电影界的传奇人物。他和合伙人于1972年一起创建了TVTV影像集团，制作了关于美国文化和政治进步题材的“游击录像”（*guerilla video*）纪录片；此后，他还创立了“媒体蚀刻独立档案”（Media Burn Independent Archive），早在互联网出现之前，该档案就储存了上千小时的重要纪录片影像片段，其中包括了大部分的斯图兹·特克尔（Studs Terkel）访谈，若非此档案，这些影片很有可能都会丢失。

团队中最令人难忘的成员就是埃尔金斯的老朋友布鲁斯·海尼克了，他是最优秀的经纪人。自从听埃尔金斯绘声绘色地跟我描述了海尼克和他的冒险之后，这么多年来我一直想见见海尼克。一天晚饭前，我在草棚酒吧见到了他，我看到的是一个重度肥胖的人，他头上戴着巴拿马草帽，身上的夏威夷衬衫纽扣敞开着，露出了脖子上的金链子，一手夹着香烟，另一手拿着啤酒。当时他一副忧心忡忡的样子，对我说他刚刚从机场回来，“老子刚刚破了点儿财”，就是为了把探险装备（这些设备包括电脑、视频和电影录像机、声音装置、三脚架还有其他好多东西）从罗阿坦的海关办公室里弄出来。即使有了总统的支持，该关照的人还是要关照。“他们想要18万美元的‘保证金’，”他说着，下巴由于愤怒而微微颤动，“还说在这些设备运出国的时候，就会把钱退给我们。我跟他们说，‘没门，想都别想！’但还是被揩了不少油。”听着他的话，我准备记笔记，可是他说：“除非我特别允许你记，否则一个字你也不准写。”海尼克有一大堆故事，但几乎在每个故事的结尾，他都会用他那泪汪汪的眼睛看着我，用手指着我说：“不许写。这个不能记录。”

最后，我只能沮丧地问他：“好歹让我写几个吧？”

“哦，当然可以，”他说，“绝对可以，没问题。等老子死了以后再写！”（布鲁斯·海尼克于2013年9月8日离世。后来他允许我记录我们的谈话，但前提是我保证在他去世之前不发表。上面这些对话都节选自我的笔记。）他笑着哼了一声，差点儿没被涌上来的痰噎住。

我问海尼克他和埃尔金斯两人关系怎么样，配合得好不好。

“我给你讲个故事吧。有一次，我在一个餐馆里吃饭，有几个人在爆粗口。眼看他们就要惹出麻烦了，所以我拿枪指着那人的脑门说：‘你给老子滚出去，要不然老子把你脑浆都崩到墙上去。’这就是我做事的方式。在这种地方你就得这样。别跟外国佬胡来，否则怎么死的你都不知道。和这种人打交道，他们谁也不尊重，人命也不重要，所以你就得这样对他们，不然你就等着被他们碾压吧。埃尔金斯觉得每个人都是他的朋友。他也想成为他们的朋友。他不明白有些人只是想找机会打劫你，他们甚至还想找机会杀了你。埃尔金斯觉得每个人都能相信，但在这儿你可不能这样。”

海尼克的一个膝盖受过枪伤，他很喜欢跟人解释这个伤口的来历。“有一次我从哥伦比亚运可卡因出去。”老板派他把可卡因从哥伦比亚送到尼加拉瓜去。他到卡塔赫纳送“货”，东西装在了小行李袋里，他拿着袋子去见联络人，向那人收取7.5万美元的“货款”。他来到一个装有百叶窗的饭店，可他惊讶地发现来者不是一个人，而是两个。其中一个人拿着一个装满美元的袋子。“我让他给我看一下钱。他朝我走过来，我让他别动，就在那里打开袋子，把袋子踢过来。”那人退后一步，与此同时，这两个人拔出枪就朝海尼克射击。“他们离我只有3米远，我也拔出我的柯尔特点45口径自动手枪开始还击，我打中了一个人的肩膀和另外一个人的脸。没等被打中肩膀的那个人摔倒在地，我就一枪爆了他的脑袋。整个枪战只持续了2到3秒钟。我的右膝盖中了一枪。”他捡起所有的枪、钞票和毒品离开了。他伤口非常痛，所以吸了点儿毒品，把一些可卡因粉撒进伤口里，这才觉得好一点儿。

“我背着7.5万美元的现金、拎着5千克重的可卡因和两把手枪，”他说，“我叫来住在拉塞瓦的一个朋友。我说，‘想法子把我从这儿弄走，我膝盖中弹了’。不久，X（这里我用X隐去了一个著名的美国作家兼退伍军人的名字）帮我联系到洪都拉斯境外的一处美国大使馆，对方把我送到了尼加拉瓜，让我去拍桑地诺阵营的照片，并给他们提供GPS位置。”

晚餐后，埃尔金斯召集整个小组开策划会议。会议的第一个议题就是为了骗过当地人，我们得为探险活动编一个打掩护的故事。洪都拉斯政府里知道我们在干什么的人寥寥无几，我们不能随意谈起“白色之城”或“猴神之城”。埃尔金斯解释说，我们只是一群呆板的科学家，我们要用新技术在空中勘测莫斯基蒂亚地区，目的是研究生态、雨林、植物群和动物群。毕竟此时关于“白色之城”的传说已经愈传愈盛，很多洪都拉斯人都相信“白色之城”里面有巨大的黄金宝藏；一旦有人得知我们的真实目的，我们就会陷入危险。

飞机起飞前，激光雷达小组就已经在地面上找到了安全位置来固定3个GPS组件，这些组件能接通飞行途中搜集到的GPS数据。每个组件都要配上电源，最好还要配有能上传信息的网络连接器。费尔南德斯已经做好了该地区的几何结构图，这项工作做起来很不容易，因为下面的地表区域都是不能通行的危险区域。为了安装这些组件，他做了一个几乎是线性的机组布局：第一个在罗阿坦岛，第二个位于距此45航空里程的特鲁西略（一个沿海城市，距离科尔特斯给查理五世写信的地方不远），第三个在一个叫杜尔斯·诺布尔的小村庄里，它位于莫斯基蒂亚的边缘，距此160千米远。第一个组件矗立在海滩的尽头，这是鹦鹉树度假村里的一个人工潟湖。第二个组件安装在特鲁西略的克里斯托弗·哥伦布酒店的房顶上。

要把第三个接收器组件（也是最关键的一个）安装在杜尔斯·诺布尔则比较困难。从理论上说，杜尔斯·诺布尔是距离莫斯基蒂亚最近的内陆地区。这个小城距离特鲁西略有6个小时的车程，但这段行程很危险，路上出没着大批毒贩和土匪。探险队决定用直升机把GPS组件带过去，把它安装在杜尔斯·诺布尔村外的一个农庄里，这个农庄的主人是梅布尔的表亲。

可就在飞机起飞前的几个小时，美国缉毒局为了一次反毒品行动，把埃尔金斯订的直升机给征用了。海尼克只能赶紧向洪都拉斯政府求助，想要借一架直升机和一个飞行员，令人惊讶的是他竟然做到了。（“在像洪都拉斯这样的国家里，还有谁能在15分钟内搞到直升机？这些人竟然不感激我做的一切。”）在飞行途中，曼戈无法从空中认出他亲戚的农场，所以直升机只能先降落在村庄的足球场上，然后派个人去询问方向，当时还引起了当地的轰动。费尔南德斯把GPS立在农场的牧场上，此地十分偏僻，能保证设备的安全，装置的动力来源是太阳能电池板和深循环电池。因为那里没有网络，曼戈每天都得亲自取回一个保存数据的U盘，再沿着土路上往南开上数小时的车，把它送到有互联网链接的最近的城镇卡塔卡马斯，把信息上传至休斯敦的NCALM。这个任务可不简单，这条路很危险，因为卡塔卡马斯被控制在一个贩毒集团手里，它是世界上谋杀率最高的城市之一。但是曼戈说贩毒集团只是做自己的生意，只有在被打扰的情况下才会滋事。曼戈把信息传给休斯敦后，迈克尔·萨托里就会把数据下载到他在罗阿坦岛的笔记本电脑里。

为了完成我们从基韦斯特到罗阿坦的最后一段飞行旅程，我们等了三天。这三天里，我们在度假胜地周围闲逛，被迫休假，吃吃东西、喝喝啤酒，这该死的奢华享受让我们越来越不耐烦、越来越烦躁，不知道这次研究什么时候才能正式开始。

每天大约中午的时候，海尼克肥硕的身影就会出现在草棚的阴影下，他舒适地躺在扇形的藤椅中，手里拿着啤酒和香烟，像极了《星球大战》(*Star Wars*)中的那个赫特人贾巴。大半个下午和晚上他都会一直待在那儿，除非有什么引起他注意的事，要不让他动一下都难。而每次有事情，你就会听到他用西班牙语或英语骂骂咧咧地打电话。闲极无聊，我总是习惯性地给他买杯啤酒，听他讲故事。

他毫无保留地说起他在莫斯基蒂亚洗劫考古遗迹的那些事。(考虑到埃尔金斯雇他的目的，我很惊讶他会讲这些事情，但他毫不在意这二者的矛盾。)“20世纪90年代早期，”他说，“我有个朋友叫迪马斯，我们曾经一起去盗墓、偷文物，我负责把这些东西走私到美国。”

有一次盗取文物时，在一条不知名的河流的上游某处，海尼克猎杀了一只貘当晚餐。他们当时是在一个沙洲附近安营扎寨的，还生起了篝火。海尼克把肉切成一条一条的，但正当他把肉放在热石头上炙烤时，他“听到一声凄厉的咆哮”。他一把抓起自己的M16步枪，扭头就看见一个动物正冲向他们；他把武器调到全自动模式，发射了“至少20发子弹”；这个动物在距离他1.5米远的地方倒下，那是一只身长2米的巨型美洲豹。他和迪马斯把它推进了河里。“我不喜欢杀美洲豹，”海尼克说，“它长得多好看啊。”

之后第二天，他们到了一条河流的岔口，沿着支流往上走，在水流浅而湍急的小河里艰难前行。两天后，他们找到了目标位置。一个巨大的石桌从高达12米的陡峭堤岸上探出一角。他们从河里爬上堤岸，在岸边发现“上面到处都是一堆堆的石头，它们曾经都是石头建筑”。海尼克沿着陡峭的堤岸来到石桌所在的位置，抹去灰尘后，表面露出了一只栩栩如生的咆哮的美洲豹雕像。这个桌子太大了，没办法整个儿带走。所以他们花了3天时间把美洲豹从上面凿下来。然后他们对石堆展开搜索，想要找到地下室或墓葬的入口，结果发现了一个洞。海尼克把头伸进去，看到下方1.5米的地面上有陶器。他跳了下去，但着地的时候没站好，伤到了腿，撕裂了膝盖上的肌腱，自从那次毒品交易后这个部位就一直没有恢复好。

他试着站起来，但没能成功，所以叫迪马斯给他找了根棍子当拐杖。在等棍子的时间里，他的眼睛逐渐适应了黑暗，正在那时，他看见“地板上到处都是硕大的蜘蛛、蝎子，还有一些蛇”。同时他还看见墙上到处都是凹陷的壁龛，里面有许多精美的彩绘壶和石碗。他一瘸一拐小心翼翼地绕过身边的小生物，把这些宝物搜集起来递给上面的迪马斯。他朝着深处走去，在地板上发现了一个亮黄色的物件。捡起一看，他立马被惊呆了：这个是纯金的雕像，大概有6.3厘米宽、12.6厘米高，“这是我见过的最漂亮的黄金艺术品”。他说，雕像“看起来像是一位头戴羽毛头饰、胸前拿着盾牌的国王，雕像很厚”。他还发现了很多东西，其中包括上百个打磨过的玉珠，“不是好东西我才不会拿”。

清理完整个地下室后，他们沿着那条河顺流直下回到文明世界，启程前往美国。他们把文物和一些在礼品店买的“破烂纪念品”混放在一起，给每个东西都贴上一个虚假的价格标签，用报纸包着装进随身携带的包里，就这么混出了海关。

海尼克第二天就跑到纽约城的大都会酒吧里，给自己点了杯加冰的芝华士酒。“我以前和X（之前提到过的那个作家，此人曾帮海尼克卖掉偷盗来的古董）就是在这里见面的，X手上有买家。”X一来，海尼克就把他带到酒店房间里，让他看那些宝物，“他说，‘太好了，这些都是好东西啊！海尼克，老伙计，你是最棒的！’”

但是海尼克根本不知道他拿到的到底是什么东西，X也不清楚。所以X联系了一个在拍卖行工作的女人，我们暂且称之为Y。“她可以帮我们看看这些东西，告诉我们这些东西到底是啥。”那个女人来到海尼克的房间，看到所有的文物都摊在床上。看见这一切时，她惊讶得大声惊呼：“见鬼，你们都疯了吗？”她告诉他们每一件东西都是什么，它们都价值几何，她也不能肯定这些东西属于哪个文化，因为这些东西都太罕见了。这个女人还帮他们联系了买家。他们每次只卖一部分文物，以免有太多东西一下子流入市场。“我们挣了很多很多钱，不瞒你说。那个黄金雕像，当时就卖了24万美元，那可是在20世纪90年代初期啊。”这些偷盗来的文物就这么消失在了巨大的中美洲古董交易黑市中，可能再也无法重见天日。

我继续给海尼克买啤酒，故事也源源不断地从他的口中流出。尽管他语言粗鄙、相貌不佳，但他那一双深邃的蓝眼睛里还是透露出某种粗犷的魅力和感召力。当他说话时，我再次惊讶埃尔金斯竟然会找这样的人合作，一起寻找可能是中美洲最重要的考古遗址之一。我想起埃尔金斯早先曾跟我悄悄说过，有时不得不“与魔鬼共舞”才能达到目的。不可否认，海尼克的帮助对我们确实至关重要。

“去那里（进入莫斯基蒂亚）有两条路，”海尼克告诉我，“普拉塔诺河和帕图卡河。我在帕图卡河上游遇到了点儿问题。当时我正在向在当地淘金的印第安人买金子，买了大概有8盎司重，带我去那里的那些人就打算打劫我。在旺布河和帕图卡河的交汇处——旺布河从这个地方往西流入普拉塔诺河，我一上船，他们就用船桨把我打翻到河里。我从水里爬出来，掏出一把柯尔特点45口径自动手枪。另外一个人举着大砍刀向我冲来。我对着他的脸开了一枪，又把另一个人也射倒了。我把他们俩捆成一团，拖到了鳄鱼出没的地方。那条河我再也不去了，那是世界上最危险的地方。回到潟湖后，我打电话叫了一架飞机来接我。我只能藏身在飞机跑道旁的灌木丛中等待飞机。在那之后，我就像躲避瘟疫一般逃避帕图卡河上游区域。在那里，生命没有任何意义。”

Chapter 11

Uncharted Territory

It's uncharted territory, you're out there on your own, out in the middle of nowhere.

第十一章

未知领域

那是一片未知领域，你只能靠自己离开那里，离开那无名之地。

5月1日，基韦斯特的天气放晴了。运送激光雷达的飞机终于可以起飞了，在大开曼岛加满油后，于下午2点到达罗阿坦机场。每个人都冲向机场迎接这班飞机，飞机降落后，所有人都鼓掌欢呼。我们对失落之城的搜寻之旅由此拉开帷幕。

我们的空中霸王是一架双引擎飞机，飞行员说该机型采用推拉式装置驱动，两个驱动同轴安装，一个安装在机头拉拽，一个安装在机尾向前推。这架飞机最突出的特点是机翼后面延伸出的两个支架。这架飞机机身上过去是鲜艳的红白相间的图案，可现在机身上的喷漆剥落了很多，一条丑陋的油渍从前引擎一直延伸到机身尾部。装着激光雷达的绿色大箱子几乎填满了机腹。这个先进、价格昂贵的激光雷达属于高度机密，必须时刻有士兵守卫。可现在这个装置却被装在一个破旧的锡罐子（在我这个非专业人士眼里，这辆破飞机也就称得上是个破锡罐子）里面。

飞机着陆后，七个佩有M16s步枪的士兵把飞机护送到一个偏僻的角落，那里远离公众区域，可以确保安全。似乎没有人注意这些护卫；这个机场很小，到处都有部队的人。护卫队的六个士兵大多是青少年，他们和带队的中尉已经在机场里闲逛了三天。看到飞机终于到了，他们也很兴奋。士兵们绕着飞机巡逻，拿着武器摆出戒备的姿势，这一场景被埃尔金斯的电影摄制组拍了下来。

飞行员查克·格罗斯（Chuck Gross）是身材魁梧、说话轻柔的佐治亚人，他对每一个人的称呼都是“先生”。他刚刚从伊拉克回来，在那里为美国军方执行机密的雷达飞行任务。他不能透露太多军方的事，但据我所知，他们还多次勘测巡逻路线沿线的活动区域的微小地形变化。如果路线周围突然出现新的垃圾堆或刚刚堆起来的土堆，往往是被人安装了简易爆炸装置。

格罗斯提到他有一个古巴的飞跃号码，这让他能在古巴领空上飞行。我问他如果因为引擎或者天气原因，他被迫要在古巴着陆的话，会如何？毕竟飞机携带着机密军事装备，而那时美国与古巴还处于冷战之中。

“首先，我会在跑道上烧毁飞机。”他解释道，这是处理机载激光雷达的标准做法，“即便在沙漠中迫降，我们也会立刻销毁设备。”他补充道：“为了把塞斯纳开出美国，我可是写了不少报告，你应该看过这些报告吧。”

20世纪60年代早期激光被发现不久，激光雷达技术（光线侦察和测距）就取得了长足的发展。简而言之，雷达的工作原理就像激光一样，把激光束射向某物，在光束反射回来的时候捕捉住反射光线，通过测量激光往返一次所用的时间来确定距离。科学家们很快便认识到激光在地图测绘上的作用。阿波罗15号和17号轨道飞行器上搭载了激光雷达设备，用来绘制月球表面的大片区域。“火星全球勘测者号”（围绕火星公转的人造卫星）也携带有激光雷达装置，每秒钟可以向火星表面射出十次激光束。在1996年到2006年的十年任务期中，“火星全球勘测者号”绘制出准确度高得惊人的火星表面地形图，这是人类历史上最难的测绘项目之一。

激光雷达设备有三种类型：星载的、空载的、地面的。在地球上，空载雷达常用于农业、地质、矿业、追踪冰川和冰原研究全球变暖、城镇规划和勘测等用途。在伊拉克战争和阿富汗战争期间，它也被用于许多机密用途。如今科学家也试着在无人驾驶车辆和智能巡航控制系统上使用地面雷达技术，用它来勘测行驶车辆周围不断变化的环境，他们还用该技术绘制房间、墓葬和雕塑内部的详细三维图；它能重新绘制出物体的三维立体图像，而且精细到令人难以置信的程度。

这辆曾经执行过卡拉科尔测绘任务的塞斯纳飞机，将帮助我们绘制出T1、T2和T3的地图。飞机犹如割草机一样在轰鸣声中飞过丛林，激光雷达设备每秒向下面的丛林林冠发出1.25万次红外激光脉冲，并记录下反射情况（激光脉冲是无害的，肉眼无法看见）。根据红外激光脉冲发射与反弹回来的时间差，可以算出飞机与每个反射点的距离。

激光雷达光束实际上并不能穿透植物。事实上它不能“看透”任何东西，光束会从每一片微小的树叶和细枝上反射回去。但即使在茂密的丛林里，林冠中也会存在狭小缝隙可以让激光脉冲通过，抵达地面再反射回来。如果你躺在丛林里向上看，你会看见到处都是斑驳的天空；在这些数量庞大的激光雷达脉冲的帮助之下，雷达可以发现和利用这些小缺口。

激光雷达工程师把最终拿到的数据称为“点云数据”。这些数据由数百万个点构成，它们在三维空间中的分布可以显示每个反射点的位置。制图工程师用软件删除掉从枝叶上反射回来的点，只留下从地面反射回来的。进一步的数据处理将这些地面点变成了地形的山影图，揭示了可能存在的任何考古遗址。

激光雷达图像的分辨率取决于追踪飞机飞行轨迹的能力。运用该技术最大的挑战在于，为了获取较高的分辨率，需要精确追踪飞机每秒钟在三维空间里的位置，误差不得超过2.5厘米。但是利用卫星连接的标准GPS只能达到3米的精度，这对于考古测绘毫无用处。通过在飞机飞行的地面下放置固定的GPS设备，倒是能将分辨率精确到30厘米左右，但是空中的飞机会因为乱流产生颠簸，出现翻滚、倾斜和偏航，在这种情况下最精良的GPS都无法跟踪其位置。

为了解决这一问题，激光雷达设备中要内置一个看起来像咖啡罐的密封设备。该密封设备内有高度机密的军事仪器，叫作惯性测量组件，简称IMU。巡航导弹用的也是同样的技术，在导弹朝着目标一路飞去的过程中，IMU组件能够一直追踪导弹的位置。也正是因为IMU，激光雷达才被列为机密军事设备，未经特许不能离开美国，即便获得特许，也必须在严密监管下使用。（我们之所以拖了这么长时间才把激光雷达运用在第三世界的考古上，这也是原因之一；多年来，政府一直禁止将IMU用于民用。）

在没有植物覆盖的情况下，空载激光雷达可以将分辨率精确到2.5厘米。但是在丛林中，林冠的存在让分辨率急剧下降，因为只有很少的脉冲能落在地面上。（脉冲越少，分辨率越低。）2010年蔡斯夫妇曾在勘探卡拉科尔附近稠密的伯利兹雨林时用过空载激光雷达，但是在像莫斯基蒂亚这样高密度的雨林中使用该技术还是头一回。

第二日早上，即2012年5月2日早上7点30分，飞机开始执行T1的第一次激光雷达探测任务。格罗斯负责操控飞机，费尔南德斯负责导航和操作激光雷达。我们全都跑到机场目送飞机起飞，看着它升上加勒比的天空，泛着光芒飞入洪都拉斯湾蔚蓝色的背景中，直奔洪都拉斯大陆而去。勘测完T1这片5180公顷的土地需要3天时间。如果一切顺利，我们4天内就会知道T1里面是否有令人感兴趣的东西。在那之后，飞机会继续勘测T2、T3地区。

当天傍晚，飞机结束第一次任务返回机场。到了当晚9点，萨托里证实数据清晰，质量很好；激光雷达测绘效果不错，他们搜集到的地面点足够绘制雨林下方的地形。尽管还没有形成图像，但他知道在技术上，我们已经有能力绘制精细的地形图了。

5月3日，第二次飞行结束后，费尔南德斯带回了一个有意思的消息。他飞过T1时看到一些不像是自然生成的东西，他透过机窗拍下了一些照片。我们都跑到他的房间去看电脑上的照片。

这是我第一次看见T1山谷。拍照的相机摇摇晃晃的，机窗玻璃上又满是刮痕，所以照片并不清晰：但是可以看出两个方形的白色物体，看起来像是带浮雕的石灰岩柱顶部，矗立在一片植被稀疏的方形区域中。该物体位于峡谷上端一片灌木丛生的漫滩上。大家都挤在电脑周围眯着眼睛看，兴奋地指指点点，七嘴八舌地讨论着，想要弄清楚这模糊的图像到底是什么，它们可能是柱子，也可能是从飞机上扔下去的垃圾，甚至可能只是两棵枯树的顶部。

我恳求加入第三次也就是最后一次飞行，但要满足我这要求有点儿困难，因为飞机里已经没有空间了。经过一番讨论，格罗斯同意把紧急水上着陆设备拿下来，清理出一个小地方让我挤进去（千万不要告诉美国联邦航空管理局），不过他警告我这样缩在那里飞行6到7个小时可能会非常不舒服。

5月4日，我们抵达机场时，太阳刚从海面上升起，飞机在铺有柏油碎石的跑道上投下长长的阴影，看上去就像爱德华·霍伯（Edward Hopper）的画作一般。负责守卫飞机的士兵们睡意蒙眬地向我们打招呼。我就要登机了，所以我更认真地打量着飞机，可眼前的景象让我并不满意。

“那条油渍是什么？”我问格罗斯。

“不用担心那个，”他说，“我每天都会加满油，漏那么一点儿不会影响飞行。”

爬进飞机后，我更加沮丧了。飞机内壁覆盖着华丽的深红色丝绒，可丝绒现已破损、褪色并且显得油腻腻的；飞机内的大部分东西看起来都是用强力胶带捆起来的。整个机舱弥漫着老爷车的味道。还有一部分飞机部件是用亚克力嵌缝条密封的，但现在这些填料都一缕一缕地剥落下来。我在巨大的激光雷达箱子旁转了一圈，想要挤到专门为我腾出的狭小空间里去，但胳膊肘一不小心就撞掉了一个仪表板。

“没事儿，这是常事儿。”格罗斯一边说着一边用拳头把仪表板砸了进去。

我惊呆了，如此不安全的破飞机，却拿来装载上百万美元的科学器械。格罗斯却一点儿都不同意我的看法。“不是的，先生，”他说，“这架飞机是执行此次任务的最佳平台。”他向我保证337空中霸主是一款非常“经典的”“非常棒的小飞机”，不同于“空中国王”或派珀公司的“纳瓦霍人”，这种飞机的燃油效率非常高，能支持我们“飞6个小时”。虽然这架飞机已有40年历史了，但它还是“完全靠得住”的。

“我们要是掉下来怎么办？”

“哇，”格罗斯说，“问得好！首先，我会找个空地降落。那是一片未知领域，你只能靠自己离开那里，离开那无名之地，这种鬼地方可没有双向通讯支持。”他摇着头说。简直无法想象！

尽管我很担心，但基于对格罗斯飞行经验的了解，我对他还是有信心的。早在18岁的时候，他就独自一人横飞过大西洋，成为横越大西洋年龄最小的飞行员之一。希望飞机只是看起来不太好看吧！我安慰自己说，像格罗斯那样世界一流的飞行员绝不会驾驶不安全的飞机的。

我蜷缩在激光雷达箱子的后面，没有座位，脑袋都趴到了膝盖上。费尔南德斯坐在我的正前方。他很担心我的情况，我觉得他其实是担心我晕机，怕我吐他一脖子。他问我早上有没有吃什么喝什么，我说没有。他接着很随意地提起飞行有多累人，飞机会在丛林上方连续低空盘旋6个小时，一次又一次地倾斜急转弯，被热气流顶得翻来覆去，有时候还得闪避秃鹰。他说飞机上的空调也坏了。我们要顶着大太阳在这个金属盒子里飞几个小时。飞机里没有卫生间，如果真想方便，就得解决到自己裤子里。我努力向他保证我是个模范乘客。

埃尔金斯给了我一个运动摄像机和一个配有长焦镜头的静物摄像机，让我看到神秘的白色柱子或其他有意思的东西时多拍些视频。

格罗斯爬进驾驶员的座位，对着清单一一检查仪表。费尔南德斯把自己的笔记本电脑插入到激光雷达箱中，他打开电脑，把自己策划的飞行计划拿给我看。屏幕中，几十条平行线纵横交错地穿过山谷，旨在最大限度地扩大覆盖范围，同时尽量缩短飞行时间。费尔南德斯不仅仅是一个激光雷达工程师，还是一个有飞行执照的飞行员，所以工作上他可以与格罗斯无缝对接。

我们从罗阿坦岛起飞，很快便飞到波光粼粼的洪都拉斯湾上方，大陆在前方若隐若现。天气真好啊！天空中点缀着一片片蓬松的白色积云。在遥远的前方，莫斯基蒂亚蔚蓝的山峰拔地而起，稀薄的云层萦绕在高处。飞到内陆后，海岸边的村落消失了，沿岸的定居点被分散的村庄和褐色河流边的农田所取代。地势抬高，变成覆盖着森林的山麓小丘，因伐木而留下的上百个空地闯入眼帘。丛林里升起的烟雾向四面八方飘散。

飞过伐木造成的裸露地面，我们在1200多米的高空中继续飞行，下方是一片未被破坏的险峻森林。格罗斯熟练地调整飞行路线穿过群山，逐渐靠近T1。离开罗阿坦岛1个小时后，费尔南德斯指了指远处山谷的边缘，顺着他手指的方向，只见绿色的山峦连绵起伏构成了一堵墙，墙上有一个尖尖的切口。格罗斯降低飞行高度，我们在300多米的高度上越过山谷边缘，展现在眼前的是一幅绝美的景象。进入山谷后，地势逐渐降低，我被山谷如画的地形所震撼。环形的山峦包围着平缓起伏的土地，两条河蜿蜒穿过地面。这看起来真的很像一个热带的香格里拉。

飞机在距地面约760米的高度平飞，费尔南德斯启动激光雷达设备，继续前一天的工作。激光雷达设备朝着林冠发出激光脉冲，格罗斯则驾驶塞斯纳飞机沿着平行线穿越山谷，每条线长6千米到9千米。从电脑上观看，这个飞行模式就像是在编织一张巨大的网。飞机受到热风的冲击，上下颠簸，前后颠簸，有时还会以一种令人揪心的方式侧翻。费尔南德斯说得对，这真是一次粗暴又吓人的飞行。幸亏格罗斯飞行技术过硬，他控制飞机的手是那么可靠。

格罗斯后来说："我们摇摆翻滚得非常不错啊，就像是飞出了一张蜘蛛网。这得有过人的技术才行。你得踩准要飞的线，左右偏移的距离不能超过18米。还得操控飞机滑行掉头，所以要掌好舵。面对这样的气流，要保持直线飞行还真是个挑战。你得控制住高度和速度。地形升高，我也得拔高，和地面保持同样的相对高度。"

我被窗外的景象惊呆了。我找不到任何语言来描述脚下这片雨林的壮观。树冠像马勃菌一样挤在一起，呈现出各种各样的绿：亮黄绿色、祖母绿、浅黄绿色、蓝绿色、墨绿色、玻璃绿、灰绿色、浅豆绿、橄榄绿、青瓷色、玉石绿、孔雀绿，言语根本描述不出这么多样的色彩。有些林冠上密密稠稠地覆盖着无数的紫色花朵。谷底中部不是浓密的丛林，而是茂盛的草甸。两条蜿蜒曲折的小溪在阳光下闪闪发光，在山谷的豁口前汇合成了一条。

我们在这原始的伊甸园上空飞过，用先进技术向这片500多年来都无人涉足的丛林发射出数十亿束激光，以此来寻找失落之城，这是21世纪对古老神秘遗迹的冒犯。

“快看，”费尔南德斯说，“在那儿，两个白色的东西。”

在一个开阔之地，我看见他前一天拍下的两个白东西，它们之间相距9米远，旁边是一个覆盖着深色植物的巨大的长方形区域。在我拍摄的时候，飞机在此经过了好几次。我觉得这两个东西看起来就像是矗立在灌木丛中的两根白色方形柱子。

我们平安完成飞行，除了一个小小的意外：因为在飞机里坐得太久，我的腿太疼了，在我忍不住调整姿势的时候，膝盖不小心把激光雷达设备给关了。这个设备连接着飞行员的导航系统，关了激光雷达设备就意味着关了飞行员的导航系统。格罗斯一下子就紧张了起来，费尔南德斯赶紧重新启动设备，我吓得一个劲儿地道歉。“没事儿。”格罗斯说。看来他远没有我想象的那么不安。

勘测完T1，燃油还足以到距此32千米的T2上空飞几次。我们飞过帕图卡河，也就是海尼克眼中“全世界最危险的河流”，看见一条棕色的河流蜿蜒穿过丛林。T2地区的景象非常壮丽，令人叹为观止，幽深隐秘的峡谷周围环绕着300多米高的石灰岩峭壁，谷中满是蔓藤，到处都是迷宫般的洞穴。近一段时间的非法盗伐森林（就在几周前）已经蔓延到了T2的谷口。在空中飞过的时候，我看见很多才刚刚砍下的树木躺在地上，等晾干后就能当柴火烧了。而滥砍滥伐却给森林留下了一块块难看的棕色疤痕。

完成一天的测绘后，我们飞去拉塞瓦加油，这个城市在大陆上。格罗斯算是把燃油用到了极限，我们飞了40分钟，降落的时候飞机只剩下不到20加仑的航油，但机场没有燃料，而且谁也不知道提供补给的油罐车在哪里。机场官员说油罐车怕是被毒贩给劫走了。于是，费尔南德斯给身在罗阿坦岛的埃尔金斯打了个电话。埃尔金斯让海尼克去解决这个问题。几通电话过后，海尼克得知油罐车还在路上，因为爆胎所以来迟了。

飞机不能处于无人看守的状态。如果燃料没到而飞机不得不在拉塞瓦过夜的话，就更得安排好看守的人。费尔南德斯和格罗斯争论要不要就在飞机里睡觉，但这个方案并不理想，因为他们都没有武器。他们最终决定，如果燃料到不了，他们就去拉塞瓦的美国空军基地，让那里的士兵帮忙守一夜。与此同时，萨托里又急着要数据，想快点完成T1地区的测绘，所以大家一致同意我一个人先回罗阿坦岛。拿着费尔南德斯给我的两个装数据的硬盘，我到机场柜台询问有没有从拉塞瓦飞往罗阿坦的民用航班机票。那天下午有一班飞机去罗阿坦，但已经客满了。我花了37美元，坐上了副驾驶的位置，搭个顺风“飞机”。这个飞机看起来比我们的塞斯纳还不靠谱，我登机的时候费尔南德斯还开玩笑说，若是他们千辛万苦搜集来的珍贵数据因为飞机失事而毁了的话，那就太可惜了。

我在太阳下山时分抵达了罗阿坦，把硬盘交给了萨托里。他一把夺过硬盘，一头钻进自己的小房子里，只是在晚饭的时候钻出来吃了几口龙虾肉。他拿到了绘制T1地图所需的所有数据。当天深夜，费尔南德斯和格罗斯终于回到了罗阿坦，虽然十分疲惫，但也算是松了口气。燃油卡车终于在最后一刻赶到了。

萨托里还有很多工作要做。他得把不同来源的数据整合在一起：激光雷达设备的、地面GPS卫星接收站的、飞机自身GPS的，还有从IMU来的数据。综合这些数据，就能创造出“点云”，这些“点云”可以形成雨林和下方地形的三维图片。但首先，他得等曼戈去杜尔斯·诺布尔村取出U盘，把U盘带到卡塔卡马斯，并把数据上传到休斯敦的服务器中；然后，萨托里再把这些数据从休斯敦下载下来。我睡觉的时候，萨托里屋里的灯还一直亮着。远在休斯敦的什雷斯塔也依然醒着，一直催萨托里赶紧提供最新信息。

揭开真相的时刻终于到来，图像会告诉我们山谷里有什么东西（假如真的有的话）。等萨托里完成T1地区的原始图像，时间已经快夜里1点了；什雷斯塔终于跑去睡觉了，罗阿坦岛的网络也关了。萨托里筋疲力尽地爬上床睡觉去了，甚至都没力气再看一眼自己刚刚制成的图像。

第二天是5月5日，星期六。一大早，萨托里就把原始图像上传至休斯敦的服务器，都没来得及再检查一遍。一收到图像，什雷斯塔就把它们转发给了NCALM的首席科学家威廉·卡特，当时卡特还在西弗吉尼亚的度假屋里休假呢。什雷斯塔打算过一会儿再看图片，但卡特却先他一步。

在那个安静的周六早上，8时30分，卡特正准备出去处理一下杂事（他得去买一个冰箱）时，T1的地形图便发到了他的收件箱里。看到邮件，他犹豫了一下，告诉妻子自己就瞄一眼。他把数据下载下来，打开一看，一下子就惊呆了。“不到5分钟，我就发现了类似金字塔的东西，”他后来告诉我，“我看到河对岸有一个广场区域，上面有类似建筑的东西，很明显是人工修造的。顺着那个河谷，我看到了更多东西，还看到因人力而改变的地貌。能这么容易就找到这些，真是太令人吃惊了。”他把坐标用邮件发给了萨托里和什雷斯塔。

萨托里放大图片仔细查看，甚至因为太激动而看错了坐标，但很快他就自己找到了那些东西。他说：“要打消我的怀疑可没那么容易。”但这些发现足以说服一个坚定的怀疑论者。萨托里十分懊恼，他说：“我恨死自己了，我怎么没有第一个看，我才是制作这些图像的人啊！”他跑出屋子，想要跟埃尔金斯汇报结果，可又转念一想，这是真的吗？会不会只是他的臆想？“我在门口徘徊了好久，进进出出足有6次之多。”萨托里说。

我和埃尔金斯还有其他人吃完早饭回来，看到萨托里出现在码头上，穿着人字拖发疯似的向我们跑来，一边挥舞着胳膊一边大喊：“山谷里有东西！”看到这个冷静的怀疑论者突然变成了疯狂的克里斯托弗·劳埃德（Christopher Lloyd），我们全都惊呆了。

我们问他到底有什么东西，他说：“我没法儿说，我也不会和你们说。你们一定要自己看看。”

他的话简直是一枚炸弹，当时大家就炸了锅。埃尔金斯开始往回跑，但又想起自己是电影制片人，所以他扭头喊上自己的摄制组拿着工具一起去，好记录下这一刻，这可是真实的电影。在摄像机镜头的记录下，大家一股脑儿挤到萨托里的屋子里看他笔记本电脑上的图像。这些地图不过是一次迭代的灰度图，但它们已经够清晰了。在T1山谷两条河流交汇处的上方，我们可以看到金字塔状的土丘排列在长方形的广场上，这些土丘的占地面积多达40公顷。之前我们在飞机上看到的貌似方形柱子的东西在地图上也能看见，但是不好推断到底是什么。我们查看图像的时候，萨托里的收件箱不停地跳出卡特和什雷斯塔发来的邮件，这俩人也在全神贯注地看地图，一发现新东西就立刻标上坐标用邮件发过来。

我惊呆了。这看起来确实像是一片巨大的废墟，甚至可能是一座城市。我曾幻想过我们会幸运地发现某个遗址，但从没奢望会是这般宏伟。难道在21世纪的今天，我们依然还能发现完整的失落之城？

萨托里的螺旋装订的笔记本就在电脑旁边。作为一个做事井井有条的科学家，他每天都会写工作日志。但是，在5月5日这一天的日志里，他只写了两个字。

“天啊！”

“看见这些长方形和正方形的东西时，”埃尔金斯后来告诉我，“我的第一感觉是，功夫不负有心人。”贝尼森，这位一直通过影像狂热地追踪探险进展的赞助人，他惊喜地发现一个价值上百万美元的赌资落在了他的号码上。“看到这一切，”他说，“我都控制不住自己的情绪了，身上都开始发抖。”

没人敢把海尼克叫醒，告诉他这一消息。下午1点，海尼克终于从屋子里走了出来，听到这个消息后他皱起了眉头。他不明白大家为什么都这么激动，“白色之城”当然就在那里啊。谁不这么想啊！他给内政部长阿非利加·马德里打了一通电话。阿非利加说他会尽快飞来罗阿坦看我们的发现，如果发现属实的话（毋庸置疑啊），他不但会把消息发给洛沃总统，还会发给洪都拉斯国会主席胡安·奥兰多·埃尔南德斯（Juan Orlando Hernández）。与此同时，洪都拉斯人类学与历史研究所的所长维尔吉利奥·帕雷德斯也飞到了罗阿坦，想要亲眼看一看我们的发现。后来他回忆起当时的情形，说：“看到那些图片，我不禁惊呼，‘哇！’大家都知道莫斯基蒂亚遍地都是古遗迹，但看到真实的城市，看到曾经拥有大量人口的城市，简直是太不可思议了！”

T1峡谷的地图绘制出来了，但这个项目只完成了40%：T2和T3区域还有待发掘。这个星期天一早起来，格罗斯和费尔南德斯就去了T2，他们还不知道新发现在鹦鹉树度假村引起了多大的骚动。可是飞机升空后，费尔南德斯却发现激光雷达设备出了问题。他们把飞机开回罗阿坦机场，想把机器修好，但是没能成功。当天早晨9点左右，3个激光雷达工程师全都赶来检查机器，最后确认这台机器是出故障了。

休斯敦的NCALM和加拿大多伦多的一个技术团队签有技术维修合约，这个激光雷达箱就是该技术团队设计和制造的。因为当时是周末，加拿大那边只有一个技术支持人员接电话。他指导着激光雷达工程师将雷达箱上的电源拔出来又插上，想要激活机器，但最后他们断定是机器的一个关键部件失灵了。这个部件叫作定位定向系统（POS）板，内含一个GPS接收器和其他用于与IMU“对话”、互换数据的部件。周一一早，该公司将派一名技术人员搭乘从多伦多飞往罗阿坦的飞机，亲自把价值10万美元的部件装在随身行李中运送来。这个部件要通关两次，一次在美国，另外一次在洪都拉斯。

乘飞机来送部件的工程师是巴基斯坦人，因为没有美国国务院签发的POS板出口许可证，他担心在华盛顿特区的杜勒斯机场过夜转机时，会被机场海关拦下。在多伦多登机前，他就很慌张地把这个部件放进了托运行李中，想着这么做比较不会挑战美国的安全神经。

但航空公司（都怪这群家伙！）把他的包给弄丢了。他的两个包里面不仅有POS板，还有技术人员安装POS板时要用到的所有工具。虽然这个POS板已经投了保，但保险赔偿对整个探险而言只是杯水车薪，因为探险队一天的费用就要好几千美元，而且使用飞机的时间也受到严格限制。慌慌张张的技术人员在周二早上抵达了罗阿坦岛，背包里仅仅带了几件衣服。

整个周二，大家都在拼命地给美国联合航空和塔卡航空公司打电话，但一点儿用都没有。据了解，包裹确实到达了杜勒斯机场，但有没有送上飞往圣萨尔瓦多和罗阿坦的飞机，那就不清楚了。包裹大概是在杜勒斯弄丢的。一通又一通暴怒的电话一直打到周三下午，那两个包裹竟出乎意料地出现在了罗阿坦机场。维尔吉利奥和埃尔金斯一起到机场，想让包裹赶快清关。维尔吉利奥在机场熟练地表现出专横的样子，他挥舞着总统的公务卡威胁海关人员，所以那两个包裹很快就被放行了，他们赶紧把包裹送到跑道尽头的塞斯纳飞机上。技术人员和费尔南德斯花了两小时把部件安装好了，激光雷达设备终于能用了。他们回到鹦鹉树度假村时非常兴奋，耽搁了这五天的代价可不小啊，好在问题总算解决了。美联航再次致电道歉，说尽管他们尽了全力，但他们还是没能追查到丢失的包裹。

勘测任务于周四早上重新开始，技术团队飞往T2和T3搜集数据。他们准确无误地完成了飞行任务。我们再一次聚集在萨托里的房间里查看图像。我们所有人又一次被惊到了：T3地区里的废墟群比T1的还要大。T2也有些神秘的人工痕迹，但看不出来是什么。有人猜测那大概是采石场或者是堡垒。

埃尔金斯和他的探险队怀着堂·吉诃德式的热情，对传说中的“白色之城”展开探寻，他们找到的不是一个遗迹，而是两个。这些遗迹显然是由莫斯基蒂亚那几乎不为人知的文明建造的，但它们是城市吗？其中会不会有“白色之城”，或者说“失落的猴神之城”呢？这么问其实不对（对于这一点，大家其实都清楚，“白色之城”是一个融合了许多故事的传说，实际上，它或许并不是传说中的样子）。然而，就像大多数传说那样，这些故事也是建立在事实基础上的：激光雷达的发现表明，莫斯基蒂亚确实存在过一个伟大而又神秘的文明，这个文明在消失前曾建立过很多大型的定居点。这和5个世纪前科尔特斯所说的一模一样：这个地方曾是“地域广阔的富饶地区”，但到底是什么原因使它如此突然和彻底地消失了呢？

Chapter 12

No Coincidences

There is a big city here.

第十二章

绝非巧合

这里有一座大型城市。

周五，阿非利加·马德里和一群洪都拉斯官员抵达罗阿坦岛。他们全都挤进萨托里的房间看电脑屏幕上的图像。当天晚上，阿非利加拨通了洛沃总统家里的电话，向他汇报情况，阿非利加说他相信“白色之城”已经找到了。洛沃后来跟我说，听到这个消息后，他震惊得“不知说什么好”。他说：“这一发现将会为全人类造福，而不仅仅是洪都拉斯。”它的重要性还有待地面探险队的发现，但可以肯定的是，这次发现堪称新世纪的重大考古发现之一。

阿非利加·马德里和总统说这个发现该归功于上帝之手；毕竟，当梅布尔·海尼克接近他们的时候，他们正代表新政府在教堂里正式接受上帝的祝福。“这不是巧合，”阿非利加对我说，“我认为上帝为我们的国家制定了许多不寻常的计划，‘白色之城’就是其中的一部分。”他相信这一发现是洪都拉斯改变的开始，“这会让洪都拉斯的旅游、科研、历史学和人类学更负盛名”。

海滩上摆起长桌举办庆功宴，四周点起了火把，人们兴高采烈地交谈、敬酒干杯。

T3地图绘制完毕，为期两周的激光雷达探测活动也就结束了，格罗斯开着他那结实的“空中霸主”带着所有机密技术往休斯敦飞去。埃尔金斯和费尔南德斯受邀来到位于特古西加尔巴的总统府，在内阁会议上展示此次发现的成果，该展示向洪都拉斯全国进行了实况转播。之后他们在总统府前的台阶上召开了记者招待会。他们公布了一份由埃尔金斯团队和洪都拉斯政府联合撰写的新闻稿，宣布他们“似乎在传说中的‘白色之城’所在地发现了考古遗迹”。这段声明措辞谨慎，但大众媒体在转发的时候可没有那么谨慎，他们大张旗鼓地宣布真正的“白色之城”已经找到了。

在洪都拉斯举国欢庆的时候，一些考古学家却愤怒地批评了这条新闻。这种态度的帖子在伯克利的博客上有两篇，其中一篇是罗丝玛丽·乔伊斯（Rosemary Joyce）教授发布的，她是加州大学伯克利分校备受尊敬的洪都拉斯史前问题专家。这位学者公开谴责这个项目是一次“炒作”。她写道：“洪都拉斯新闻界又在大肆鼓吹‘白色之城’的发现了，这座神秘的白色城市应该位于洪都拉斯东部的某个地方。”她还对将激光雷达用作考古工具进行了一番批判：“激光雷达能够绘制地形图，比人们徒手测绘地图要快得多，细节也很丰富。但这不是好的考古学，因为激光雷达所产生的是‘发现’，而不是‘知识’。如果考古研究是一场比赛，那么我会把钱押在亲自进行地面勘测的人身上……激光雷达很贵，花了这么多钱，但我还是怀疑你们发现的价值……（激光雷达）可能是很好的科学工具，但它不是好的考古学工具。”

回到美国后几天，我给乔伊斯博士打电话，想听一听她对此事的更多看法。她告诉我，听到这则新闻时，她非常生气。“老是有人说他们发现了‘白色之城’，这起码是第五次了。”她很明显是将洪都拉斯新闻界发布的轰动性新闻（即宣称我们已经找到“白色之城”的消息）和探险队谨慎发布的声明混为一谈了，“‘白色之城’根本就不存在。它是一个神话，一个现代神话，这个神话很大程度上是探险人编造的。我对这群人很有偏见，因为他们只是探险家，并不是考古学家。他们只是在追求新奇事物而已。从激光雷达飞机上，或从上千米的高空，你是看不到文化的。这就是我们所说的‘地表实况调查’。”

我提到我们确实也在准备进行实地考察，我们也有意找一位考古学家帮忙解释这些发现，但她似乎不为所动。我问她是否愿意看一下T1的图像，发表一下她的看法。起初她表示拒绝，但我再三请求，最终她不情愿地答应了：“我会看一下，但我可能不会给你回电话。”

我用邮件给她发了一部分T1的图像。她看到后立刻给我回了电话。“是的，”她说，“这是一个古代遗迹，而且规模还不小。”我只给她发了T1的一小部分图像。就在这几张图像上，她不但可以看见“三个主要的大型建筑群”，还能看见“一个广场、一个非常棒的公共区域和一个看起来像球场的场所，还有很多房屋形状的土丘”。她猜测遗迹可追溯到古典时代晚期或后古典时期，即公元500年到1000年间。但是在挂断电话之前，她又非常生气地说：“看到考古学被弄成寻宝，真让人气愤。”

乔伊斯博士很担心此次探险会变成寻宝，不过埃尔金斯和贝尼森还是决定确认这一发现的考古价值。他们决定找一个懂激光雷达图像的考古学家，这样的专家更明白图像中的这些东西都代表了什么。他们需要的人不仅仅是研究中美洲的专家，还要是分析激光雷达图像的专家。最后，他们找到了一个符合所有要求的人：科罗拉多州州立大学的人类学教授克里斯·费希尔（Chris Fisher）。费希尔曾与蔡斯夫妇一起参与过卡拉科尔城的激光雷达项目，还与他们共同执笔写了一篇科学论文，他还是第一个在墨西哥使用激光雷达设备的考古学家。

费希尔可以说是在机缘巧合之下进入考古学领域的。他小时候先后在德卢斯和斯波坎两个城市待过，长大后成了一个很有才华的鼓手，还加入过国际鼓号联盟的塞勒姆·阿尔戈英雄乐队。他参与过全国性的巡演，坐着破旧的大客车跟着乐队跑遍了全国，乐队司机曾经是地狱天使摩托俱乐部的成员，他在一次摩托车事故中失去了一条腿；他们晚上赶路，白天演出。

因为渴望成为一名爵士乐鼓手，费希尔在高中毕业后并没有上大学，而是选择做了一段时间的鼓手，这期间他做了“很多糟糕的工作”。在当上梦寐以求的7-11便利店店长之后，他突然醒悟：“我对自己说，天哪！我得去上大学，我不能一辈子都干这个。”回到大学后，他一开始选择的是音乐专业，当他意识到自己不足以成为一名成功的爵士乐鼓手时，他转向了人类学。在一所考古学类学校上学时，他帮人在一片玉米地里挖掘了一个古代遗址，那时候他“完全爱上了考古学”。后来他继续攻读博士学位，论文的主题就是研究墨西哥米却肯的一处遗址。在此区域做调查研究时，他偶然发现了一个像是哥伦布到达美洲之前的小村落遗址，这个遗址位于一个叫作安加姆克的古火山岩上，这里曾经是彪悍的塔拉斯坎人的聚居地，从公元1000年到16世纪初西班牙人到来之前，他们一直都是中墨西哥地区阿兹特克人的死敌。

“我们原以为一周内就能完成对安加姆克的发掘。”他回忆道，“我们一直干一直干，一刻都没停。”最后发现了一个巨大的遗址。2010年，费希尔使用激光雷达技术勘测了安加姆克。测得的结果甚至比卡拉科尔城还让人震惊。飞机仅仅在安加姆克盘旋了45分钟，图像上就显示出2万多个不为人知的考古特征，其中就包括奇怪的金字塔，从高空往下看，它就像一个钥匙孔。

“看到安加姆克的图像，我差点儿哭了出来。”费希尔这样对我说。在他这样的考古学家看来，这些图像不仅仅是壮观得让人惊叹，更重要的是，他意识到这些图像可能会改变他的职业生涯，“我想，哦，上帝啊，往回倒退10年或12年，要勘测这2330公顷的土地，得花费多么长时间啊。”

从此，他扩大了用激光雷达勘测安加姆克的范围：“我敢说我们发现的安加姆克起码有2590公顷。我们看到了100座或120座金字塔。”还有稠密的居住区、道路、寺庙和坟墓。这个“小遗址”成了一个规模宏大、意义重大的前哥伦布时期的城市。

埃尔金斯对费希尔的加入很高兴，他把激光雷达地图发给了费希尔。费希尔花了6个月时间研究这些地图。12月，在旧金山的一次会议上，他向探险队展示了他的发现。T1的图像已经足够令人震撼了，但费希尔认为T3会让人更为惊叹。

两个废墟都不是玛雅人的，它们属于一个独立的古文化，该文化在很多个世纪以前曾统治过整个莫斯基蒂亚。他的结论是，图像上显示的用于举行仪式的建筑、巨型的土丘和众多广场说明T1和T3都是考古学意义上的古代“城市”。他说这个定义与普通人对城市的定义不一定相同。“城市，”他解释说，“是一个复杂的、多功能的社会组织；它拥有不同阶层的人口，各个阶层居住的区域界限分明，与商贸区有密切的联系。城市有些特殊功能，包括仪式功能，并与大规模农业耕作有关联。他们往往还对环境进行大规模、里程碑式的重建。”

在会议上，费希尔说：“（T3）有一座大型城市。从占地面积看，这座城市可与科潘（洪都拉斯西部的玛雅城市）的核心区域相媲美。”他拿出一幅科潘中心区域的地图，将它和T3地区古城的激光雷达地图重叠在一起；两张图所示的面积都是520公顷左右。“这个遗址的规模大得惊人，”他告诉听众，“如果采用传统考古学的方法，要花几十年才能得到这么多数据。”在进一步检验T1的激光雷达图像后，费希尔确定有19个互有联系的定居点分布在沿河数千米的区域里，他认为这些区域都是山谷酋长的辖区。

后来，费希尔告诉我这两座城市看起来比在莫斯基蒂亚发现的其他城市要大得多。在图像中，他还发现了几百个小型遗址，从小村庄到纪念性的建筑、运河和道路，应有尽有，甚至还有修筑梯田的迹象。“其中每个区域都有人类改造的痕迹。”T2还显示出很多难以解释的有趣特性。

然而这两座城市并不是独一无二的，它们和莫斯基蒂亚发现的主要遗址（如该地区最大的遗址拉斯克鲁塞斯）很像，不过根据已有的地图看，T1的规模至少是拉斯克鲁塞斯（Las Crucitas de Aner）遗址的4倍多，T3也是它的数倍之多，T1的规模至少比斯图尔特发现的旺基比拉（Lancetillal）遗址大5倍。但是这也说明不了什么，因为在莫斯基蒂亚地区，能完整描绘某个遗址的地图暂时还没有。激光雷达勘测到的一些细节，例如梯田和古运河，用其他方式是很难看到和绘制出这些特征的，所以很自然地，T1和T3看起来就比拉斯克鲁塞斯大。如果用激光雷达来绘制其他遗址的地图，拉斯克鲁塞斯城也会比之前发现的要大得多。激光雷达地图证明创造T1和T3遗址的未知文明是个占地广阔、力量强大的优秀文明。费希尔还说，该文明具有重大的意义，T1和T3完全没有被盗扰的痕迹，这一点十分难得。

费希尔指出，科潘和卡拉科尔这些古城都是围绕着核心区域建造的，而莫斯基蒂亚则完全不同，这里的城市分布得很散。“它们不像纽约，而是更像洛杉矶。”他补充道，“一旦说出这样的话，批评声就会如狂风暴雨般向我袭来，我就知道会这样，但是我自己知道如何分析这些数据。在工作中用过激光雷达技术的考古学家也没有几个。”但他预言，在随后的十年内“每个人都会用到这种技术”。

我问费希尔到底有没有发现“白色之城”。他笑了。“我觉得‘白色之城’不止一个，”他说，“我认为有很多座。”费希尔说，因为“白色之城”的传说对于洪都拉斯而言意义重大，所以从这个意义上来说，这个神话是真的，但对于考古学家而言，这个神话却多半是“干扰”。

乔伊斯说得好：只有脚踏实地地去做地面探究，才算真正“发现”一个遗址。埃尔金斯和贝尼森立刻策划对T1和T3进行探险和勘探。费希尔努力游说大家去T3地区，但埃尔金斯觉得T1的遗址更为密集、复杂、有趣。实际原因则是：20年来埃尔金斯一直想要进入T1地区却不得入，现在他绝对不肯就此止步。

在接下来的两年里，埃尔金斯和贝尼森开始组织针对T1的探险活动，并为探险队和摄制组争取到了许可证。2014年，洛沃总统的任期结束，经过公平、公开、公正的选举，前国会议长胡安·奥兰多·埃尔南德斯在选举中胜出，就任新总统。幸运的是，对于埃尔金斯的项目，他和前任的看法是一致的；如果说有什么不同的话，那就是他更有热情，他把对废墟的探索视为新政府的首要任务之一。虽然这次探险是前所未有的疯狂之举，但许可证最后还是签下来了。贝尼森再次为探险注资50万美元。这笔钱大部分被用来租赁直升机，这是进入T1山谷唯一可行的方式，也是唯一安全的方式。探险小组开始筹划对地球上最危险、最偏远的地区之一进行科考。这一次，作为《国家地理》杂志的记者，我有幸受邀加入该小组。

Chapter 13

Fer-de-Lance

It has been observed to squirt venom over six feet from its fangs.

第十三章

矛头蛇

矛头蛇毒液的射程超过了1.8米。

2015年的圣瓦伦丁节，前往T1地区的探险队在洪都拉斯首都特古西加尔巴集合。这座城市位于洪都拉斯南部的高地上，是一个人口密集的城市，城中的小社区凌乱地分布着，贫民窟都挤在陡峭的山坡上，锡制的房顶在太阳下闪闪发光，城市四周环绕着巨大的火山。空气中弥漫着炊火的味道，混杂着柴油的烟气和灰尘的气味。特古西加尔巴国际机场因其道路陡峭难行，以及狭窄的飞机跑道而“声名远扬”。飞行员说正是飞机跑道问题，使得该机场成为世界上最难降落的商业航空机场之一。

我的搭档是知名摄影师大卫·约德（Dave Yoder），我们一起给《国家地理》杂志报道这次探险。约德肩膀宽阔、面色红润，是一个粗犷的完美主义者，在完成拍摄梵蒂冈教皇弗朗西斯的任务后，就直接来了洪都拉斯。“我从来没有像现在这样完全迷失了方向。”一到丛林他就这样说。在梵蒂冈的任务中，他抓拍了一张弗朗西斯教皇独自站在西斯廷教堂里的照片，他用iPad和我们分享了这张照片，他希望这张照片能成为杂志封面。这是一幅令人回味无穷、视觉冲击力很强的照片，后来也确实成了《国家地理》杂志2015年8月刊的封面。他带了三部佳能相机、两台电脑和一手提箱的硬盘来到丛林。他不像与我共事过的其他摄影师，他不喜欢对焦镜头，不喜欢让人摆造型，也不喜欢返工，他是一个纯粹主义者。在工作的时候，他常常一言不发；皱着眉头沉默地走来走去，不停地按快门。他几乎每天都背着自己的相机，因为说话干巴巴的，又爱嘲讽，他也算有点儿“名气”。他会为我们的探险过程拍摄上万张照片。

探险小组聚集在特古西加尔巴马里奥特酒店。傍晚时分，我们与洪都拉斯的官员和部队军官一起探讨此次探险的后勤工作。时间过去了这么多年，布鲁斯·海尼克已经去世了；依靠贿赂、幕后交易和暴力威胁办事的日子已经一去不复返。探险队召集的协调人员虽然经历没有海尼克那么丰富，但却有毫不逊色的工作效率，能确保一切事情按计划进行。

克里斯·费希尔带来了T1和T3地区巨大的激光雷达地图。这些地图与我们最初在萨托里电脑上看到的灰度图完全不同。数据都经过了精心修改和调整，添加了逼真的颜色，以前所未有的细节打印在纸上。电子版的地图还被设置成与在线“数据字典”相匹配，这样费希尔就可以立即在电子地图上标记和记录下他在丛林中的任何发现。

埃尔金斯在会议桌上展开地图，一个是T1的，另外一个是T3的。T1是主要目标，但埃尔金斯希望能有机会尽快对T3展开实地勘测工作。

计划的第一步是乘直升机进入T1地区。这并不是一件简单的事。探险队已经找到了一架小型空客AStar直升机，洪都拉斯空军也同意提供一架贝尔412SP直升机和一些卫兵。我们需要确定直升机在T1地区的着陆点，然后想办法清除着陆点上的树木和其他植被。

洪都拉斯部队派来的士兵由陆军中校威利·乔·奥塞格拉·罗达斯（Willy Joe Oseguera Rodas）指挥，他是一个安静、低调的人，穿着宽松的休闲军装。这个人在洪都拉斯近代史上非常有名，在2009年的军事政变中，他亲手铐住了被罢黜的塞拉亚总统。

讨论会一开始，奥塞格拉就告诉我们空军已经仔细查过该区域的地形，他们认为贝尔412直升机唯一安全的着陆区域是20千米以外的山谷。埃尔金斯不同意这个计划，在莫斯基蒂亚地区，20千米的路程相当于其他地方的1600多千米；即使对经验丰富的丛林部队来说，那么长的陆地跋涉也需要一周甚至更长时间。

“这里，”埃尔金斯指着巨大的地图说，“是T1山谷，只有一个办法能进去，那就是穿过这个豁口。在两河分流的地方，有一个区域没有树。在这里着陆很容易，但需要我们把两三米高的灌木丛给清理掉。”他用手指着城北几千米的一个地方说，“废墟边上也有一个地方能着陆。但那里的树木太稠密了。”

军人们想准确地知道这两个着陆点的树木到底有多密。

埃尔金斯拿出他的笔记本电脑，打开着陆区的三维点状云图，神奇的是这个三维图像可以任意翻转、截取横截面。费希尔和费尔南德斯已经做好了一些备选着陆区的数码横截面，从中可以看到树木、灌木丛的高度和地平面，截面上的地形就像被刀子垂直地纵切了一样。2014年深秋，埃尔金斯还为费尔南德斯雇了一架飞机，去那些备选的着陆区查看是否存在显著的地形变化，并拍摄一些清晰的可见光照片和视频。所有的这些准备如今都派上了用场。从地图上看，河流汇合处的着陆区对于贝尔直升机来说足够大，废墟以南的河岸边也可以清理出一小块区域，用作空客AStar直升机的着陆点。

但是在2月16日对整个峡谷进行为期两天的目视勘察之前，所有这一切设想都只是理论。

奥塞格拉中校说等我们侦察完目的地，洪都拉斯军方将会派遣16名士兵进入山谷，他们会在我们的大本营旁安营扎寨，为我们提供安保。这些TESON特种兵当中的很多人都是洪都拉斯东部的佩赫人、塔瓦卡人、加利福纳人和米斯基托人。“士兵们可以自给自足，”奥塞格拉说，“他们非常老道，可以自己安营，能像印第安人那样生活。”他说，这些士兵将提供安全保障，防范可能的毒枭、罪犯或其他可能藏在森林里的人。山谷太偏远了，所以这种情况也许不太可能发生。更重要的是，他们将参加一个名为“森林行动”的军事训练，训练他们如何保护雨林和其他考古宝藏。

T1山谷的勘探与新任总统的执政目标不谋而合，这也是其中的原因之一。埃尔南德斯总统对森林破坏、文物盗掘、降低洪都拉斯犯罪率、减少毒品走私等事十分关切，除此之外，他更为关心的是通过提升旅游来振兴国家经济。为了打击犯罪，他将军队部署在大街小巷上。一些洪都拉斯人对此举很是愤怒，但那些饱受帮派和犯罪困扰的社区则对此表示欢迎。派兵上街是为了保护城市，同样的，“森林行动”也是为了保护雨林，训练有素的士兵在雨林中可以自给自足，轮岗执勤。对于非法采伐者、文物盗贼和毒贩这些靠丛林掩护做生意的人而言，这些士兵就是永久的震慑。

在看过我们的探险计划后，奥塞格拉觉得需要给我们的后勤保障工作提出一个严肃的意见。看到我们只带了7剂抗蛇毒血清，其中2剂针对珊瑚蛇，5剂针对响尾蛇（蝰蛇）。他认为这些是不够的，我们至少得带20剂。（若被蛇咬上一口，还要看蛇的体型大小、摄入的毒液量来确定剂量，通常需要使用多剂抗蛇毒血清进行治疗。）据军方说，毒蛇无处不在，人们很难在茂密的林木中发现它们，尤其是一些栖息在矮树丛里的小毒蛇，它们受到打搅就会突然冲出来袭击人。

埃尔金斯说，因为抗蛇毒血清短缺，能搞到7剂已经很不容易了。就这已经花了数千美元，短期内肯定没法搞到更多的药。讨论到此为止，但我环顾四周，有些人看上去很不安，当然我也是其中之一。

当晚我们的核心团队（史蒂夫·埃尔金斯、大卫·约德、克里斯·费希尔和我）来到戒备森严的大使馆与美国驻洪都拉斯大使詹姆士·尼伦（James Nealon）及他的妻子克里斯汀会面。他们的房子建在山上，从那里可以俯瞰城中的万家灯火。尼伦对失落之城的故事也很感兴趣，他非常想知道我们会有什么发现。他给了我们一份关于洪都拉斯的详细而有见地的简报，他特别指出这个东西不宜公开。在这份介绍中，“认知失调”这个词多次出现。我们向他保证，两周后我们一从丛林里出来就向他汇报我们的发现。

第二天早晨，我们一行人乘车离开特古西加尔巴，直奔卡塔卡马斯而去，这趟车程有4个半小时。探险队的空客AStar直升机在空中跟着货车前进。洪都拉斯士兵乘军车在前后方护卫着我们的车队，进行例行的保护工作，防止土匪绑架我们。这种保护是非常必要的，因为我们拖着一辆载有航空燃油的加油车，这是毒贩垂涎已久的物资。车队通过双向无线对讲机时刻保持联络。

这是一场漫长的、尘土飞扬的山路之旅。我们经过许多一贫如洗的村庄，这些村庄里到处是荒废的房屋、成堆的垃圾、露天的下水道，还有愁眉苦脸、耷拉着耳朵的狗在暗中游荡。但路上也看到了一个极其不一样的美丽镇子，整洁的房屋用鲜艳的颜色涂成了青绿色、粉红色、黄色和蓝色，土坯墙上覆盖着紫色的三角梅，窗台上都挂着花篮。这里的街道打扫得很干净。但当我们刚进入小镇，士兵们就通过对讲机发出警告，让我们在任何情况下都不能停下来，因为掌控这个城镇的是一个实力强大的贩毒集团。他们安慰我们说毒贩们只做自己的生意，只要我们不打扰他们，他们也不会对我们怎么样。所以我们就开车穿过了小镇。

最终，我们到达了卡塔卡马斯，这里是我们探险队的基地。卡塔卡马斯也是一个非常吸引人的小城，这里到处都是红瓦白墙的房子，人口4.5万，小城依山而立，俯瞰着一片富饶广阔的平原，瓜亚佩河蜿蜒而过，平原上零星点缀着牛群和漂亮的房子。

经营大牧场是卡塔卡马斯引以为傲的神圣传统，但近些年来猖獗的贩毒活动使得牧场经营黯然失色。大毒枭，也就是著名的卡塔卡马斯贩毒集团，掌控着这座城市。卡塔卡马斯贩毒集团和附近的胡蒂卡尔帕城贩毒集团处于竞争状态，两城之间的路（也就是我们此行经过的道路）成了他们的战场，犯罪分子常常冒充洪都拉斯执法人员在此进行抢劫、谋杀和劫车。2011年这里发生了一起严重的毒品屠杀事件，一名枪手在一辆民用迷你巴士上枪杀了8名妇女和儿童。2015年，在我们到达这里时，毒品走私略有平息，但这座城市仍然十分危险。在卡塔卡马斯期间，我从一位当地商人那里了解到，在这里只需25美元就能买凶杀人。不过军方说我们不会有什么危险，因为洪都拉斯最精锐的士兵在守护着我们。

帕帕贝托酒店是这里最好的酒店，它就像一座矗立在老城中心的白色堡垒，里面配有奢华的游泳池和独立的庭院，院子门口是遮阴的拱形洞门。6米高的混凝土围墙上面插着碎玻璃和蛇形铁丝网。当我们在前台登记入住、拿钥匙时，护卫队士兵则佩戴着M16s步枪和以色列加利尔突击步枪在大厅站岗。探险队包下了整个酒店，我们把器械整齐地摆放在游泳池边，准备打包飞往丛林。

在进入未知之地、飞入山谷建立大本营前，我们要先在酒店住两个晚上。除了抗蛇毒血清短缺，在T1山谷中会面临什么样的实际情况（蛇、昆虫、疾病、天气和旅程的困难等），我们只有一个模糊的概念，但其他方面埃尔金斯和他的小组各项准备工作做得相当完备。探险队中只有两个人曾经从上空近距离观察过T1山谷，那就是费尔南德斯和我。*这里也许数百年都没有人来过了！没有人可咨询，没有旅行指南可以参考，除了激光雷达的图像外没有任何地图，也无法想象到我们会在废墟里发现什么。我们将会是第一批踏足此地的人，想到这里，既令人兴奋又有些不安。

埃尔金斯和贝尼森雇了三个前英国特种空勤团的军官负责我们的后勤工作：在丛林里安营扎寨和导航引路。他们的头儿是安德鲁·伍德，他让人们叫他伍迪。他曾在英国特种空勤团担任过很多职务，包括丛林战资深指导、炸弹拆除专家和高级心理创伤战地医生；他会说阿拉伯语、塞尔维亚–克罗地亚语和德语。他还是技术老到的跟踪者、狙击手和自由跳伞兵。离开军队后，伍迪自己创办了一家名叫TAFFS的公司，即电视电影支持服务公司。公司的专营业务是协助电视电影摄制组前往世界上最危险的地方，保障他们的安全，让他们能正常拍片子，然后再安全地把他们带出来。TAFFS曾为贝尔·格里尔斯的极限生存真人秀节目提供后勤保障。伍迪公司还成功协助过许多节目组完成摄制工作，如《逃离地狱》（*Escape from Hell*）、《荒野求生》（*Man vs. Wild*）、《极端世界》（*Extreme Worlds*）、《赤裸放逐》（*Naked and Marooned*）等。伍迪本人也是一名训练有素的高级野外生存者，很多制片人都曾经邀请他录制真人秀，但他都拒绝了。

伍迪从TAFFS带来两个搭档，伊恩·麦克唐纳德·马西森（“斯巴德”）〔Iain Mac Donald Matheson（“Spud”）〕和史蒂文·詹姆士·沙利文（“萨利”）〔Steven James Sullivan（“Sully”）〕。尽管他们带有那种自嘲式的英式态度，但他们都是前英国特种空勤团成员，具有坚忍的意志。这三个人拥有不同的性格，分别扮演不同的角色：伍迪是管理者；斯巴德是个友好、悠闲的实干家；而萨利则是个教官，他的角色是去威吓、镇压和吓唬大家。

我们聚集在一起进行第一次吹风会，借此机会，我们第一次好好打量了一番房间，也第一次与所有探险队伙伴共聚一堂。其中有几个队员已经参加过最初的激光雷达空中勘测，包括汤姆·温伯格、史蒂夫·埃尔金斯、费尔南德斯、马克·亚当斯（Mark Adams），还有团队的录音师。但大多数都是新人，有考古学家安娜·科恩（Anna Cohen）和奥斯卡·尼尔·克鲁兹（Oscar Neil Cruz），人类学家艾丽西娅·冈萨雷斯（Alicia González），制片经理大卫·约德和朱莉·川布什（Julie Trampush），本地协调人玛丽察·卡拉瓦哈尔（Maritza Carbajal），制作人斯帕奇·格林（Sparky Greene），摄影导演卢西恩·里德（Lucian Read），摄影师乔什·费则（Josh Feezer）。还有比尔·贝尼森和其他几位成员，他们会在营地建好后再跟我们会合。

伍迪继续吓唬人，也就讲本书开头说的那些蛇啊、疾病啊之类的问题。接下来轮到萨利讲话了。萨利曾在英国特种空勤团服役33年，他总是拿着一双小眼睛，用一副怀疑和不赞成的态度盯着我们在座的所有人。最后，他锐利的目光锁定在一个重要的探险队队员身上，开始批评他在开会的时候打瞌睡、态度懒散。“赶紧回神吧你！”萨利用那种冷冰冰的苏格兰口音说道，那个可怜的家伙看起来就像一只站在汽车大灯前的鹿一样手足无措，“你是不是觉得我们在这儿说的是健康问题？你要这么想的话，等进入丛林你就知道麻烦了。然后呢？你会受伤或者死去，就是这样。这个责任谁来负？是我们！所以，只要我们在，这种事就不能发生。”他斜着眼睛狠狠地扫视了一遍，“这种事绝不能发生”。

整个房间都陷入了死一般的沉寂，我们所有人都努力表现出认真听讲的态度。过了好长时间，这令人难熬的时刻终于过去了，萨利开始讲第二天的计划。探险队的空客AStar和洪都拉斯军方的贝尔412两架直升机将前往山谷侦察适合着陆的地方。着陆区选定之后，空客AStar直升机会把伍迪、萨利和斯巴德送到目的地，他们会带着砍刀和链锯清理着陆地带。萨利说，如果灌木丛林太高太密，最先着陆的队员可能需要从直升机上沿绳索下降到地面。埃尔金斯选了五个人（包括我）作为第一批在森林里着陆的人。所以萨利现在就得教我们如何用绳索安全着陆。

我们跟着萨利来到酒店的院子里，那里已经放好一背包的工具。他给我们演示如何系上攀登用的安全带，如何徐徐地移动到直升机的浮桥上，使用机械减速装置（降落器）沿绳索下降，然后解开卡扣，发出信号，向旁边转移。我曾有过从悬崖和冰冻瀑布跳下的经历，但那时在下降的过程中，我的脚总可以蹬在一个垂直面上，这在一定程度上可以确保我的安全。沿着绳子从悬空的直升机上往下滑，总觉得不大安全，而且在到达地面时，如果你没有正确地松开卡扣，直升机就有可能带着你重新起飞。我们每个人都演习了好几遍，直到自己的动作能够符合萨利的高标准、严要求。

首先进入丛林的是空客AStar直升机，它只能带三名乘客，或者两个携带设备的人。问题是，在我们五个幸运的人当中，谁可以在首航中获得梦寐以求的位置呢？关于小组中到底谁该被选中的问题，埃尔金斯充当裁判，解决了我们之间的纠纷。费希尔成功说服埃尔金斯让他参加了首航，因为我们需要他去确定着陆点本身不是古代遗迹，以免它会被直升机破坏掉。约德说自己才应该加入首航行列，这样他就可以抓拍到第一次着陆的情景了，作为摄影师，他的基本原则之一就是绝对不重拍；埃尔金斯最后把第三个座位分给了摄制组的摄影导演卢西恩·里德，以便他能在影片中记录下那一刻的情景。

我将和费尔南德斯还有一堆必要的工具一起搭乘第二趟航班。我们五个人和伍迪的小组要在那晚搭好简易的营地。包括埃尔金斯在内的其他人将在随后的几天内飞往山谷。虽然埃尔金斯非常兴奋，因为他即将实现他毕生的梦想了，但他还是将较早飞往山谷的机会让给了我们，因为他觉得先让电影摄制者、作家和科学家进入才是重要的事情。他随后再来。

洪都拉斯军方会乘坐更大的直升机在河的下游着陆，士兵们将逆流而上，在我们后方安营。

所以第一个白天和晚上，我们只能靠自己。

*1998年，汤姆·温伯格在跟随美国军方执行一次救灾任务时，在给因米契暴风受灾的村落送供给途中曾短暂飞过T1地区。虽然当年暴风打乱了埃尔金斯的计划，但他还是希望温伯格能在失落之城所在的那个神秘山谷中发现些什么。所以温伯格说服飞行员改了一下飞行计划，这样在途中他可以快速地看一眼那个山谷。但除了茂密的树木植被外，他什么也没看见。

Chapter 14

Don't Pick the Flowers!

It was truly a lost world, a place that did not want us and where we did not belong.

第十四章

不要摘那些花儿

这真是一个失落的世界，这里不需要我们，我们也不属于这里。

2月16日黎明，先遣队派出一辆货车，前往埃尔古阿卡特机场。该机场只是丛林中开出的一条破旧飞机跑道，就这还是中情局在洪都拉斯内战时修筑的。机场位于卡塔卡马斯以东约16千米的山脚下。两架直升机在此待命，喷着鲜艳的苹果红色和白色的空客AStar是从阿尔伯克基飞来的，洪都拉斯提供的贝尔412则是漆上了战斗灰。第一次飞行只是去勘察，寻找两个合适着陆点：一个在古遗迹南面，另一个在两河交汇处。这次飞行不会在T1着陆。

我和约德一起登上了贝尔412直升机，埃尔金斯则是乘坐空客AStar。早上9点45分，飞机起飞，朝着东北方而去，双方约定在飞行过程中，两架飞机不得离开对方的视野。

贝尔412直升机在起飞时遇到了麻烦，勉强起飞后也是很不稳定，机身倾斜着。飞行过程中，控制台上的各种红灯闪个不停，还发出了一个警报。最后我们只好掉头飞回埃尔古阿卡特机场，飞机转了个大弯，侧滑着着陆了。经过检查发现是电脑控制器坏了。我之前也曾坐过很简陋的飞机，但直升机无法与普通飞机相比，如果直升机的引擎失灵，就无法滑翔；飞行员必须执行“无动力降落”，这不过是委婉的说法罢了，其实就是像一块石头那样从天上砸下来。直升机每飞一次花销都很大，维护要求也高，因此洪都拉斯军方根本就负担不起养护飞机的费用，所以他们的直升机飞行员无法像美国空军飞行员那样累积足够的飞行小时数。更令人不放心的是，军方的直升机都很旧，在洪都拉斯买下它们之前，甚至已经在其他好几个国家的空军服过役了。

当初说好要一起飞，但空客AStar还是自己飞走了。我们一直在跑道上等着，终于等到空客AStar回来。埃尔金斯跳出飞机，他笑着竖起大拇指说：“太好了，那个地方可以着陆！但是看不到废墟，因为树木太密了。”

洪都拉斯空军派来了另外一架贝尔直升机，这天晚些时候，两架直升机一起对T1山谷进行了二次探查。这一次，空客AStar直升机的飞行员提出在选中的着陆点上方盘旋一番，做更彻底的侦察；贝尔直升机还可以去检查河下游那块较大的着陆点，看看是否能容得下这么大体积的飞机。两个着陆点相距只有几千米远，所以两架飞机也不会脱离对方的视野。

我再次登上军用直升机，沿着在陡峭的地形飞行了半个小时后，我发现山坡上的树木被盗伐一空，甚至连四五十度斜坡上的树木都难逃一劫。这一片区域我从未来过，2012年我们是从西北部飞入丛林的，而现在我们则是从西南部进入。我可以清楚地看到，人们盗伐这些树木基本上不是用作木材。从四处升起的烟火可以看出，绝大多数的树木都被扔在地上晒干、烧毁。在我看来，人们这样做的真正目的是要把雨林变成适合放牛的牧场，即便在最陡峭的斜坡上也能看见许多牛。*

我们飞过这片被盗伐过的森林，又飞过一座座覆盖着原始丛林的山峰。

我再一次强烈地感到，在飞入山谷的时候，我仿佛彻底飞离了21世纪。一条险峻的山脊在前方隐约可见，那是T1地区的南部边界。飞行员朝着V型切口飞去。穿过这个豁口，峡谷就如一幅点缀着祖母绿和黄金的起伏画卷一般展现在我们眼前，云彩投下飘动的影子，仿佛深色的条纹。两条蜿蜒的河流穿过峡谷，清澈透亮，直升机倾斜着转弯飞过去时，螺旋桨带起的阵阵涟漪上泛起了点点波光。我还记得三年前在激光雷达的荧光屏上见过这条河，但现在它看起来更加壮观了。高耸的雨林上爬满了藤蔓和花束，铺满了整座山，河边则是一块块阳光明媚的林间空地。一群群白鹭在河面上飞来飞去，就像点缀在绿毯上的一个个白点。树冠上一阵阵猛烈的抖动，那是看不见的猴子正在树上跃动。和2012年看到的一样，这里没有任何人类活动的迹象，没有道路，没有踪迹，也没有炊烟。

我们乘着贝尔直升机沿着蜿蜒的河流前行，空客AStar就在我们的下前方。到了距离废墟较近的着陆区附近，空客AStar绕着一个覆盖着茂密植被的河岸区域盘旋了20分钟，之后在河下游的第二个着陆区也绕了几圈，第二个着陆区面积更大，视野也更开阔。两块着陆区都确定完毕后（一个给贝尔直升机使用，另一个给空客AStar直升机用），我们便启程飞回埃尔古阿卡特机场。

第二天，也就是2月17日的黎明时分，我们便来到了埃尔古阿卡特机场，准备前往山谷，我们希望这次能够顺利着陆并建立大本营。飞机跑道的尽头是一幢破败的单间混凝土建筑，房上的瓦片都要掉了。如今这座房子里满是我们的工具器械：便携式发电机、成堆的水瓶、卫生纸、装在塑料箱里的山屋牌冻干食品、防水布、科勒曼野营灯、折叠桌子、帐篷、椅子、简易床、降落伞绳和其他必需品。

伍迪、萨利和斯巴德乘坐空客AStar直升机，带着砍刀和一台链锯去清理距离废墟较近的着陆区。他们成功地降落在小河边，那里只有很少几棵树，还有一种2米多高的植物，这些用砍刀很容易就能清理干净，只是有几棵小树需要费点儿力气。直升机两小时后就回来了。

一切都照计划进行着。他们差不多需要4个小时时间才能清理完毕。然后，直升机就可以稳稳地着陆了，我们也就不需要沿着绳索下到地面上了。

克里斯·费希尔、大卫·约德和卢西恩·里德第二批飞来。2小时后飞机返回加油，随后费尔南德斯和我一起走向炙热的柏油碎石跑道，钻进飞机。我们俩的背包里都装满了必要的东西，包括两天的食物和水，因为这个营地至少要在48小时后才能完全备好。所以在这最初的这几天，我们必须自己带够东西。又因为营地所在的着陆区非常小，空客AStar直升机只能带一点点仪器，大多数的东西都得由贝尔军用直升机空运进来，卸在河下游的着陆区，再由空客AStar来回运送。

飞机上空间很小，所以费尔南德斯和我把两个背包放进一个篮子里，挂在直升机左舷上。在接下来的9到10天里谁也联系不上我，埃尔金斯拿出苹果手机，帮我给妻子克莉丝汀录了一段10秒的道别录像。在下次跟她联系之前，不知道会发生什么，一想到这就觉得怪怪的。埃尔金斯答应一回到卡塔卡马斯就用电子邮件把视频发给我妻子。

起飞前，我找机会跟副驾罗兰多·苏尼加·博德（Rolando Zuniga Bode）聊了聊。博德是洪都拉斯空军中尉。“过去我奶奶就很爱讲‘白色之城’的传说，”他说，“她知道的故事可多了。”

“什么故事？”

罗兰多没有回答，只是摆了摆手说：“你也知道，就是老人常说的迷信故事啦。她说西班牙征服者曾找到过‘白色之城’，还进去了，但他们犯了一个致命的错误：他们摘了那些花，然后所有人就都死了。”他笑着，摇了摇他的指头，说：“不要摘那些花儿！”

费尔南德斯和我戴上了头盔，扣上扣子。费尔南德斯兴奋地对我说：“当我第一次看见那些建筑的图像和那些大家伙时，当时我脑子里就有十万个为什么。现在我们就要去找这些问题的答案啦。”

直升机起飞后，我们没再说话，都忙着拍摄下方那令人惊叹的如画风景，到处一片绿意盎然，各种绿色深浅交错，斑驳绚烂。

“那儿是拉斯克鲁塞斯，”费尔南德斯说，“我叫飞行员带我们来过这边。”

我看着下方远处的古遗址，在确定T1和T3之前，那是莫斯基蒂亚的最大遗迹。在一片开阔的绿地上，我能看见一系列尖尖的土丘、土垒和广场分布在阿奈儿河两岸。很多人推测这里就是莫德所说的“失落的猴神之城”，当然，我们现在都知道莫德其实并没有找到这个城市，他甚至连莫斯基蒂亚地区都没来过。

“这看起来很像T1，是吧？”费尔南德斯说。

我完全同意他的说法。从天空中看，这里和T1的激光雷达图像惊人地相似：一模一样的长方形土丘、一模一样的广场、一模一样的平行堤岸。

过了拉斯克鲁塞斯，险峻的山峦若隐若现，有一些山几乎有1600米高。当我们设法穿过群山之时，山与山之间的缺口又不见了，变成了连成一片的山脉。罗兰多掌舵飞行，突然飞机猛地转了个弯。

“对不起，刚刚要避开一只秃鹰。”他说。

最终，前往T1的隐秘豁口在我们前方隐约可见，不一会儿，我们就飞过这个豁口进入了峡谷。我们沿着河流飞行，两只鲜红的金刚鹦鹉从下方掠过。我贴着窗户用尼康相机拍了些照片。没过几分钟，着陆区就映入眼帘，这是一片绿地，中间有一些被砍掉的植物；直升机转了个弯，缓缓地下降，伍迪跪在着陆区的边上给飞行员发信号。飞机降落的时候，周围的树木和灌木都被气流压弯了，在风中猛烈摆动，河面上也激起了白色的泡沫和水花。

飞机落地后，我们就被要求赶紧带着装备离开直升机。我们从机舱里跳出来，拿上自己的工具，而伍迪和萨利则跑向直升机，卸下工具和篮子里的补给，把它们扔到着陆区边上的那一堆东西里；3分钟后直升机就重新升空了。

飞机升到树顶，盘旋了一阵，便飞走了。四周又安静了下来，过了一会儿，突然听到一声奇怪的、响亮的吼叫，听起来像是巨型机器或者是发电机启动的声音，还得一下子调到最高挡位才能有这么大的声音。

“吼猴。”伍迪说，“直升机每次来去它们都要叫唤，就像是在回应直升机的声音似的。”着陆区里茂密的蕉属植物“蟹钳”（也称为假天堂鸟），都被砍刀清理掉了，剩下的残枝渗出了白色的汁液。红黄相间的花朵、深绿色的树叶布满了这片土地，覆盖着大部分的着陆区。我们不仅仅是“辣手摧花”，还把它们给斩草除根了。我有点儿希望罗兰多在着陆的时候没有看到这一幕。

伍迪转向我们说：“带上你们的工具箱，拿把砍刀，挑一个地方当宿营地。”他冲着那片密不透风的丛林壁垒点了点头，壁垒上刚刚砍出了一个黑漆漆的窟窿，就像个小洞穴，这就是刚清理出的小路了。我跟在费尔南德斯后面，弯着腰走进了这个“绿色洞穴”。洞里的泥浆地上铺着3根圆木，走过泥浆地，刚开辟出的小路两侧都是1.5米高的树丛，看上去就像堤岸一般。我们进入了一片深邃、幽暗的森林，巨大高耸的树木犹如大教堂的柱子，一直伸入那看不见的林冠中。这些直径有三四米的树干上缠绕着大量的板根和根系。很多树身上都盘绕着绞杀榕（又称“树杀手”）。等我的眼睛适应了暗淡的光线，那些吼猴还在吼叫。空气中弥漫着浓重的泥土味、花香、香料味和腐烂的腐臭味。在这些大树中间，下层植被长得相对比较疏散，地面很平坦。

我们的考古学家费希尔走了过来，他头戴一顶白色的牛仔帽，这帽子就像黑暗中的灯塔一样显眼。“嘿，伙计们，欢迎来到这里！”

我环顾四周：“这……我们现在要干什么？”伍迪和另外两位前英国特种空勤团的成员正忙着安置补给。

“你得先找个地方把吊床绑起来。找相隔这么远的两棵树。你看看我的。”我跟着他穿过树林来到他的营地，那里已经弄好了一个绿色的吊床，上面还有帐篷盖和蚊帐。他把砍来的竹子绑在一起做成一个小桌子，还搭了一张油布，以防下雨。这个营地真是不错，简单又井井有条。

我朝着森林方向走了50米，希望这样的距离能让我在其他人到来后还能保有自己的隐私。（在丛林里50米算是很远的距离了。）我发现了一个不错的地方，正好有两棵距离合适的小树。费希尔把他的砍刀借给了我，还帮我清理出一小块地方，给我示范该怎么挂吊床。我们正干着活，突然听到树梢上有骚动。一群蜘蛛猴聚集在上面的树枝上，它们看起来很不高兴，发出刺耳的叫声，乱叫着往下冲，还用尾巴倒挂下来，冲着我们愤怒地挥舞着树枝。抗议了整整半小时后，猴子们终于消停了，坐在树枝上一边叽叽喳喳地交谈着一边盯着我看，好像我是个怪物一样。

1个小时后，伍迪前来查看我的营地。他发现我搭的吊床有些小问题，便为我做了些调整。他看了看那些猴子说：“这是它们的树，”然后使劲闻了几次，“闻到了吗？猴子尿的味道。”

当时天色已晚，我不想移动我的营地。因为我宿营的位置在大部队的边缘，为了避免天黑后走丢，我得开辟一条小路回宿营地。我走回着陆区，用砍刀清理出一条小道，期间我走丢了几次，所以不得不沿着砍倒的植物再走回来。我在费尔南德斯刚搭好的营地里找到了他，我们和费希尔一起沿着小溪往下走，看着河对岸的树墙，这些树墙都长得很高，一层又一层，像绿色和棕色的路障一样，上面分布着很多花和尖叫的鸟儿。树墙后面不超过180米的地方，就是失落之城的边缘了，那里有我们从激光雷达图像上看到的疑似土制金字塔的东西。它们外面都包裹着雨林，一点儿也看不见其内部。下午5点钟，柔和的黄色阳光渗入雨林，光束穿透树木在地上投下金色的斑点，犹如一枚枚硬币洒在了地面上。几朵蓬松的白云从天空悠然飘过。这条河约有1米深、4.5米宽，河水清澈透明，平静的河水淌过鹅卵石河床，泛起白色的泡沫。我们四周的雨林里到处都是鸟儿、青蛙和其他动物的叫声，不同的声音混合在一起，构成了悦耳的低鸣声，附近树上金刚鹦鹉的叫声偶尔会打断这悦耳的低鸣，那是它们在呼唤或回应远处的同伴。这里气温有21°C，天空晴朗，空气清新，并不潮湿，到处都是花朵和绿植的香气。

“你有没有注意到？”费希尔举起双手，笑着说，“这里没有任何昆虫。”

这倒是真的，之前担心的吸血昆虫，在这里并没有看到。

环顾四周，我心想，我是正确的，这里根本没有像之前说的那么可怕，反而像一个伊甸园。自从伍迪给我们做完讲座后，我一直无意识地承受着一种危险和不安的感觉。当然，前英国特种空勤小组也是好意，是想让我们做好准备应付最糟糕的情况，但他们做得有点儿过火了。

夜幕降临，伍迪邀我们去他的营地小坐，他带来的一个小炉子正咕嘟咕嘟地煮着水，这水是用来泡茶以及给冻干食物泡水用的。我打开一包焗烤鸡肉意粉，倒上开水，意粉吸收了水分就可以开吃了。我就着一杯茶吃掉了晚餐，饭后我们闲站着听伍迪、萨利和斯巴德讲他们丛林探险的故事。

没过几分钟天就黑了，仿佛是关上了一扇大门，沉沉的黑暗降临在我们周围。白天雨林里的声音变成了一种深沉而又神秘的声响：颤音、抓挠声、隆隆声还有仿佛被诅咒的哭嚎声。此刻，昆虫们开始露面了，首先袭来的就是蚊子。

因为没有篝火，伍迪点起一盏科勒曼营地灯，稍微驱散了一点儿黑暗，我们都挤在亮光下，树林里不远处有大型动物走过，我们能听见声音但却看不到它们。

伍迪说他大半辈子都是在世界各地的丛林里度过的，从亚洲到非洲再到南美洲、中美洲，但从没有哪个丛林像这里一样原始，这么没有受到外界的影响。我们来之前，他正在搭营地，突然有一只鹌鹑直直地向他走来，啄食他面前的泥土，还有一只野猪游荡到他这里，根本不理会人类的存在。他说蜘蛛猴是无人区的另一个标志，一般来说它们一看见人就会逃跑，除非它们生活在某一个保护区内。伍迪说：“我觉得这里的动物从来没有见过人类。”

为防蚊虫，这三个前英国特种空勤团成员全身都裹得紧紧地，看起来有点儿搞笑。他们从头到脚都穿着防蚊虫的衣服，还戴着兜帽和头罩。

“真的有必要吗？”我问。

“我得过两次登革热。”伍迪说。他向我们详细描述了当时的病情，第二次患病的时候，他差点儿丢掉性命。这种病也叫“断骨热”，患者会觉得痛苦难耐，仿佛全身的骨头都断了一样。

听完他的故事，我发现每个人都开始默默地喷避蚊胺，当然我也这么做了。夜深了，沙蝇出动，而且来者甚多。它们比蚊子小得多，在灯下看就像飘浮在空中的白色微粒，它们太小了，所以没有发出任何声音。跟蚊子不一样的是，你通常也感觉不到它们在叮你。夜色越深，沙蝇就越多。

我想赶紧记录下伍迪所讲的故事，于是匆匆跑回远在大本营边缘的吊床那里拿笔记本。我的头灯有点儿毛病，所以费尔南德斯把他的曲柄手电筒借给了我。我毫不费力地回到了自己的宿营地，但在回来的路上，一切都变得不一样了；我停下了脚步，在茂密的植被旁迟疑不前，突然意识到自己不知怎的偏离了最初的路线。夜晚的雨林很黑暗，但也充满了生机，到处都有声音，空气中弥散着厚重甜腻的味道，树叶就像一堵墙环绕在我周围。手电筒微弱的光束在一点点变淡，我花了一分钟时间疯狂地调试，才把它的亮度调至最大，然后小心地把手电放在地上，仔细寻找我在森林枯枝落叶层上留下的踪迹，或者白天我用砍刀砍出的痕迹。

我觉得自己好像找到了来时的路，心里便松了一口气，我推开旁边的下层灌木丛，飞快地朝那个方向走去，但被一个巨杉的树干挡住了，我之前从未见过这棵树。因为分不清方向，我跌跌撞撞地走进了丛林的深处。我歇了一下，调整了呼吸和心率，我既听不见同伴的声音，也看不见聚集地的灯光。我本想大声呼唤他们，叫伍迪来找我，但又一想还是不要在这次探险中过早表现得像个白痴。我仔细检查了几次地面，多次把灯的亮度调到最大，终于找到了真正的来时的踪迹，可以折回去找队友了。其间，我弯着腰盯着森林的地面，每踏出一步都要仔细找寻砍伐过的痕迹或脚踏的凹陷点。几分钟后我在地上找到了刚刚砍下来的树叶，叶干上渗出了乳白的液体，然后又找到一个。我终于回到了“正路”上。

被砍掉的树叶和藤蔓像面包屑一样撒在路上，沿着这些东西，我回到了通向大本营的路上，在看到费尔南德斯的吊床那一刻，我心里感到无比庆幸。能平安回到营地，我非常激动，绕着他的吊床转了一圈，我用灯在森林的墙上摸索着，想找到一条路，把我带到其他人正在聊天的地方。现在容易多了：我都能听到伙伴们的低语声，还能看到从草木丛中透出的科勒曼营地灯的光芒。

围着吊床转第二圈的时候，我身体一僵，手电筒的光打在一条巨蛇上。这条蛇在费尔南德斯吊床的下面盘成一团，距离我站的地方只有1米远。想看不到这条蛇都不可能，它完全没有要伪装的意思，就算是在昏暗的手电光束下，它似乎都在通体发光，它鳞甲上的图案在漆黑的夜空下闪闪发亮。它的眼睛就像两个亮点，直勾勾地盯着我，摆出一副攻击的姿势，它的头前后摆动着，蛇信子一伸一缩。我刚才就曾在它身边走过，还走了两次。它似乎被手电的光束给迷住了眼睛，可现在手电的光又开始变弱了，我赶紧把手电的光再调亮些。

我慢慢地往后退，直到退出它的攻击范围，我猜测这距离约2米远（有些蛇的攻击距离和它们的身子一样长。我遇见过好几次蛇，也被它们攻击过几次，还用脚尖踢到过一条响尾蛇），但我从未见过这样一条蛇：它完全直立起来，那么专注，聪明得吓人。如果这条蛇要攻击我的话，我是完全逃不掉的。

“嘿，伙计们，”我喊道，试图让自己的声音听起来没那么慌张，“这儿有一条好大的蛇。”

伍迪回答道：“往后退，用光一直照着它。”

那条蛇还是一动不动地待着，它如炬的眼睛一直盯着我。整个森林都陷入了沉寂，伍迪几秒后就到了，其他人也一起跑了过来，他们头灯发出的光束在黑暗中剧烈地晃动着。

“哦，上帝啊！”有人惊呼道。

伍迪镇定地说：“大家都后退，拿手电筒照着它。这是只矛头蛇。”

他从刀鞘中抽出砍刀，挥动了几下，把旁边的一棵小树削成了一根2米长的防蛇棍，长长的棍子末端有个尖锐的分叉头。

“我要把它弄开了。”

他向蛇靠过去，突然猛地一插，棍子的分叉头便把蛇的身体固定在了地上。蛇顿时爆发出一连串激烈的动作：扭来扭去，甩来甩去，向四面八方乱打，乱喷毒液。我们终于看清楚它到底有多大了。巨蛇继续甩动，伍迪把木叉子从蛇的身上推至七寸的位置。它疯狂地甩动尾巴，发出嗡嗡的声音。伍迪左手用木叉棍叉住蛇的七寸，然后蹲下身来，用右手抓住蛇头的后部。这条蛇的身体跟伍迪的胳膊一样粗壮，它猛力地往伍迪的腿上撞去，雪白的大嘴张得大大的，露出约3厘米长的毒牙，喷射出一大股淡黄色的液体。蛇头一前一后使劲伸缩摆动，努力想咬住伍迪的拳头，毒液喷了伍迪一手背，他的皮肤瞬间就起了几个燎泡。伍迪把巨蛇甩在地上，用膝盖压住它不断扭动的身体，右手牢牢地固定住蛇头不放松，左手从腰带中拔出一把刀，干净利落地砍掉了蛇头。他用刀刺穿蛇头，将它牢牢地钉在地上，这才松开了手。蛇头连着7厘米长的脖子还在地上扭动挣扎，而没了脑袋的蛇身子也开始爬了起来，想要逃跑。伍迪把它拽了回来，拖进光亮里防止它逃到灌木丛中去。在整个搏斗过程中，伍迪一个字都没有说。我们其他人都吓得噤若寒蝉。

伍迪站起身来冲洗了一下双手，最后说道：“对不起，我现在没法把这条蛇挪走。我得先去把毒液洗干净。”（后来他说，在感觉毒液流进手背上的一处伤口时，他“有点儿担心”。）

谁也没有说话。洗完手回来，伍迪拉起蛇的身子，我看见蛇血顺着断口处往下流。蛇的肌肉还在慢慢地扭动着。因为好奇，我站了出来，伸手握住蛇的身体，感受到矛头蛇冰冷的皮肤下肌肉在有节奏地扭动着，这真的是一种很奇异的感觉。这条蛇约有2米长，它的后背上长着吓人的钻石样花纹，其颜色有巧克力色的、红褐色的，还有奶油咖啡色的。直到这时，似乎丛林夜晚的声音才又响了起来，大家都盯着这条蛇看。

“这家伙可真够大的！”伍迪说，“这是条母蛇，比公蛇长得大。这是我见过的最大的矛头蛇之一。”他随意地把蛇身子甩到胳膊上，“这蛇可以吃，味道很不错。但我有其他的用途。明天其他人来的时候，得让他们看一看。要让每个人都完全明白这是个什么地方。”

他又安静地补充了一句：“不可能只有一条。”

那一晚回到自己的吊床后，我久久无法入眠。丛林中的声音此起彼伏，比白天的时候嘈杂多了。很多次，我都听到有大型动物在黑暗中经过我身边，它们笨拙地穿过下层灌木，踩断树枝发出的噼啪声响。我躺在黑暗之中，听着这些生命制造出的嘈杂声，想着那条致命的完美的蛇和它与生俱来的尊严，我对我们所做的一切感到抱歉，也为当时的险情感到心有余悸。被这种蛇咬上一口，如果你还能活下来，那将是一次足以改变你一生的经历。与毒蛇的不期而遇，以一种奇怪的方式强化了我在这里的经历。让我惊讶的是，都到了21世纪，居然还存在如此原始且未受到破坏的山谷。这真是一个失落的世界，这里不需要我们，我们也不属于这里。我们计划次日进入废墟。我们会找到什么？我甚至都不敢开始去想。

*后来我对这种非法采伐问题进行过一番调查，查看背后的罪魁祸首是谁。莫斯基蒂亚西南部的土地（奥兰乔峡谷及其周边地区）是中美洲最大的牛肉产区之一，拥有约75万头牛。周围的大牧场（有合法的，也有非法的）为海外市场，特别是美国，提供上千吨的肉产品。通过洪都拉斯一个可靠的信息来源，我最终确定在经过多个中间商之后，在非法采伐的雨林里生产出来的牛肉，有一部分最终变成了麦当劳的牛肉饼，或流入美国其他速食连锁店。

我向麦当劳公关部询问此事，不到3天时间，洪都拉斯的线人就向我反馈说，美国麦当劳正在就进入美国市场的洪都拉斯牛肉来源展开深入调查，他们要求洪都拉斯说清楚自己都采取了哪些什么措施，来保证莫斯基蒂亚地区提供的肉牛不是来自“对这种砍伐森林或任何不负责任的环境做法负有责任的农场”。一周后，麦当劳发言人贝卡·哈利（Becca Hary）给我回信说：“麦当劳美国公司不从洪都拉斯或任何拉美国家进口牛肉。麦当劳在保护拉丁美洲热带雨林方面有着可靠的记录，以确保没有来自非法砍伐森林的牧场的牛肉进入我们的供应链。”

Chapter 15

Human Hands

All this terrain, everything you see here, has been entirely modified by human hands.

第十五章

人为的痕迹

这片地方，这里看得见的一切，都是人为的。

我躺在吊床上，几乎一夜没合眼。这是一个高科技的精巧装置，底部由轻薄的尼龙制成，顶部罩着一个防昆虫的网和外帐篷盖。拉开拉链就可以进入吊床，但我还是觉得没有安全感，每动一下，吊床都会来回摇摆。除此之外，我现在不再坚持服用每周一剂的抗疟疾药氯喹，想要摆脱这种药物所引发的一种常见副作用，也就是失眠，但结果不尽如人意。我觉得，在这样一个与世隔绝的无人之地应该没有疟疾。

丛林夜晚太喧嚣了，我不得不戴上耳塞。费希尔后来跟我说，他用手机录下了丛林夜晚的声音。回到科罗拉多州后，每当他感觉压力大或者心情低落时，就会播放录音以帮助自己冷静下来。

半夜时，我起来小便。拉开吊床拉链向外张望，拿着手电往周围的地上四处照去，看看有没有蛇。湿冷的薄雾已经散去，露珠滴滴答答地落下。四周并没有蛇的影子，但森林的地上到处都是闪闪发亮的蟑螂，成千上万的蟑螂狂乱地挤成一团发出沙沙的声响，看起来就像一条抖动着的光滑的河流，此外还有许多一动不动的黑色蜘蛛，一双双眼睛就像绿色的针尖一样发着光。我在距离吊床不到半米的地方小便，撒完尿就赶紧爬上吊床。哪怕就那么一会儿，沙蝇便涌入了吊床内部。我打着手电花了足足15分钟四处清理沙蝇。在我不得不第二次起来小解的时候，我谴责了一下睡觉前喝茶的英国传统，发誓再也不这样干了。

我没睡多久就被彻底弄醒了。早上5点左右，第一缕阳光照进森林，吼猴的嚎叫声惊醒了我，这种猴子在森林里四处穿行，从一棵树跳到另一棵，弄出来的声响不比哥斯拉行军小。当我从吊床里钻出来时，眼前的森林整个都包裹在雾气中，树顶渐渐淹没在了雾霭中，到处都在滴水。

作为一片亚热带丛林，这里冷得出奇。早饭吃的是冻干的炒鸡蛋和淡茶（咖啡还没到）。费希尔的准备工作做得特别充分，他带着含有咖啡因的药丸以防突发意外事故，这时他倒出来几粒药丸，但我拒绝了他的好心分享。雾气消散后空客AStar直升机才能飞行，所以到了上午9点45分它才起飞。第一拨到来的是埃尔金斯，还有两名摄制组成员马克·亚当斯和乔什·费则。

直升机升空后，我和埃尔金斯打了个招呼。因为脚部的慢性神经疼痛，埃尔金斯走路的时候有点儿一瘸一拐，还得拄着登山杖。

“很不错，”他环顾四周说道，“欢迎来到莫斯基蒂亚四季酒店。”

乘第二个航班过来的成员有人类学家艾丽西娅和华盛顿大学考古系学生安娜，她也是费希尔的野外勘探助理。我很快就跟艾丽西娅打成了一片，她知识特别丰富，简直就像一部惊人的百科全书。艾丽西娅拥有得克萨斯大学奥斯汀分校的博士学位，她身材娇小、为人友善、性子沉着，已经60多岁了。她还曾是史密森学会美洲原住民博物馆的高级管理员。艾丽西娅拥有墨西哥、犹太和美洲原住民血统，是研究中美洲贸易路线和洪都拉斯原住民的权威。

直升机还把奥斯卡·尼尔·克鲁兹也带来了，他是洪都拉斯人类学与历史研究所考古学部门的负责人，也是莫斯基蒂亚古文化方面的专家。我们匆忙卸下了飞机上的物资，分类堆好，然后再拉回营地。那天早晨，我们一直忙着拉补给，拖设备，整理营地。我拿来一顶帐篷，在吊床旁边支了起来，好在地面够结实能撑得起来。这顶帐篷内侧的防水覆盖层是缝好了的，能防范蛇、蜘蛛和蟑螂。我用砍刀扩大了自己的营地范围，挂上晾衣绳，从卸下来的物资中拿了一把折叠椅，放在吊床下面。这样，在吊床外帐的保护下，我终于可以安心写作了。我还把衣服、书、相机和日志都藏在吊床里，把吊床弄成了一个便利的防水储藏间。

随着时间的流逝，费希尔变得越来越不耐烦，他想要快点开始我们这一不平凡的任务：进入失落之城。我在河岸边找到了费希尔，他头戴一顶牛仔草帽，手里拿着一个微型GPS正走来走去。伍迪禁止任何人在没有护卫的情况下离开营地，以免遇到蛇或走失。“这太荒谬了，”费希尔说，“遗址就在那儿，甚至距离我们还不到200米！”他让我看微型GPS的LED屏幕，上面显示的是激光雷达地图和我们所在的位置。看得出这个城市确实就在河的对岸，完全隐藏在树木构成的绿色围墙后面。“如果伍迪腾不出人手带我们去那边的话，我就自己去，去他妈的毒蛇。”费尔南德斯也来到了河边，他双手叉在腰上，盯着远处的树墙。他也很想去废墟中探险。“我们的时间不多。”他说。这倒是实话，我们在山谷中探险的时间只有9天，因为从圣迭戈的直升机公司租来的空客AStar飞机租期有限，所以我们的探险时间也被严格限制住了。空客AStar直升机的飞行员迈尔斯·埃尔辛（Myles Elsing）必须飞回美国（路上需要4天）去执行另外一个任务。

“得跟伍迪谈谈，这才是我们来此地的目的。”费希尔用手指着河那边的禁忌之城说，“等什么都准备好，黄花菜都凉了。”

最终在下午3时30分左右，伍迪同意带领我们去古城侦察一番。他让我们在背包里装满应急设备，半小时后在着陆区集合。我们在古城里只能待1个小时，绝对不得拖延。

在指定时间，我们到河边整好了队伍，每个人身上都散发着难闻的防蚊胺的味道。我们一行8人：费希尔一手拿着砍刀一手拿着GPS；奥斯卡·尼尔·克鲁兹；费尔南德斯也带着令人生畏的砍刀；卢西恩·里德带着摄像机；马克·亚当斯拿着18千克重的现场音频工具箱，里面有无线麦克风音频系统、便携式混音/录音音频器和一个1.8米长的吊杆话筒，上面还罩着防风罩。我简直无法想象马克背着这么多东西要如何穿越丛林。约德也背负着很重的摄影器械，一路上他一言不发，一直不停地拍摄，但警觉性很高。埃尔金斯没能来，脊柱椎间盘恶化引发的神经痛致使他患上了一种名为“落脚”的疾病，在走路时无法控制脚的位置。他觉得丛林太稠密，山峦太陡峭了，旅程都还没怎么开始，他不能冒着受伤的危险进丛林。他可不想卧床不起，或被迫撤离。这是一个万般无奈的选择。“如果你们发现了什么，”他挥舞着手中的双向无线电设备说，“一定要打给我。”

伍迪一一检查了我们的背包，确保我们带上了所有的应急物资，然后我们就出发了。趟过那条河，我们在河对岸碰到了一片“蟹钳”灌木丛，这个灌木丛几乎长成了一堵坚固的墙，但这种植物的肉质茎很容易被砍刀砍倒。伍迪拿着砍刀边砍边往前走，树叶和花朵纷纷扬扬散落在他身旁。被砍掉的植物厚厚实实地落了一地，把我们的脚面都淹没了。因为还没能从矛头蛇的事情中缓过神儿来，我忍不住会想：肯定有蛇藏在下层植被里。我们穿过了两条满是泥浆的沟渠，沟里的淤泥深至大腿，我们艰难地穿过沼泽，累得气喘吁吁。

河漫滩旁的堤岸非常陡峭，将近40度，我们手脚并用抓住植物根茎、藤蔓和树枝往上爬，心里还时刻担心会不会再次遇到矛头蛇。我们只能看到周围五六米的范围。堤岸陡然变平，我们来到一条长长的沟渠和土丘上，费希尔和奥斯卡察看后觉得这是人为修筑的。这大概就是城市的边缘了。

随后，我们来到一个疑似金字塔的土丘底部。唯一能表明这是人工建筑的是，地面陡然上升，坡度发生了不自然的变化。要不是费希尔和奥斯卡指给我看，我都没看出来，除了树叶我们什么也看不见。我们站在失落之城的边缘，激光雷达地图上土丘和广场的布局和分布是那么清楚，到了这里我们却一点儿概念也没有。因为丛林掩盖了一切。

我们费力地沿着疑似金字塔的建筑的一边攀爬，来到它的顶部。展现在我们眼前的是一些奇奇怪怪的洼地和线性的建筑，费希尔认为这些可能就是建筑的遗存，甚至还是一座小型寺庙。奥斯卡跪在地上，用工具在地上挖探坑。他说自己发现了一些人为的精妙建筑的证据。我盯着探坑里面的土层看，但因为没有受过相关训练，什么也没看出来。

虽然是站在失落之城的制高点，我们依然处在凌乱的树叶、藤蔓、花朵和树干的包围之中。费希尔将微型GPS举过头顶，但因为树木太过稠密了，他还是无法进行卫星定位。我用尼康相机拍了许多照片，但照片上什么也看不出来，除了树叶还是树叶。约德拍的照片也差不多，除了一望无际的绿色海洋外，什么都看不出来。

我们沿着金字塔的一侧下到城市的第一个广场。激光雷达图像显示，这个广场三面都有几何形的土丘和平台。费希尔再次尝试用微型GPS来读取参数。在进行地面测绘时，奥斯卡突然大喊了一声。他跪在地上，拨开尘土和藤蔓，发现了下面的巨石，这块表面有人工打磨痕迹的石头几乎完全隐没在了乱七八糟的植物之中。在把上面的植被扯掉后，我们发现原来这样的石块还有很多，一长排，每一块都很平整，搁在由白色石英圆石制成的三脚架上，看起来像是祭坛。“我们得把这些石头清理干净，”费希尔说，“看看上面有没有雕刻，还有我们需要用GPS来确定一下它们的位置。”他边说边掏出无线对讲机，向留在营地的埃尔金斯汇报了这个消息。

他们进行了一场激动人心的谈话，我们在场的人都听得一清二楚。埃尔金斯简直高兴疯了，他说：“这就证明他们确实是用石头盖房子的。这意味着这里是一个重要的遗址。”

GPS最终连接到了足够多的卫星，这样费希尔就能开始建立路径点并绘制城市地图了。他冲进丛林，披荆斩棘，标记路径点，他是那么专心、那么急切，想要充分利用好我们回营前的每一分每一秒。我们完全跟不上他的节奏。看完祭坛石头，我们来到了城市的中心广场。看得出，这个地方曾经是一个巨大的公共空间。这里就像足球场一样平坦，也比其他地方开阔。

“这些可能是公共建筑，”费希尔指着围绕着广场的长土丘说，“这些建筑可能是皇族和精英阶层专用的。这些地方当年应该非常空旷，非常宏伟。我想这是举行重大仪式的地方。”

站在广场上，我终于稍微感受到了这座城市的大小和规模。费希尔砍出一条道路以穿过广场，他说前面还有三个广场和一个疑似球场的地方，另外还有一个形状特别的土丘，我们管它叫作“巴士”，因为从激光雷达图像上看它就像一辆巴士。这些巴士形状的土丘在T1和T3地区特别显眼，长30米，宽9米，高4.6米。

我曾在拉斯克鲁塞斯遗址看到过这样的建筑，这是一种独特文化的典型建筑。

探险队其余的人都留在后面清理石头上的植物，伍迪和我跟着费希尔向北走去。我们努力跟上他的步伐，不让他消失在我们的视野中。我们看到的土丘越来越多，一条陡峭的深沟穿过了这些土丘。我发现这些深沟在自然界的侵蚀下暴露出了石质的铺路材料，那是古代的路面。费希尔匆匆穿过深沟，那里的丛林变得异常茂密。我和伍迪都不想跟他一起进入那片可怕的密林之中。伍迪叫费希尔别再往里走了，我们该回去了，但费希尔似乎没听见我们在说什么。过了一会儿，我们发现他那白色的草帽消失在了森林之中。他那有节奏地挥动砍刀的声音也渐渐消失了，一切归于沉寂。“糟了。”伍迪嘟囔着，又一次呼唤他赶紧回来，没有任何回应。他又喊了一次，还是没回应。几分钟过去了，尽管伍迪不是个善于表达情绪的人，我还是在他脸上看到了既生气又担心的表情。就在我们以为费希尔走丢了时，他微弱的声音突然从树丛间传过来，他从自己刚刚砍出来的洞里钻了回来。

“我们都担心你迷路了。”伍迪大声说。

“带着这个就不怕了。”费希尔挥舞着GPS说。

伍迪招呼大家返回营地。在等费希尔的时候，其他人也到了这条深沟边。伍迪用GPS找到一条更直接的路线返回营地。沿着这条深沟走到河漫滩，我们又碰到了另外一堵“蟹钳”围墙，伍迪熟练地挥舞着大刀砍出了一条路，花朵又散落了一地。在回去的路上，我们穿过了三条平行的泥沟，里面的泥都深至大腿，一不小心腿就会陷在里面。我们来到河边时，全身上下都是淤泥，不过在涉水过河时就顺便把泥巴都冲洗掉了。当其他人都回了营地，我还停在河边，拧干衣服，把它们摊在鹅卵石河滩上，然后我躺在凉爽的河水里，仰面漂浮，慵懒地看着树梢从眼前掠过，任凭河流带我顺流而下。

回到营地，我看到埃尔金斯正躺在他帐篷外的简易床上，他的帐篷就在我营地旁边，中间隔着一棵爬满蜘蛛猴的树。他惬意地躺在床上，边吃花生，边用双筒望远镜观察那群蜘蛛猴。这些猴子一只挨着一只列队站在17米高的树枝上，一边吃树叶一边盯着埃尔金斯。两种好奇的灵长类动物都醉心于观察对方，那场景真是好笑。

埃尔金斯对石头祭坛的发现感到非常高兴，同时又很自责没能和我们一同前去。他问我这次徒步旅行有多难走，我向他保证虽然路途又陡又滑，泥坑又那么可怕，但全程也只有几百米，我保证如果他走得慢一点儿，一点儿问题也没有。

“豁出去了，”他说，“明天无论如何我也要去。”

当晚，在科勒曼营地灯的灯光下，我们围坐在一起吃冻干豆子和米饭。我不肯喝茶，但也喝了一点点伍迪的威士忌。威士忌限量供应，每人只有一小瓶盖。

费希尔很高兴，他说：“就像我想的那样，这片地方，这里看得见的一切，都是人为的。”在这次短暂的勘测中，他肯定了激光测绘的准确性，核实了图像上发现的每一个东西，还发现了更多的东西。地面实况调查正式开始了。

风骤起，吹过树顶。“这意味着十分钟之后就要下雨了。”伍迪说。倾盆大雨如期而至，带着隆隆的雷声从天而降，浇向树冠。两三分钟后，雨水才穿过林冠落到地面上，四处横流。

Chapter 16

I’m Going Down

I can’t move my legs at all. I’m going down.

第十六章

我在往下沉

我的腿一点儿也动不了了。我在往下沉。

夜幕降临，我爬进帐篷，能躺在坚固的地面上，而不是可怕的吊床上，实在是太让人高兴了。外面的雨水如鼓点般密集地洒落在地上，而我则打着手电筒看多佛尔版的约翰·埃劳德·斯蒂芬斯（John Lloyd Stephens）作品。尽管有雨、蛇、泥巴和虫子，但我还是感觉很兴奋，不只是因为失落之城，更是因为山谷的野生环境是那么完美。我曾去过很多荒蛮之地，但从没有哪个地方有如此纯粹的自由奔放。环境中隐藏的危险只是更加印证了我们是第一支来此未知之地探险的队伍。

早上5点，伴随着吼猴在雨中发出的吼声，我醒了。四周非常昏暗，似乎白天根本就没有到来。森林被包裹在一片暗淡的晨光中，藏匿在雾霭里。费希尔也起来了，像往常一样迫不及待地要快点儿开始工作。营地的厨房和聚集区已经搭好了一部分。那里面摆着几张塑料折叠桌子，桌子上方挂着一张蓝色的防水布，我们就站在防水布的下边吃东西。咖啡终于送来了，厨房里的一个炉子在烧水，另外一个则煮着一壶咖啡。外面的大雨把雨林的地面变成了黏腻的泥浆，随着时间的流逝，那淤泥似乎也越来越深。防水布的凹槽里汇集了不少的雨水，我们得时不时拿棍子去捅，把里面的水给倒出去。

早饭时，不止一个人说在夜深人静之时曾听到有美洲豹在营地边缘徘徊，发出低吼和咕噜咕噜的鼻音。伍迪安慰我们说美洲豹几乎从不袭击人类，可是想到海尼克讲的故事，我对此表示怀疑。其他人听别人说起大型动物走路的声音，也担心它们可能会不小心撞上帐篷，但伍迪说那是不可能的，他说夜晚出没的动物在黑夜里也看得清楚周围的物体。

“我还想看四个广场，”费希尔灌了一大口咖啡说道，

“上游有个奇怪的L型土丘，我也想去看看。我还想去下游1千米左右的地方看另外一组广场群。要做的事不少呢，咱们出发吧。”

我披上雨衣，但雨太大了，不管怎么弄，水还是开始往衣服里淌，穿着雨衣又闷又热。我发现伍迪他们三个都没有使用雨具；他们冒着大雨工作，但看起来状态反而更好。“把雨衣脱了吧，”伍迪对我说，“这样穿着还不如一下子全淋湿了的好。相信我，等全身都淋湿了，反而会更舒服。”

我脱下雨衣，很快全身就都湿透了，我发现伍迪说得很对。

吃完早饭，雨还在下，探险队在河岸边集合，开始第二次探险。尽管埃尔金斯的腿受了伤，但他还是拄着一根蓝色的登山杖加入了我们。艾丽西娅和安娜也加入了此次探险。我们蹚过河水沿着前一天开辟出的小路走。到了第二个泥潭，艾丽西娅挣扎着穿过时却陷了进去，看着她一点一点地往下沉，我们都吓呆了。

“我动不了了。”虽然在渐渐地往下沉，但她还是表现得那么镇静定。“我的腿一点儿也动不了了。我在往下沉。”泥巴已经淹到了她的腰部，而且她越是挣扎，陷得就越深。那场景简直就像是B级恐怖片一样。伍迪和萨利跳了进去，抓住她的手臂慢慢地将她拖了出来。等艾丽西娅爬到了安全的地面，泥浆便从她身上淌了下来，我们也总算明白是怎么回事了：在过泥潭的时候，泥浆灌满了她的防蛇长筒靴，这就等于给她的双脚套上了一双水泥套鞋，所以她每动一下，泥潭就会拉着她往下沉。“有那么一瞬间，”她事后说道，“我以为我要和那条蛇一样死翘翘了。”

埃尔金斯则用登山杖保持平衡，顺利穿过了泥潭，他还扒着树根和小树干，成功地爬上了滑溜溜的河堤。

“明天我们在这儿安个绳索。”萨利说。

我们来到金字塔处，围绕着金字塔的基底走，这时候河对岸传来了雀跃的呼喊声和歌唱的声音。萨利用无线电对讲机与身在营地的斯巴德通话，得知被派来守护探险队的洪都拉斯特种部队的士兵从河流交汇处徒步逆流而上，已经精神饱满地抵达营地了。他们只带了武器和身上的衣服，打算在我们后面的森林里安营扎寨，用树干和树叶搭建住所，自己捕猎，饮用河水。

“给他们一块防水布，”萨利说，“再给他们些净化水的药片。我可不想有一群拉肚子的士兵驻扎在我们附近。”

我们到了祭坛的石头处，埃尔金斯跪下来清理上面的树叶和碎片，用手抚摸着上面的雕刻。其中一块石头上有一个特殊的石英脉贯穿其中，这块石头似乎就是为了这条石英脉才存在的。这条石英脉指向正北方。埃尔金斯认为这非常重要，有人提出这可能是献祭时人血流经的渠道。费希尔翻了个白眼说：“兄弟们，咱们还是别在这儿乱猜了吧，这是什么东西都还不知道呢。它们可能是基底石、祭坛石，也有可能是别的什么。”费希尔让安娜清理这一区域，研究这些石头，而他自己则往北去探索那四个广场了。艾丽西娅和温伯格一起留在后面，配合安娜一起工作。约德和摄制组成员则用塑料纸包裹的摄像器材拍照。他们让埃尔金斯站在石头旁边，给他戴上一个夹式话筒，开始对他进行采访。

费希尔继续前行，他挥舞着大砍刀，像疯子一样冲进丛林里。我们带来的每一把大砍刀刀刃上都缠着一条荧光粉胶带，这样大家就能避开别人的刀了，但这里的植被太密了，即使大家的刀上都缠有荧光粉胶带，还是有人差点儿被误伤到。伍迪、费尔南德斯和我努力跟上费希尔的步伐。穿过深渠，我们发现了第二个广场，这里比第一个广场大了一倍，四周环绕着土丘、护堤和凸起的平台。远处还有两个低矮的平行土丘，中间有一片平坦的区域，费希尔把它们一一标记在GPS上。他认为这可能是个中美洲的球场，从几何结构和尺寸上来看是有点儿像。这是特别有趣的，因为这表明这个文明和它西部及北部的强大邻居玛雅之间存在着某种联系。在中美洲文化中，球类运动不仅仅是我们所认为的休闲娱乐，它还是一种神圣的仪式，这里上演了善与恶的力量斗争。这也可能是双方避免战争的一种方式，通过一场比赛来解决冲突，而比赛偶尔会以人祭结束，输掉的队伍或者队长会被斩首。

费希尔和费尔南德斯挥舞着砍刀开路，研究广场、绘制地图，我则是跟在他们身边。我最想看的是那个著名的“巴士”土丘，它在激光雷达地图上看起来是那么显眼。而实际上，它是一个非常复杂的土制建筑，有着非常清晰的地基和陡峭的墙壁。

“这是什么鬼东西？”我问费希尔。费希尔一边绕着土丘走，一边在GPS上标记下路径点。

“我觉得这是个公共建筑或者寺庙的地基，”费希尔解释说这个建筑位于大广场的最末端，所以它一定非常显眼，“这个建筑上面应该还有什么东西，但现在不见了，应该是用易朽坏的材料建成的。”

雨停了，但树上还在簌簌地落下无数的水滴。光线穿透进来，透着云雾般的绿色，好像池塘的水一般。我站在那里静静地呼吸着这充满生机的气息，惊叹于那寂静的山丘、身上缠满蔓藤的茂密树木、悬挂在空中的蔓藤缠结、鸟儿和动物的叫声、在水滴重压下摇曳的花朵。我觉得自己和现实世界的联结消失了，仿佛穿越时空来到了这个王国。

很快，又一场大雨打破了这里的宁静。我们继续探险。这是个极其劳累的工作，到处都湿乎乎的，穿过丛林的时候我们根本不知道自己的脚是落在哪儿，地面像冰面一样滑。我们在陡峭的沟渠和山坡上爬上爬下，地面的淤泥让这一路变得危险重重。我费了好大的劲儿才学会不去抓着竹竿前进，因为竹子有时会破裂，变成会割伤人的锋利碎片，而且竹竿里面积蓄的水还会一股脑儿地洒在我身上。而其他一些可以借力的东西要么长着毒刺，要么住着成群的有毒的红蚂蚁。大雨来了一场又一场，就像有人打开了水龙头后又突然关上一样。下午1点左右，伍迪担心河水上涨，那样的话我们就没法回营地了，所以我们回到了安娜和艾丽西娅清理石头的地方。当他们清理这片区域时，在广场的一角，发现了一道通往地下的石头台阶，部分台阶被坍塌的土堆埋住了。我们在雨中歇了一会儿，伍迪递过来一个装有香甜可口热奶茶的保温壶。大家都在兴奋地聊着。哪怕只是清理了极小一片区域，看到有几排石头架在大圆石上，我对这里也更有好感了。它们看起来确实很像祭坛，但会是放祭品的地方吗？还是某个重要人物的座位？抑或是别的什么东西？这个不知通向何方的石阶则是另外一个谜。它会延伸到哪里？是某个地下墓葬或是密室？又或是通向某个早已不存在的东西那儿？

必须得回去了，我们排成一列纵队，绕过金字塔的基地往回走。这条线路我们之前已经走过了，从来没发现有什么特别的东西，但这次在队伍后面的卢西恩·里德突然喊了起来：“嘿！那儿有些奇怪的石头！”

回头一看，大家瞬间沸腾了。

在一个宽阔的空地上，有许多不同寻常的石雕从地面探出头来。这些东西在树叶和藤蔓中隐约可见，布满苔藓，虽然丛林中的光线并不好，但我们还是一眼看出了它们的形状。我首先看到的是一只咆哮的美洲豹的头部从丛林的地面上探了出来，然后是一个装饰着秃鹰头的容器的边缘，还有一些雕刻着蛇的大型石缸；旁边还有一些物件看起来像王座和桌子，部分物件的边缘和腿上有雕刻，乍一看，像是铭文或象形文字。这些东西几乎全被埋住了，只有顶部还能露出来，就像冰山露出了一角。太震撼了！这些雕塑都那么美丽，它们可能一直躺在这里从未被人打搅过，直到我们偶然发现了它们。如果需要证据证明这个山谷从未被现代文明探索过，那这就是一个证据。

大家纷纷跑到这里来，互相推挤着，发出惊叹声。拍摄小组忙着拍照，约德也像个疯子一样不停地拍照，而我也拿出尼康相机冒着大雨拍照片。考古学家费希尔吆喝着让大家全都退后，“该死的，不要碰任何东西，不要跺着脚走来走去，我的老天爷啊，拜托，注意你们的脚！”他一边咒骂一边把我们赶了出去，最后他用背包里的犯罪现场警戒线（上面印着“CUIDADO”的字样，意为危险）把这个区域围了起来。

“任何人都不许走过警戒线，”他说，“除了我、奥斯卡和安娜以外。”

埃尔金斯倚着手杖，徒步进废墟让他筋疲力尽了，他现在很难受，但看到眼前的情景，他立刻惊呆了。“太不可思议了，”他说，“这里竟然有这种地方，真是个瑰宝之地，这是我们能找到的最纯洁的地方，几个世纪以来无人知晓！”雨水像小溪一样在我们周围流淌，但谁也没有在意。“你看这里的植物长得多么茂盛啊，”他继续说，“下面该埋了多少东西啊，看到这些，你就会明白发现它们是多么不容易啊。迷信一点儿说，就像是有什么东西引着我们来到这里一般。”

费希尔也有点儿惊呆了。“我本以为能找到一座城市，”之后他告诉我，“但我从不敢奢望能找到这样的。未被盗扰的古迹极为罕见。这里可能是一处祭台、一个地窖。这里是用来展示非常强大的仪式的，这里的财物都是仪式性的，不进入流通环节。”他对“半人半美洲豹”的头部肖像尤其感兴趣，在他看来，这个肖像刻画的是一个处于“通灵状态或者说是变身状态”下的萨满巫师。这个人似乎戴着一个头盔，所以他也在想这是否和球类游戏有关。“但这一切都只是推测，我们其实并不清楚它是什么。”他猜测，地下应该还有更多的东西。

此后的挖掘工作也证明了这一点。这里非常大，里面的文物超过500件，但比它的规模更有趣的是它的存在。这种特殊的仪式性艺术品收藏似乎是古代莫斯基蒂亚的特色，在玛雅文化或其他文化遗迹中都没有发现过这些东西，这意味着我们可以用这些东西来区分莫斯基蒂亚人和他们的邻居，并确定他们的历史地位。这些地窖是用来干什么的？为什么会把这些东西留在这儿？虽然莫斯基蒂亚地区也发现过类似的地窖，但没有一个保存得如此完好，这为系统地研究和挖掘该地点提供了难得的机会。这个祭祀点具有重大的意义，这是目前为止探险队最大的发现，它的影响将会远超莫斯基蒂亚地区。也许我们得花费一年时间才能弄清楚这次考古发现的范围。

虽然大家都非常兴奋、精神高涨，但徒步回营的过程还是那么折磨人，因为山坡太陡了，我们无法沿着山坡下去，除非能在这里安一个半自动的升降梯。伍迪之前还担心河水上涨，好在没涨太多，我们还是可以涉水而回。雨变小了，天空开始放晴；我们的营地只建了一部分，所以大家都希望直升机能赶快带来更多的补给。我们缺少水和食物，缺少为电脑充电的发电机，还缺相机上的电池，我们还需要建起医疗帐篷和客用帐篷，因为有些科学家还要来。

回到营地，费希尔说激光雷达地图显示营地后面有一个土垒，他现在要去那边探索。他精力之旺盛真是令人叹为观止。我们徒步走到营地后面，穿过了士兵们的营地，看到他们正在用我们给的防水布建宿舍，他们还在泥泞的地上用厚厚的树叶铺设出一条路。他们点了一堆篝火，我都不知道他们是怎么在雨中弄出火来的。有个士兵打猎归来，肩膀上扛着一只鹿腿。后来我们才知道，这只鹿属于濒危的中美洲赤鹿；一周后部队命令士兵停止打猎，并开始空运军队即食餐。士兵们说他们徒步从河流交汇处较低的着陆点走了4.8千米才到我们的营地，花了差不多5个小时的时间。在河流中逆水而行，比在丛林中开路要更容易更安全。

兵营后面，一个陡峭的斜坡拔地而起。这个反常的陡坡就是费希尔想要探索的对象。我们爬上坡顶，然后从另一边下来，我们发现自己到了一个椭圆形的平面底部，周围似乎是堤坝或人造土堤。这片区域比较空旷，没有下层植被，看起来像是个巨大的游泳池，底部平坦，墙壁陡峭。“池子”一端有个小型出口，向下通往我们营地所在的平坦区域。在山的另一头，有一条看起来是古道的小径。费希尔说这些土垒可能是一个水库，雨季储水，旱季则放水灌溉我们营地处的农田。“我们所在这一片区域可能是一片农田。”他说，这里曾被人为地夷为平地。其中一部分可能曾是一片可可园；艾丽西娅发现她的帐篷附近有一些小树，她觉得是小可可树。

乌云散去，久违的蓝天终于出现了。乳白色的太阳出现了，一束束阳光穿过飘着薄雾的树冠层透进来。一小时后，我们听到直升机发出的巨大声响，又一次引得吼猴们发出愤怒的“合唱”。这次来了两位客人：一位是过来检查部队情况的奥塞格拉上校，另一位是洪都拉斯人类学与历史研究所所长维尔吉利奥·帕雷德斯。

上校去视察他的部队，而维尔吉利奥则来到厨房区，兴味盎然地听埃尔金斯和费希尔向他描述发现地窖的事情。那天天色已晚，他们没能立刻飞回去，所以维尔吉利奥和上校决定在这里待一晚上，第二天再去看看遗址。

我和维尔吉利奥相识于2012年的激光勘测之旅。他个头很高，做事周全，虽然他不是考古学家，但是他会问一些探索性的问题，并努力让自己了解这个项目。他说一口流利的英语，出身于一个古老的西班牙系犹太人家族——帕德斯家族，这个家族在19世纪离开耶路撒冷移民到西班牙的赛戈维亚，从此家族姓氏就西班牙化，成了帕雷德斯。在法西斯统治者弗朗哥时期，他的祖父离开那里来到了洪都拉斯。他的父亲在洪都拉斯上完医学院，成了一名生化学家兼商人，现在就快要退休了，老人家在考虑“落叶归根”，搬回以色列。维尔吉利奥是天主教徒，在特古西加尔巴的美国学校读书，在伦敦经济学院获得了硕士学位。他曾经在世界很多地方生活和学习过，从德国到特立尼达岛和多巴哥岛，都有他的足迹。2009年政变时期，他在文化部工作，当时临时总统任命他为洪都拉斯人类学与历史研究所所长。这是一个极大的挑战：在过去的60年里，洪都拉斯人类学与历史研究所的所长都是学者，但现在新的管理层希望能有个经理来替代学者。一些考古学家非常不开心。“学界和旅游部门一直争执不休，”维尔吉利奥告诉我，“如果你拥有一只下金蛋的母鸡，考古学家希望这只鸡一个金鸡蛋也不要下，旅游部的人则刚好相反，他们想把鸡一刀切开，一次性拿出所有的金蛋。这两者之间应该有一个平衡。”

维尔吉利奥从小就知道“白色之城”的故事。在第一次得知埃尔金斯的团队要寻找“白色之城”的时候，他觉得这个项目毫无意义。自从他接受文化部的工作以来，总有疯子一样的人跑来他的办公室或者给他发邮件，跟他说亚特兰蒂斯的故事，或者说载有数百万黄金的沉船故事。他觉得埃尔金斯也是同样的人。“我对他说：‘给我讲点儿其他故事吧！’”等埃尔金斯说完激光雷达，以及这个工具非常可能揭示莫斯基蒂亚的秘密之时，维尔吉利奥来了兴趣：这是一项严肃的科技，埃尔金斯和他的小组打动了维尔吉利奥，他觉得他们是有能力的人。

又开始下雨了。吃完晚饭，喝了点儿朗姆酒后，我回到自己的营地，脱掉身上沾满了泥巴的衣物，把衣服挂在晾衣绳上让雨水清洗干净，然后爬进帐篷。我的营地一片泥泞，别的地方也是如此。受到士兵的启发，我试着把柔软的树叶铺在帐篷前的淤泥上，但以失败告终。泥浆已经流入帐篷底下，我的防水垫子也像水床似的软绵绵的。

我钻进睡袋睡觉，感觉到有虫子在我身上爬。这些虫子不知道在我身上藏了多久，直到躺下来休息时我才发现它们。我大叫一声，拉开睡袋，打开手电。身上到处都是丑陋的红肿块和斑点，大概被叮了几百处，可是虫子呢？我感觉有东西在咬我，就把它掐死了；那是一只只沙粒般大小的恙螨，几乎小到看不见。我想要把它捏扁，但它们的外壳太硬了，所以我只能把虫子放到约翰·劳埃德·斯蒂芬斯作品的封皮上，拿刀尖把它戳死，那咔嚓声真是令人满意。令我惊恐的是，我很快发现了更多的恙螨，不仅是在我的皮肤上，甚至还有一些掉进了睡袋里。我花了半个小时把这些虫子收集起来放到“行刑台”上，一个个戳死。但这些小生物很难被发现，无奈之下，我只能给自己全身喷上防蚊胺，放任自己和这些恙螨一起入眠。到了旅行结束的时候，这本书的封面上已经满是刀戳的印记，只能扔掉了。

早饭后艾丽西娅也跟大家说有另外一只美洲豹路过营地，还听到帐篷边有微弱的沙沙声传来，她敢肯定那是一条非常大的蛇。

Chapter 17

A Bewitchment Place

That is a very ancient place, a bewitchment place, they say.

第十七章

一个充满魔力的地方

他们说，那是一个非常非常古老的地方，一个充满魔力的地方。

进入丛林的第三个早上，我们和维尔吉利奥、奥塞格拉上校以及四个士兵徒步来到地窖处。虽然萨利和伍迪已经在陡坡上固定好了挂绳，爬上去还是挺难的。费希尔让安娜清理地窖外面的植被，给每个物件做标记、盘点、记录，并画下这些物品的原始样子，士兵们会帮助她一起做。费希尔、伍迪、埃尔金斯和我则前去探索城市北面的情况。在费希尔的带领下，我们穿过1号广场，在山涧沟壑里爬进爬出后到了2号广场。我们在竹子、藤蔓和其他植物中劈出了一条道路。费希尔列了个长长的清单，上面列着从激光雷达地图上看到的东西，他想要实地找到这些东西，他的GPS带着我们进入一个极其茂密的丛林。有些地方看上去就像是在一片密林中挖了一条隧道。我们看到了更多的土丘、大型房屋的遗址、一些举行仪式用的建筑结构，又看到了两个“巴士型”的建筑和一些露台。我们来到树冠层的一处豁口下，这里原来是一棵很高的树，这棵树倒下的时候把另外十几棵树也带倒了，让我们得以看到一片天空。丰富的阳光照了进来，下层植被得以疯狂生长，灌木、竹子和藤蔓扭成了一团，砍都砍不开，我们只能绕着走。在下层植被中行走，视野十分有限，所以尽管伍迪、费希尔和我仅相隔几米，但基本看不到对方，大都是通过声音来保持联系。

完成长长的“绕城游”之后，我们回到了地窖处，发现我们的同伴又制造了一个小小的混乱。在士兵们清理这一区域时，安娜就在一旁作画，这时一条躲在木头下面的矛头蛇突然冲了出来，引起一阵恐慌。这条蛇在附近徘徊了很久，久到我们给它彻彻底底地拍了一阵照片，摄制组的人很高兴现场能有出乎意料的机会来拍照；萨利想要抓住它把它移走，可那矛头蛇却又躲到木头下面去了，并且彻底被激怒了。结果，谁也不敢走进木头后面的区域，可惜了，我们那边还有很多文物呢。

维尔吉利奥、埃尔金斯、伍迪和我继续往营地走。维尔吉利奥要乘直升机回去，他急着回去向总统报告地窖处的发现。一直给我们运送补给的空客AStar直升机当天下午差点儿被秃鹫给弄坠机了。飞行员打了个急转弯想要躲避秃鹫，但秃鹫却撞上了一个旋翼叶片，它的内脏被卷进了传动轴底部的变速器里。这只秃鹫胃里残留的腐物给变速器造成了极大的麻烦，机舱里充满了非常难闻的味道。这次差点儿发生的事故让我们发现自己对这两架直升机有多依赖，它们是我们联系外界的唯一通道。假如被困住了，想要从这里撤离，那我们就不得不带着有限的补给，花上几周的时间由陆路长途跋涉回去。

当我们还在废墟的时候，艾丽西娅来到士兵的营地，花了一整个白天的时间和驻扎在我们营地后面的特种部队的士兵交谈，让我感到特别好奇的是，不知道她对此有何人类学见解。参加“森林行动”的特种部队的士兵很多都是洪都拉斯本地的印第安人。有一些来自万普西皮，那是距离这里最近的当地小镇，坐落在距离帕图卡河40千米远的地方，是一个与世隔绝的小村落，一般情况下只能通过水路进入那里。这些士兵对我们这次探险是怎么看的呢？

“真是太棒了，”艾丽西娅告诉我，“他们说从来没有见过这样的地方，他们说的时候非常开心，觉得自己是不是置身天堂。当然了，还有一些人只想赶快回去见女朋友。但绝大多数人还是觉得能来这里特别激动。”有些人觉得这个堡垒般的山谷就像是一个神圣的地方。她还说服一个派赫族的士兵帮她标记可可树，那样她就能绘制出这些树的地图，然后看看这里到底是不是古代果园的遗迹。对于玛雅人来讲，巧克力是一种神圣的东西，玛雅人把可可当作宝物，认为这是神的食物。可可是专供武士和统治精英享用的，豆荚有时还能被当作钱币使用。人祭的仪式也用到了巧克力。在古代莫斯基蒂亚地区，可可树和巧克力贸易可能扮演着极其重要的角色；可可是和玛雅人交易的贵重商品。“他说这是种非常古老的品种，豆荚很小。”艾丽西娅说，“莫斯基蒂亚到处都是可可。”（也有人质疑这些是不是真的可可树或者相似的植物，但谁也没有答案。）

几天后，几位士兵带艾丽西娅乘军用直升机去万普西皮见自己的家人。艾丽西娅拿手机给他们看自己拍的照片，上面显示的是卡塔卡马斯东北部森林被盗伐的情况。“他们都很震惊，”她忧心忡忡地说道，“他们说，‘难怪河流会枯竭，动物都离开了，鱼也死了！’”

万普西皮有一个有机可可有限公司，生产纯巧克力，然后运到下游市场上去卖。据巧克力爱好者说，这里的巧克力是世界上最好的单一来源巧克力之一。有些可可豆是从野生可可树上采集而来的，这些野生可可树长在小镇周围的生物圈保护区里。男人负责收豆子，女人负责发酵烘烤豆子。艾丽西娅在这个公司里转了一圈，村里人给了她一块1.8千克重的纯黑巧克力砖。

她也问了有关“白色之城”的问题（派赫印第安人称之为Casa Blanca，意为“白色宫殿”），人们把她引荐给了一位80多岁的老者。他开始讲述故事的时候，一群孩子围了过来。“他说很早以前外国人到过那里，他们拿走了所有的金子，亵渎了白色宫殿。他说白色宫殿建在高高的山上，那是‘苏吉亚’（Sukia，当地人对萨满的称呼）去的地方，萨满掌控着那个城市。他们说，那是个非常非常古老的地方，一个充满魔力的地方，早在派赫人出现以前那里就有人就居住了。”

21日的早晨，像往常一样，又是一个雾蒙蒙、湿漉漉的早晨。我已经在丛林里待了4天了，时间过得太快了。早上8点的时候，我们往上游走了0.4千米，去看一个L形建筑，在激光雷达地图上这是个很显眼的建筑。我们蹚着河水走，这比沿着岸边穿越丛林容易多了，也安全多了。

L形建筑明显是个人造物。我们看到一个巨型的几何形状的土制平台高出这片洪泛区约3米，周围和顶部围绕着数不清的树木。其中有一棵树长得实在太大了，树干直径至少有6米。我给这棵树拍了许多照片，有些是埃尔金斯和这棵树的合影，埃尔金斯也给我和大树拍了几张合影。据费希尔所说，这个平台比季节性洪泛区要高，从前这个平台上可能建有密密麻麻的房子，耕地则是在下面的冲积平原上。在走出来的时候，我不小心从陡峭的河堤上跌了下来，滚落到了河里。人倒是没什么事儿，但我的佳能相机保不住了。幸运的是，在回到文明世界后，我从内存卡里成功地导出了所有的照片。第二天我那个带有摄像头的手机也报销了。

我们沿河而下走了800米，来到一个有着好几个广场的地方，这地方在激光雷达地图上也是非常醒目。一路走来，这条无名的河算是我见过的最美丽的河流，清澈的河水流淌在布满鹅卵石的河床上，河边是一些沙砾滩，阳光照到的地方长满了花朵，此外还有一些浅滩和水潭，偶尔还有小瀑布。在有些地方，巨型树木和其他植被垂挂在河面上，在植被的掩映之下，这条河变成了一条神秘的绿色隧道，水流的声音在隧道内回响着。每走一步都会发现一些新鲜的东西：闪着微光的急流、长满了蕨类植物的树干、深邃的水潭里闪现的银色的鱼、赤红的金刚鹦鹉和雪白的鹭鸟从树梢上飞起。可惜我的相机坏了，没法记录这一切。

在激光雷达地图上，在离我们的目标大约一半的地方出现了一个极端的急转弯。伍迪觉得如果走直线穿过去可以节省一些时间。

为了抄近道，我们一头扎进密林，每走一步都要借助大砍刀来开路。我们穿过山脊，走进了一个山谷，又拐回了这条河。1个小时后，我们停下来在沙砾滩上休息，对面就是我们要去的废墟，我们趁着休息时间吃了个午饭。

我们边吃边聊，大家都说要是没有发明GPS和激光雷达，探索这个山谷和废墟该有多么难啊。如果没有激光雷达地图，我们就是站在T1废墟的中间也发现不了它。只有依靠激光雷达地图和GPS，我们才知道去哪里寻找古迹，否则这些古迹都会隐藏在植被下。我们知道河对岸的草地后面就是一片土方建筑和广场，可在树墙的掩盖之下，什么也看不出来。

午饭后，我们蹚过河走入一片茂密的、齐胸高的草地，我们完全看不到自己下脚的地方，毒蛇的阴影一直萦绕在我们的脑海中。走进森林后，我们终于松了口气。这时一个尖尖的土丘突然出现在我们眼前，又是一个“巴士”形建筑。平行排列的土丘从“巴士”建筑的两边延伸开来。费希尔说这个遗址是上游城市的延伸，但奥斯卡则认为这是另一个独立的定居点。这是个不小的分歧。激光雷达图像显示山谷里面有19个大型遗址，它们沿着山谷分布，距离很近。它们是否属于同一个“政体”（同一个经济和政治团体）呢？能不能算是一个城市？又或者说这些遗址都是独立的村庄，每一个都有自己的统治？从目前得到的证据看，绝大多数遗址（但并非所有）都是一个大型城市的组成部分，但直到现在这个问题还未有定论。

我们花了好几个小时探索这个地方。这里和第一个遗址非常像，只是小了点儿。我们爬上附近的山丘，想着它可能是另外一个土金字塔，但到了山顶费希尔和奥斯卡发现这只不过是一个自然形成的圆锥形山体。我们还发现了好几排平坦的、类似祭坛的石头，还有几个平坦的广场区域和“巴士”形土丘。在回来的途中，我们都累坏了，大家都无精打采地走着，完全没有意识到我们差点儿在其中一座土丘的边缘踩到一条巨大的矛头蛇。卢西恩（这家伙又一次殿后）发现了它。我们在经过这条蛇的时候，距它只有半米多，这个距离太近了，一不小心就可能踩着它或者擦着它过去。蛇睡得很香，褐色的身子盘成一团，脑袋舒适地搁在身子上。虽然这条蛇看起来不到2米，几乎和我们第一晚杀死的那条一样大，但因为森林里满是枯枝落叶，要看见它也不容易。

我们回到营地时，发现又来了几名客人。有作家兼文学批评家汤姆·卢茨（Tom Lutz），他还是《洛杉矶书评》（*Los Angeles Review of Books*）的创始人。作为《纽约时报》的自由撰稿人，他要对此次探险进行全程报道。与他同来的是比尔·贝尼森，也是此次探险的联合领导人和经济后援。

雨又开始下了起来，又是一场倾盆大雨，我缩在吊床下面写日志，写完后才加入大部队。大家都挤在厨房的防水布下。人人都在聚精会神地工作：约德把大量的照片下载到硬盘上，卢西恩和摄制组则忙着摆弄器械，他们不停地清理擦拭，努力让机器都保持干燥，还要用发电机给电池充电。前英国特种空勤团的人员都忙着砍竹子，以在厚厚的泥浆上铺出一条路。整个营区跟发了洪水一样，泥浆越来越多，都从防水布下面溢出来了。

雨下了一下午。那天晚上，我们像往常一样吃完冻干食品做的晚餐，继续待在防水布篷子下。一天的工作终于做完了，伍迪在地上挖了一个坑，想要点一堆篝火，他点燃了一卷浸上汽油的纸巾，以引燃架在上面的湿木头。但流进坑里的水越来越多，终于把那一点点可怜的火给熄灭了。

关于如何处理地窖里的文物，那天早晨大家产生了分歧。埃尔金斯当天晚上召开了一次全体会议。我们在聚集在吊灯下，围成了一个半圆，大家身上都散发着难闻的防蚊胺和霉菌的味道，我们一边喝着茶或咖啡，一边挥手驱赶蚊虫，雨点儿稳定而又有韵律地敲打在我们的篷子上，发出滴滴答答的声音。

埃尔金斯首先发言，他说这个遗址处于非常危险的状态，随时都有可能被洗劫。纵使我们没有找到它，盗伐的位置距离山谷入口也已不到16千米，很快就会向这边逼近。从那种意义上来说，我们是在保护这里免遭破坏，但这保护也只是暂时的。维尔吉利奥估计非法伐木将在8年或者更短的时间到达这儿，那样的话，这个地窖立刻就会遭到洗劫，损失估计会高达数百万美元之多。更糟糕的是，据洪都拉斯士兵报告，有个贩毒集团已经在丛林外山谷入口附近建了一条飞机跑道。知道T1位置的人已经很多了，埃尔金斯说，秘密已经泄露了；贩毒集团有钱，又有飞机，我们一走他们就会马上将这个地方洗劫一空。他认为我们小组至少应该带走一件艺术品，它可以证明我们的发现，也可以帮我们募集资金快速发掘这个遗址。“我们打开了潘多拉魔盒。”他说，现在我们有责任去保护这些文物。

比尔·贝尼森表示同意，他说带走一些东西并不会破坏整个遗迹，这是一种抢救式的考古发掘，带一件精美的文物出去，这个办法非常有利于我们吸引那些想要保住山谷及其遗址的人，让他们积极捐款。假如这个遗址真被洗劫了（似乎很可能），那么至少还有一件文物能被保存下来。

贝尼森说完后，费希尔开始发言，他拒绝妥协。“全世界都在密切关注我们的所作所为。”他提高了声音。他坚决反对仓促发掘，就算只挖掘一件文物也不行。他指出，首先我们没有发掘许可。其次，也是最重要的，文物之所以有价值，就在于它们是整个遗迹的一部分，而不是因为单个文物本身。博物馆里已经有很多这样的文物了，但从来没有人在现场挖掘过。如果让符合资质的考古学家对此遗迹进行严谨、合法的发掘，可以发现更多有关这个文化的信息。例如，通过化学分析，考古学家可以发现容器里是不是装着食物祭品，如巧克力或玉米。地下还可能有皇家墓葬，这就需要非常小心且满怀敬意地进行挖掘。他说如果谁要现在就挖掘，那么他就立即从这个项目中退出，因为这有违他的职业道德。

如果三周后这个窖藏被洗劫了，那要怎么办？贝尼森问。

“那也没办法。”费希尔说。他认为如果我们自己行的都是不法之事，又怎能期待别人遵纪守法呢。我们绝不能让考古界认为我们做事不专业。除此之外，他说，这也不是我们能决定的事，这又不是我们的国家，这些是属于洪都拉斯的国家遗产。这是他们的遗址，该由他们来决定是否发掘。但他还是祈求上帝，保佑洪都拉斯不要做出错误的决定，因为仓促地发掘不仅仅会招致整个考古界的反对，还会破坏这项发现的主要价值。

费希尔转向奥斯卡，用西班牙语问他：“你觉得呢？”

奥斯卡一直静静地听着。作为洪都拉斯考古部门的负责人，是否发掘的决定将由他和维尔吉利奥共同决定。奥斯卡用西班牙语回答说，他强烈支持费希尔的说法。他指出刚刚埃尔金斯提到的那些毒贩是一个威胁，但他们实际上也会拦住其他掠夺者，因为他们不想让掠夺者出现在自己的地盘上。“毒贩是这片无法之地的主人。”他说。密不透风的森林本身就是一道屏障；这些文物在这里约800年了，只要森林还在，那这些东西就会受到自然的保护。强盗们对更容易进入的地方更感兴趣，而且有比这更容易到达的地方。

毒贩不会费心洗劫这里；他们有更赚钱的生意要做。最后，他说，洪都拉斯军方已在讨论要派遣士兵入驻峡谷，并派人在山谷中巡逻，在这个政府过去管不到的区域建立起洪都拉斯政府的权威。*

奥斯卡和费希尔的观点最终胜出，大家决定一件文物都不拿，等合适的时候再认真挖掘。

会后，萨利碰了碰我的手臂，低声对我说："我太了解那些士兵了。我过去也当过兵。我敢说，危险不是来自毒贩或外面的掠夺者，而是来自那里。"他朝营地后方的兵营抬了抬下巴，"他们早就计划好怎么干了。在上面的时候，他们用GPS给每个遗迹都做了标记。他们在下游扩大了他们的着陆区。军队不会让抢劫犯进来的，因为他们就是抢劫犯。你们一离开，这些东西一周之内就会被洗劫一空。这种腐败现象我在世界各地都见过，相信我，这种事肯定会发生。"

他悄悄地跟我讲了这些，虽然我担心他说的可能是对的，但是决定都已经下了：地窖要原封不动地留下。萨利没有说出自己的看法，也没有和费希尔、奥斯卡分享这个看法。

回营地的小路已经变成了深至脚踝的黏稠泥浆。我在帐篷外脱掉衣物，挂了起来，然后才爬进帐篷。我拨去身上的恙螨，用刀把它们一只只戳死在书封上，至于进到衣服里面的沙蝇，则一只只碾死。我躺在黑暗中，浑身湿漉漉的，听着那些夜间出没的野兽在我的帐篷外走来走去，心想也许英国空军特勤团的人根本没有夸大人类在这个地方所面临的挑战。

*2015年3月20日，汤姆•卢茨在《纽约时报》发表了一篇题为《在洪都拉斯找到这座失落之城很容易》（*Finding This Lost City in Honduras Was the Easy Part*）的专栏文章。

Chapter 18

Quagmire

This was a forgotten place—but it ain't forgotten any more!

第十八章

困境

这曾是一个被遗忘的地方，但它再也不会被遗忘了！

像往常一样，雨林里又下了一整夜的雨，有时雨下得很猛烈，震耳欲聋。当我们伴随着吼猴的尖叫声醒来的时候，雨还在下。

我爬出帐篷，穿上湿乎乎的衣服，隔壁的埃尔金斯正在观察蜘蛛猴，这些小家伙的境况似乎和我们一样凄惨。埃尔金斯不知道这些猴子是怎么日日夜夜忍受这些没完没了的雨的。这本该是洪都拉斯的旱季，但在这个偏远的地区，这种奇怪的局部小气候却占了上风。

早饭时，我们讨论的话题变成了T3地区。因为天气不佳，我们不准备对T3进行空中勘测。如果天气放晴的话，费希尔想去北面约32千米的地方看一座城市，或者至少让他在空中看一下。

我们在等雨停。雨终于停了，空客AStar直升机也出现了，还带着另外两名探险队成员：马克·普洛特金（Mark Plotkin），他是著名的民族植物学家、亚马孙保护团队的总负责人，还是畅销书《萨满学徒故事集》（*Tales of a Shaman' s Apprentice*）的作者；另外一位是他的同事、哥斯达黎加国立大学的民族植物学家路易斯·波韦达（Luis Poveda）教授。他们希望能对T1峡谷里的植物进行记录和研究，特别是要研究它们和古代居民的关系；他们计划详细记录下前哥伦布时期遗留下来的植物，并鉴定出具有生物学价值的树木和药用植物。直升机刚一离去，雨又下了起来。我们收拾行囊又一次徒步前往废墟。这一次费尔南德斯背了一个巨大的塑料手提箱，里面装有价值12万美元的陆地激光雷达设备，这是一个带三脚架的机器，他打算用这个机器来扫描那个地窖。

在借助固定好的绳索、沿着湿滑的小径往上爬的时候，70多岁的波韦达教授从山坡上摔了下来，拉伤了腿部的肌肉，不得不让人抬回营地，一会儿再让直升机带着撤离。到达地窖时，雨下得实在太大了，费尔南德斯不得不等了一个小时，才敢把激光雷达从箱子里拿出来。他把机器固定在金字塔斜坡的底部（这个金字塔就位于石雕地窖的上方）。他头上顶着一张防水布，跪在泥巴里调试自己的笔记本电脑，以管理员的身份进入激光雷达装置系统中。大家都怀疑他的设备能不能挺过雨水的考验。几小时后，雨终于变小了，费尔南德斯这才揭开机器上的防水布，对遗址扫描了11分钟。他本打算从不同角度做六次扫描，从而构建一个完整的三维图像，但倾盆大雨再一次袭来，他不得不暂停工作，大雨最终耽搁了他今天的计划。费尔南德斯把装置留在原地，用防水布包裹好，打算明天再来完成扫描。当晚又下了一整夜的雨，我在熟悉的雨打帐篷声中醒来。此时，我的帐篷已经全部陷入了淤泥当中，水漫了进来，开始淤积。

早饭时，奥斯卡将他的手机拿给大家看，上面是他早上在吊床上拍的照片。他说，当时他正要把脚伸出去放到地上，“我突然有一种怪异的感觉”。他赶紧把自己的光脚丫子缩了回来，然后从吊床中伸出头察看地面。就在他的正下方，有一条矛头蛇正悠闲地爬过去，蛇的身子和他的吊床一样长。等蛇爬走后，他才爬下来穿衣物。

萨利瞥了一眼照片。“老伙计，这一天的开始可真不错。”他说着，把手机递给了下一个人。

一整个早上我都待在厨房的防水布下面，一边在笔记本上写东西，一边想着这日子过得可真快啊。再过几天，我们就得拆毁营地，打包行李，各奔东西。一种强烈的恐慌感向我袭来，我们其实连这座城市的表面都没看完啊。探索发掘一个城市是一项浩大的工程，往往需要花上好几年的时间。

这时候，我们的营地变成一个沼泽地，地上的泥巴有15厘米或者更深，有些地方则干脆变成了水潭。我们砍了一些竹子，铺在积水最严重的地方，可是只要一踩上竹子，它们就陷入了泥浆里面。

就算斯巴德砍下再多的竹子铺在上面，也都会被泥浆吞噬。

当天下午，天气突然变好了一段时间，足够我们对T3地区作一番快速的空中侦察。埃尔金斯和约德、费希尔加入了飞行。我也很想去，但没地方坐了。空客AStar直升机午后起飞，几个小时便回来了。

“看到什么了没？”我劈头就问埃尔金斯。

“太美了！难以置信的美！那里简直就是一个天堂！”飞行员几乎把飞机降到了地表，他们在一片沙洲上方1.8米处盘旋，约德趁机拍了一些照片。埃尔金斯说，T3峡谷的地势比T1更平缓更开阔，那是一片公园状的广阔区域，被清澈的河流一分为二，岸边有沙滩。河岸后方都是约2米高的草丛，草丛中四处矗立着巨大的树木。大多数的废墟遗迹都位于河流上方的河滩边，藏匿在森林中。山谷东面是一个陡峭的山脊，一条无名河穿过山脊中的一个缝隙，一路朝着远方的帕图卡河奔去；T3地区另外三面都有山峰环绕。他说那里没有明显的人类定居的痕迹：“我们只看到了森林和草原。”在返回T1之前，直升机只能在T3地区停留几分钟。

第二年，费希尔和费尔南德斯又对T3地区进行了更为认真的勘测。2016年1月中旬，洪都拉斯军方带他们乘直升机飞抵T3地区，直升机直接降落在了沙洲上。

“我们落在地上，”费希尔后来回忆道，“飞行员说我们有几个小时的时间。”但那些草太深太密了，他们花了一个半小时才走了300米远，那里的草茎不但粗还很硬，他们不断挥舞着砍刀开路。在这样的草丛里，什么都看不见，他们特别怕碰到蛇。等他们终于走出洪泛区，爬上河滩的时候，他们看到了令人惊叹的一幕。“这里到处都是广场，”费希尔说，“广场周围都是小土丘，我们所到之处都是广场和小土丘。它们比T1的大得多，非常非常大。当时应该有很多人住在这里。”T3峡谷和T1峡谷一样，向我们展现了另外一片从未被搅扰的荒野之地，没有任何证据显示近期有人类进入此地或有当地人在此活动。在我写这本书的时候，除了两次勘测之外，仍未有人对T3进行挖掘。

正午前后，普洛特金带着一只乌龟回到营地。我好奇地问他，作为一名雨林民族植物学家，他在山谷中看到了什么。“我们去了河的上游，”他说，“我们想看看近年来是否有人在那边定居，但我们什么都没看见。不过我们看见了很多有用的植物。”他说了一长串的名字：一种用来治疗癌症的姜；一种萨满使用的类似无花果的植物；巴尔沙树；他所见过的最大的雷蒙树，这种树的果实里面的果仁很有营养；大量的维罗拉木，可用于治疗真菌感染，也可以用作宗教仪式的致幻剂——鼻烟。“从这些植物看，近年来应该没有人类出没于此，”他说，“我想要找辣椒，但一个也没看见。也没有看见卡斯提尔。”他解释说，卡斯提尔橡胶树对古玛雅人很重要，玛雅人把它当作乳胶的来源，他们会拿卡斯提尔制作用于神圣球类游戏的球。他也没看见桃花心木。“为什么要在这边盗伐森林？”他的话再次印证了别人跟我说过的盗伐原因，“不是因为桃花心木，而是要清理树林建牧场。”

他还闯进了上游一个巨大的蜘蛛猴群里，这个群落比我们营地上面的蜘蛛猴家族要大得多。“这是第一批被猎杀的动物。”他说，“我们遇到蜘蛛猴的时候，它们非但没有逃走，反而跑过来看我们，这是很少见的。”后来有一次，费希尔在沿河向下游走的时候，闯入了另外一个大型的蜘蛛猴群落，这些猴子都坐在河边的树上吃花朵，它们朝他发出尖叫声并摇晃树枝。费希尔身上的灵长类动物特性被激活，他也朝着那群猴子号叫，摇晃猴子后面的灌木从，这些猴子则不断地向他扔花朵。

普洛特金对峡谷感触最深。他说他去过那么多的丛林，但从未见过这样的地方。“这显然是一片从未被搅扰过的中美洲雨林。”他说，“这个地方的重要性再怎么说都不为过。壮观的遗迹、原始的荒野，这个地方全都有。30多年来，我走过了无数美洲热带雨林，但我从没有来过像这样到处都是文物的地方。我也许再也遇不到第二个这样的地方了。”

我问他，作为一个雨林保护的权威，要怎么做才能保护这个山谷和遗址。他说这个是非常难的问题。“保护是一种精神实践，”他说，“这个地方就在那里，这里有着地球上最重要的、未被破坏的原始之地。这曾是一个被遗忘的地方，但它再也不会被遗忘了！我们生活在一个疯狂攫取资源的世界里。现在大家在谷歌地图上都能看到这地方。如果你们不采取行动保护它，这里很快就会消失。世间万物都是脆弱的。让我吃惊的是，这里居然还没有惨遭洗劫。”

“那么我们应该做点儿什么呢？”我问，“建国家公园吗？”

“这里本就是一个生物圈保护区。可是守护它的人在哪儿呢？人们把国家公园建起来，就觉得保护成功了。不可能。这只是漫长战争的第一步。这次探险也有一个好处，至少你们给这片地区带来了关注，也许这个地方还能够获救。否则，这些遗迹也留不了多久。你也看到了山谷外面滥砍滥伐的现象了吧，不出几年这里就会被全砍光。”

那一夜，雨又下了一宿。看到约德把一套带有便携式照明灯的摄影设备打包起来，然后把所有东西都背在肩上，我很吃惊。他说他对已经拍到的地窖照片都不满意。外面透进来的日光太单调了，他打算晚上和萨利一起去那里，这样他可以“用光给文物上色”。

这是一种很复杂的摄影技术，摄影师要把照相机架在三脚架上按快门，与此同时还要将光束从不同角度扫射到拍摄的物体上，还要给特定的细节打高光，增加戏剧感和神秘感。

“你疯了吧，”我说，“你要在伸手不见五指的黑夜里去那儿？那里到处都是蛇，还下着雨，你要蹚过没到你屁股的泥浆，还得背着上百斤的器械爬山。你会害死你自己的！”

他咕噜了一声，走进了黑暗中，他的头灯闪动了几下便完全消失了。我蹲坐在帐篷里静静地听着外面的雨声，很庆幸自己只是个作家。

晚上雨终于停了，2月24日的清晨就这样来了，这是个非常美丽的早晨，清晨的阳光扫过树冠。几个洪都拉斯士兵说他们在下游看见了岩画，就在河水流经山谷豁口的位置上。我们专门组织了一次探险去调查岩画。费希尔和他的团队决定利用好天气继续绘制遗址地图，而费尔南德斯则希望赶紧完成用激光雷达扫描地窖的工作。埃尔金斯和贝尼森则加入了我们去下游勘探的队伍，一起去的还有艾丽西娅和奥斯卡。

天气太棒了，我穿着沾满了泥巴、发了霉的衣服在河里清洗，然后站在岸边温暖的阳光下，张开双臂转过来转过去，想要晒干衣服，但结果却令人失望。经历了这么多个日日夜夜的雨水浸泡后，这衣服即便洗过，闻起来也是一股腐烂的味道。

空客AStar载着我们团队从我们的着陆点飞到下游洪都拉斯士兵的着陆点，也就是河流的交汇处。洪都拉斯的第二组士兵已经在那里安营扎寨了，他们用防水布和棕榈叶搭建帐篷，砍下竹子做顶棚。这是唯一一个可供洪都拉斯贝尔直升机着陆的地方，这些士兵的工作是协助我们运送补给，他们的另一个任务就是作为我们上游团队的后备军。他们拿着一扇鹿肋骨和两个鹿腿在火上烤，看来禁止打猎的规矩还没有制定好。

我们向河的下游走去，埃尔金斯一瘸一拐地走着，戴着提利户外帽，拿着手杖在河里面涉水而过。沿着这条神奇的河流而下的旅程是我一生中最美丽和难忘的旅程之一。我们大都是在河中涉水，尽可能避免走植被茂密的河岸，那里是毒蛇最喜欢的居所。（毒蛇在水中比较容易被看到，而且水里的毒蛇也比较少。）雪白的积云飘浮在干净的蓝天上。两河交汇处的下方是一片开阔的草地，我们环顾四周，看清楚这片地的形状，如此好的视野在这片地区可是第一次。四周的山脊在我们面前形成了一个弧度，覆盖着树木；交汇在一起的河流在山脊脚下急速右转，然后突然左转，冲入群山，冲过峡谷。这也是我们第一次清楚地看到树木的树冠。在雨林中，你是看不到树梢的，对树的样子也没有概念，这些树有多高，它们的形状如何，统统都不知道。

穿过这片地区，我们在河中涉水而行，继续往下游走。一棵树横着倒在了河里，乱七八糟的树枝有的浸在河里，有的伸出水面。有毒的红蚂蚁排成一队兴奋地在树干上爬着，它们把树当成了桥。我们慢慢地、小心翼翼地穿过由树枝织成的罗网，非常小心地不去打搅那些蚂蚁。幸运的是，到目前为止还没有人碰过这些蚂蚁，否则我们就得撤离，糟糕的话可能还得马上送医院。这条河在山脊处转了个大弯，沿着一处陡峭的石头斜坡流了下去，斜坡上茂密的雨林树木笼罩在河流上方，幕布一样的藤蔓和树根垂了下来，落入河水中，随着水流摆动。河水晶莹剔透，但却被我们搅浑了，河中盛开起一朵朵浑浊的花，河底掀起的红褐色淤泥就像一朵朵乌云。有些地方的河面变窄，水流变得又急又深，不能涉水而行；这时候我们就被迫上岸，洪都拉斯的士兵用砍刀为我们开道，他们十分老练地挥舞着砍刀，刀锋发出划过空气的唰唰声、砍击树木的咔咔声和折断植物的咔嚓声，每种植物被砍的时候都伴随着不同的声响。

林木茂密，我们依然看不见自己的落脚点，对蛇的恐惧也如影随形在脑海中挥之不去，我们还真看见了一条蛇，这是一条美丽的珊瑚蛇，身上混杂着明亮的红色、黄色和黑色，在草丛中蜿蜒滑行。这种蛇咬人的时候，会给人注入一种强效的神经毒素，但它和矛头蛇不同，珊瑚蛇胆小羞怯，不愿意攻击人。

有几处河水特别湍急，士兵们手拉手构筑了一道人桥，为了生命安全，我们在穿越急流的时候只能紧紧地拉住他们。我们到达山谷后，看到了山谷中有人生活的证据：一片破败的野生香蕉树，这是我们看到的人类历史上第一次占领这片山谷的证据。这些香蕉树不是本地植物，它们起源于亚洲，被西班牙人带到了中美洲。在山谷里，这是我们见到的唯一一个后征服时代人类居住的痕迹。

我们来到豁口附近，两道长满林木的斜坡相交成一个V形缺口。河流在这片惊人的美丽之处转了个九十度的弯，浓密的花丛变成了茂盛的草甸和沙滩。河水流过圆圆的卵石，发出乐曲般美妙的声音，流至玄武岩的山脊处突然跌了下去，形成一道瀑布。溪水边的浅滩上生长着肥美的血红色水生花。

从转弯处开始，河水像一条笔直的大道，穿过豁口，水流变得更急、更深，飞溅过大石块和倒在河中的树木，横扫过沙砾河滩，在阳光下泛出粼粼波光，闪着斑驳的光亮。两边雨林里的巨大树木笼罩在河流上方，将河道变成了一个巨大的“洞窟”，金刚鹦鹉、青蛙和昆虫的鸣叫声在“洞窟”里回荡着。雨林中令人恶心的味道也消失了，取而代之的是清澈的水的味道。

来到峡谷的豁口时，我们大多数人都停下了脚步。埃尔金斯在河边一块平坦的大石头上舒展筋骨，想要借着难得一见的阳光把自己晒干，而且他也担心继续前行可能会让自己受伤的腿雪上加霜。奥斯卡砍下一些大树叶，把叶子铺在地上弄了一张床，在上面打了个盹。我决定和贝尼森、三个士兵以及摄制组继续沿河往下游走，寻找岩画。

出了豁口，下游的河床更加危险，到处是齐腰深的急流、隐藏的巨石，水底遍布树枝和凹坑。很多地方都有巨大的树横倒在河上，树木上面覆盖着厚厚的苔藓，挡住了豁口。有些地方的水流十分湍急，我们只能爬上陡峭的堤岸走陆路。河边有一条动物踩出的隐约可见的小径，士兵们认出上面有貘的粪便和美洲豹走过的痕迹。河水在悬崖峭壁间欢快地流过，河面上掩映着树枝，河水的颜色越来越深，显得很神秘，令人心生不安。很多巨石从水中突出来，但我们并没有找到岩画；士兵们怀疑是因为河水上涨淹没了石刻。河水变得更深了，两边的崖壁也陡峭到无法攀爬，我们决定回去。有那么几次，我真害怕有人会被水冲走。

我们刚回到豁口，就看到贝尼森在穿过一片较深的水域时差点儿被急流卷走。埃尔金斯伸出脚让贝尼森抓住，救了他一命。看到我回来，埃尔金斯悲伤地把他的手机递给我，他的手机非常烫——手机掉水里了，更糟的是，他没有把充电口的防水盖完全关紧，结果手机烧毁了，探险途中拍摄的所有照片都没了，这次探险可是他20多年的心血和成果啊！（他后来花了一年多的时间联系手机公司，想恢复照片，但没有成功，这些照片永远地消失了。）

我们走回洪都拉斯军队的着陆点，搭上空客AStar直升机飞回营地。抵达营时地，伍迪告诉我们未来几天的天气恐怕会更糟糕。为了不让大家陷入困境，他决定提前一天撤离。他说已经给我安排了回程航班，一小时后准时离开；这期间，我得抓紧时间拆掉自己的营地，打包好行李，带着设备到着陆点等飞机。听到这个消息我既惊讶又失望，但他告诉我这是正式的撤离计划，我们必须照做。就连埃尔金斯也得当天撤离，伍迪拍了拍我的肩膀说："很抱歉，老兄。"

直升机抵达的时候，树冠上正笼罩着金色的阳光。我十分沮丧，我都要走了，天气却终于放晴了，但我还是幸灾乐祸地想，一会儿大雨就会再来，这些有幸留下的人有得受了。我把背包扔进篮子，登机、系安全带、戴上耳机。一分钟后我们便飞上了天空。直升机斜着身子从着陆点飞起来，加速上升后，直升机飞过树冠朝山谷豁口飞去。照射在湍急河水中的阳光，瞬间把溪流变成了闪亮的弯刀。

当我们在震耳欲聋的轰鸣声中穿过山谷时，一种悲伤的情感笼罩着我。这里不再是一片未知之地了。经过发现、发掘、制图、测绘、踏足、拍摄之后，T1终于不再是一个被遗忘的地方了。尽管我很高兴能成为这第一批幸运儿中的一员，但我也觉得我们的探险会削弱它，会剥夺了它的秘密。不久，山峦清晰的轮廓映入眼帘，到处是缕缕炊烟、铁皮屋顶闪闪发光的农场、小径、公路和点缀着牛群的牧场。我们回到了"文明世界"。

Chapter 19

Controversy

These are our ancestral fathers.

第十九章

争论

这些是我们的祖先。

我们走下直升机，机场的柏油跑道散发出干燥的热气。对于从刚从湿答答的雨林回来的我们来说，这真是一种天赐的恩惠，让人不由地放松下来。守卫飞机跑道的士兵看到我们浑身湿漉漉的，上下都是泥巴，都吃了一惊，他们说卡塔卡马斯一点儿雨都没有下，而这里距离雨林也就110多千米。在请我们进入小货车前，他们礼貌地要求我们冲掉身上的污秽。我用一根棍子把靴底的泥巴刮掉，再冲了足足5分钟的水才把那些黏土给弄掉。回到酒店，我给妻子打了个电话，然后冲了个澡，换上干净的衣服。我把散发着恶臭的脏衣服捆成一捆放进了洗衣袋里，送到酒店洗衣房，这么臭的衣服不知道谁会洗到，心里有点儿歉疚。我躺在床上，把手垫在脑袋下，虽然全身上下都是虫子叮咬的痕迹，但这时隔8天才再次享受到的干爽感还是稍稍缓解了不得不离开T1的郁闷。

最终我来到了游泳池旁，埃尔金斯也在，我们俩窝在塑料椅子里，点了瓶冰镇的罗亚尔港酒。他看起来很疲惫。“每个人都能安全离开，这真是个奇迹。”他说着用手帕擦了擦自己的额头，“没有人被蛇咬，上帝啊，这可真不容易啊！我本来只有一个目的：证实‘白色之城’的传说，或者证明‘白色之城’并不存在。刚开始只有这个愿望，但它却带来了这么多的东西。或许这正是猴神所希望的，所以它才引着我们去。”

“你觉得呢？‘白色之城’的存在证实了吗？”

“嗯，我们确实证实了莫斯基蒂亚曾居住过大量的人口，他们创造了可以和中美洲其他文明相媲美的复杂文明。如果我们可以跟洪都拉斯政府一起保护这个地方，我觉得那才算是真正的成就。要做到这一点儿需要时间，也许要一直努力到我生命的尽头。”

那一晚，维尔吉利奥过来跟我们一起吃晚餐。我们乘坐飞机飞过雨林时，看到雨林里到处是盗伐树木的痕迹，我向维尔吉利奥问起盗伐的情况。他对所看到的一切感到震惊和担忧。他说幸亏我们在关键时刻发现了遗址，在非法伐木和盗掘到来之前找到了这里。他已经和总统讨论过这个问题了，总统下决心要阻止并打击盗伐行为。他摊开手说："洪都拉斯政府会致力于保护这片区域，但是他们没有资金，我们急需国际支持。"

国际支持很快就来了。一年后，保护国际基金会考虑要将此地设为保护项目，该组织派遣特朗德·拉森（Trond Larsen，生物学家，同时也是保护国际基金会快速评估项目的主管）到T1地区，调查这个山谷中的生物学意义有多重要，是否值得特别保护。保护国际基金会在全球重要保护工作方面发挥着带头作用，他们与政府和其他组织一起合作，拯救具有高度生态价值的地区。它也是当今全世界最有成效的保护组织之一，在该组织的保护下，遍布78个国家的7.3亿公顷的土地、海岸和海洋区域得到了妥善保护。

拉森乘坐洪都拉斯军方的飞机进入山谷，走了8千米的路程，对山脊进行调查，他还沿着无名河向北、向南考察了一番。他关心的只有生物，对考古学没有兴趣。

这次探访让拉森颇为感叹。"对于中美洲来讲，这里是独一无二的"，他告诉我说，这是一个"原始的、未受到干扰过的森林"，里面有"很多古老的树木"，这里"很长一段时间都没有人类的踪影"，这段时间也许长达500年之久。他说，对于美洲豹来说，这显然是一个完美的栖息地，因为这里到处都有美洲豹走过的痕迹。他还提到，这也是很多敏感雨林动物的理想栖息地，特别适合蜘蛛猴栖息。"蜘蛛猴数量众多，这本身就是一个很好的指标，说明森林很健康，”他对我说，“蜘蛛猴是最敏感的物种之一。这迹象证明已经有很长一段时间没有人类出现过了。”他跟著名的灵长类动物学家拉塞尔·米特麦尔（Russell Mittermeier）分享了自己拍摄的蜘蛛猴照片。米特麦尔对此很感兴趣，他觉得这些猴子身上的斑纹白得不同寻常，它们很可能属于某个未知的亚种，不过他也很谨慎地表示他需要活的标本才能确定是否如此。

这次短暂的探险深深地打动了保护国际基金会，所以他们的副主席（演员哈里森·福特，Harrison Ford）给洪都拉斯总统埃尔南德斯写了一封信，称赞他在保护雨林方面所做的努力。福特写道，保护国际基金会判定这是“美洲最健康的热带雨林之一”，T1山谷及其周围是“不同寻常的、全球最有意义的生态文化宝藏”。

从雨林出来的那晚，维尔吉利奥就告诉我，总统希望尽快将我们在T1发现遗迹的消息告知全世界，在谣言和不可靠的故事传出去之前就发布。他问《国家地理》杂志能否在它的网站上发布一些信息。第二天，我就给《国家地理》杂志提交了一篇800字的小故事，该故事刊登在2015年3月2日的那一期上。故事的部分内容如下：

独家报道：洪都拉斯雨林中发现失落之城

在寻找传说中的“猴神之城”神话的过程中，探险家发现了一种已消失的文明所留下的不为人知的废墟。

一支探险队从洪都拉斯的丛林中出来之时，带来了惊天大新闻：神秘文明的失落之城被发现了，而且从未被发掘过。追寻着传闻，探险队来到了偏远的、无人居住的地区，找到了故事中的“白色之城”，也就是传说中的“猴神之城”。

> 考古学家调查并绘制了数量众多的广场、土方建筑、土丘和土金字塔地图。这些遗迹属于1000多年前的一种文化，该文化曾经非常繁荣，但后来却消失了。该探险队于上周三从遗址返回，他们还发现了一个引人注目的地窖，里面藏有很多石雕。自该城被遗弃以来，就再也没有人触碰过这些东西。

这个小故事触动了公众的神经。此事迅速传播开来，共有800万人浏览过这条新闻，社交媒体的转发达数十万次，成为《国家地理》杂志有史以来第二受欢迎的在线文章。这个故事引起了人们的注意，成了洪都拉斯和中美洲各国的头版新闻。不可避免的是，许多新闻媒体报道说，“白色之城”被发现了。

埃尔南德斯总统担心有人会找到遗址的位置，于是命令一批全职军人守卫遗址，防止有人过来掠夺。几周后，他乘直升机亲自前往遗址查看。总统返回后，对外保证他的政府会“尽一切所能”来保护山谷及其周边区域。他承诺要制止正在向山谷蔓延的盗伐行为。“我们洪都拉斯人，”总统在演讲中说，“有义务保护我们的文化和先祖的宝藏。我们要了解之前的文明，还要向他们学习；这些是我们的祖先，他们丰富了我们的民族。为此，我的政府要尽一切可能来调查和发掘这个新的考古发现。”

佛蒙特州的参议员帕特里克·莱希（Patrick Leahy）对洪都拉斯特别感兴趣。他曾在参议院发表演说呼吁美国政府支持洪都拉斯“保护和保存”T1遗址。

这件事持续发酵，争议出现了。特兰西瓦尼亚大学的丛林考古学家克里斯托弗·贝格利和伯克利大学的罗丝玛丽·乔伊斯发表了一封公开信，对这次探险进行了批评，他们还邀请同事和学生签名。

信上说这次探险夸大了遗址的重要性，发布了一份“不实的发现声明”；这次探险也没有对莫斯基蒂亚过去的考古研究表示感谢；他们还认为探险队不尊重当地土著，因为探险队不承认当地人早已经知晓该遗址的存在。这封信还对发表在《国家地理》杂志和《纽约客》上的文章进行了抨击，说这些文章展示了“代表过时的、恶劣的、带有种族优越感的修辞元素”，并且“与人类学在包容性和多样性方面所做的大量努力背道而驰”，这感觉就像是回到了过去糟糕的殖民主义者印第安纳·琼斯（Indiana Jones）的考古时代。

这封信有些地方是对的。文中的某些表述确实和过去的考古做法有关，如今的考古学已经摒弃了这种说法。令人悲哀的是，直到最近，许多考古学家在进行实地考察时还表现得极为迟钝和傲慢，无视原住民的感情、宗教信仰和传统。他们未经许可便发掘坟墓，有时还对刚刚下葬的坟墓进行盗掘。他们把人类遗骸和有纪念意义的墓葬品放在博物馆里公开展览。他们还抢走了他们没有合法所有权的神圣物品。他们称印第安人的文化为“史前文明”，就好像在欧洲人到来之前印第安人根本就没有历史一样。这些人向当地人讲述当地人的过去、他们来自哪里，否定印第安人的原始信仰，只把它当作神话。这些欧洲人声称“发现”了当地人已经熟知的遗址。而最严重的冒犯之处则在于，他们认为欧洲人首先“发现”了新大陆，说得好像在欧洲人看到这些原住民之前他们根本就不存在一样。像“失落之城”和“失落的文明”这样的词语确实和过去的考古做法有关，这也确实让人觉得不舒服。

我基本上同意这一观点，我也很高兴看到现代考古词汇变得越来越微妙和敏感，但对于像我这样撰写与考古学有关文章的外行人来说，这确实是一个挑战。要想说得通俗易懂，那就很难找到别的词来替代像“失落”“文明”和“发现”这样的表达。

然而这封信远远超出了对文章措辞的批判。它还批评了探险队对莫斯基蒂亚过去的考古研究一无所知（或是故意忽略过去的研究），这种指控勾起了一些学术机构对此次探险活动的怒火。这种指控毫无道理。埃尔金斯和他手下的研究人员对洪都拉斯和美国的相关档案都做过研究，过去一个世纪的文章、报道、照片、地图、日志、记录和手稿，只要和莫斯基蒂亚有关的，不管是发表过的还是未曾发表过的，他们全都复印了一份。2013年，我给《纽约客》写了一篇文章报道贝格利和他的研究工作，这篇文章大量引用乔伊斯和其他考古学家的研究成果，并对莫斯基蒂亚的考古学做了全面的介绍。这次给《国家地理》杂志写的报道和那篇文章是一系列的。谁的成果都没有忽略掉。

贝格利说探险队员没有一个人联系过他，这个说法也有待商榷。20世纪90年代后期，汤姆·温伯格就曾邀请贝格利来帮助自己（有一系列的电子邮件和报告为证），但是后来埃尔金斯没让他参与项目。2012年的激光雷达勘探获得成功之后，贝格利也给埃尔金斯发过几封电子邮件，自我推荐参与考察，邮件中写道：“若能为地面实况考察或其他任何工作尽绵薄之力，我将不胜荣幸。”在其他项目参与人的建议之下（因为下文所述原因，该成员请埃尔金斯拒绝贝格利的自荐），埃尔金斯拒绝了他的自荐。

《美国考古学》（*The American Archaeology*）杂志派记者查尔斯·波林（Charles Poling）报道了这场争论。他采访了贝格利和其他几位联合签名者。贝格利对联名信中的指控又详细阐述了一番。他告诉波林：“这处遗址实际上和考古学家多年前在那里找到的其他遗迹并没有什么不同，不论是大小还是地面的石雕，都没什么不同。这有什么值得宣传的？”他反对让电影摄制组参与挖掘，他管这叫“B级幻想电影”，这种电影的目的是重现“伟大的英雄探险家”的形象。他还说虽然自己不了解这个遗址的位置，但他“确定当地人知道这个遗址及其所在地区”。他还暗示说他本人可能也发掘过这些废墟。其他签名者也表示了蔑视的态度。乔伊斯告诉《美国考古学》杂志，在她看来这次探险是一次“探险幻想之旅”。宾夕法尼亚大学研究洪都拉斯地区的民族植物学家和文化地理学家马克·邦塔（Mark Bonta）在评论此次探险时也表示：“头一天还说是‘白色之城’，第二天就变成了亚特兰蒂斯，就像是场真人秀。”另外一位联名者叫约翰·胡普斯（John Hoopes），他是堪萨斯大学人类学系系主任，也是研究古洪都拉斯文化的权威人士，他在自己的脸书上放了一张UTL之前发布的T1激光雷达图像，并嘲笑它的规模太小。“洪都拉斯的‘失落之城’都跟小人国一样大吗？”他讽刺地问道。贝格利和其他人也跟着嘲笑遗址的规模，直到后来费尔南德斯指出胡普斯误读了激光图像上的比例尺，把比例尺看小了一个量级，把1000米看成了100米。

《美国考古学》的记者指出，多年来，贝格利自己也一直带着电影制片人和名人来莫斯基蒂亚的遗址，之前还发表了他对“白色之城”和“失落之城”的研究，并且他个人网站上的一篇文章还说他就是“考古界的印第安纳·琼斯”。他这样做与探险队有什么不同？贝格利回答说：“我不是反对大众媒体。我是做了，但我做的有所不同。”提到这次探险，他说：“这种寻宝、寻找失落之城的心态只会将考古资源置于危险之中。”贝格利后来又在博客中抱怨这次探险，还将此次探险比作“小屁孩拍幻想电影”，并且还说“大多数学者都对这种殖民主义者的调调感到恶心”。

这把参与此次探险的10位博士科学家都震惊到了。这次批判的程度早已超出了寻常的学术争执和对文章用词的质疑，让他们惊讶的是，这些提出批评的学者从来没有到过这个遗址，也不知道它在哪里，却做出如此笃定的结论。但他们明白这封信有20多位教授、学生签名，署名的还包括受人尊敬的乔伊斯和胡普斯，这样的信一定要认真对待。在看到信中的事实错误后，为了应对这些人的批评，费尔南德斯、克里斯·费希尔及艾丽西娅·冈萨雷斯就起草了一份常见问题释疑，试图回应他们的批判。“我们的终极目标是让人们重视这个濒危地区的丰富文化生态遗产，吸引国际合作和资源来这里来展开有效的保护……我们的团队强烈希望考古学家和其他关心洪都拉斯及其独特文化遗产的人士加入我们，一起努力。要实现这个目标，所有的参与者当同心协力、通力合作。”这封信指出在T1和T3发现的遗址中，“在此之前，没有一处曾记录在洪都拉斯政府的文化遗产数据库中”。

很多新闻媒体机构，包括《华盛顿邮报》（*The Washington Post*）和英国《卫报》（*The Guardian*）都刊登了质疑此次探险的文章，这些文章反复强调对我们的指控，还引用了贝格利和其他人的话，对发掘的意义及遗址是否存在表示质疑。“有意思的是，”费希尔在给我的信中写道，“我把常见问题释疑拿给记者们看，但很多记者都不想读。他们只想从参与探险的人身上得到一些八卦新闻，好给这次争论煽风点火。”

“我觉得我们好像在受审，”艾丽西娅在给我的信中写道，“他们怎么敢这样？垃圾！”

费希尔对《美国考古学》杂志说这项指控简直是“荒谬至极”。“我们的工作是为了保护那个区域。我们正准备将材料整理成学术成果出版。激光雷达地图显示的是数字化的考古特征。我们的首要目标是实地确认在激光雷达上看到的东西。我不认为这是在冒险。”他特别反感贝格利把他称作“寻宝者”，在考古界里，这种称呼是赤裸裸的侮辱。费希尔对我说：“贝格利有哪个成果是经过同行评议的？他有什么学术成果？一篇专家评议过的文章都没有！他还宣称自己到过那些废墟，他的地图在哪儿？他的遗址报告在哪儿？”费希尔继续说：“进行考古研究时，你得勘测、绘制地图、拍照、做笔记，等等。如果他（贝格利）知道那些位置的话，那他应该将这些资料移交给洪都拉斯人类学与历史研究所，因为这是他们的文化遗产。不这样做的话就是殖民主义，就是不道德的。”但据洪都拉斯人类学与历史研究所证实，在过去20年中，贝格利并没交付任何工作报告，这违反了洪都拉斯的法律规定。

美国国家地理学会刊发了探险队的回应：“我们希望广大同仁能意识到此次项目的重大贡献以及它所带来的关注，它不仅仅是对整个学术界有贡献，对洪都拉斯政府及其人民，更是有重大意义。我希望我们能团结起来，对这个地区展开更好的学术研究。”

维尔吉利奥以洪都拉斯人类学与历史研究所所长的身份写了一封信，对探险表示支持，探险队把这封信和常见问题释疑放在一起发表。私底下他也对这些学术攻击感到心烦意乱。他告诉我说，他查阅过洪都拉斯人类学与历史研究所的记录，记录显示自1996年以来，贝格利一直在进行“非法”研究和科考，还数次带名人、电影制片人、记者和探险旅行者到荒僻的考古遗迹，以此来牟利，可他并未获得洪都拉斯的考古许可。我写邮件问贝格利是否能反驳这个严重的指控，但在往来的邮件中他却不愿意反驳或反驳不了，只是说我被“误导”了。他写信辩称：“我在洪都拉斯的一切旅行，要么得到了必要的许可，要么这些旅行活动不需要得到法律的许可或洪都拉斯人类学与历史研究所的许可。”他拒绝提供任何细节信息，也不澄清他自1996年以来在洪都拉斯的工作是属于考古性质、商业性质还是旅游性质。在给我写的最后一封信中，他说：“我希望这封信能打消您的质疑……对于这件事我能说的只有这些。”

维尔吉利奥对我说：“他们之所以批评，是因为他们没有参与进来。拜托！他们应该说，‘我们怎样才能参与进来，怎样才能贡献一己之力？这个项目是为了我的国家洪都拉斯，为了我们的子孙后代’。”

费尔南德斯沉思了片刻，冷淡地说：“他们不高兴是因为我们分走了他们的蛋糕。”

最开始的时候，反对者似乎只是出于对学术纯粹性的担心，或对遗址所在位置存在错误的猜测（不知道他们是不是故意作此错误猜想），但最后我才明白这次学术争论有一些深层次的原因，一位不愿透露姓名的署名人无意间向我透露了这一点。有很多署名者都是塞拉亚政权的支持者。2009年的军事政变推翻了塞拉亚的统治，新政府开除了前洪都拉斯人类学与历史研究所所长达里奥·尤拉克（Dario Euraque），顶替他的就是维尔吉利奥。此人还向我抱怨道，因为政变，现任洪都拉斯政府是个非法政府，维尔吉利奥也是洪都拉斯人类学与历史研究所的“非法所长”，而且“我是不会和他一起工作的”。在康涅狄格州三一学院任教的尤拉克（也是主要批评者之一）向《卫报》抱怨说这次探险是非常“不着边际的”，是一场公开作秀，他还宣称这次探险连一个“有名有姓的考古学家”都没有。

所有这一切都说明，这封抗议信，在一定程度上就是间接对洪都拉斯现任政府发动的攻击。政变及其余波是如何让洪都拉斯的考古界充满愤怒和分裂情绪的，从这个例子便可见一斑。一旦我们于2016年开始挖掘遗址，证明政变影响考古学界的证据就会更多。但很多联名信的签名者不愿意停止争执，还在继续诽谤这个项目。

Chapter 20

The Cave of the Glowing Skulls

The key in tying together the Americas.

第二十章

发光头骨之穴

这些区域才是“连接美洲的关键”。

我们短暂的废墟探寻活动仅仅是一个让人们了解遗址及其宝藏意义的开端。要等到第二年旱季我们团队重返丛林时，才能对地窖进行挖掘，揭示它的秘密。但在我们能够了解失落之城本身的重要性之前，还有一个亟待回答的问题：建造这些遗址的人是谁？答案就藏在卡塔卡马斯北部阿加尔塔山的塔尔瓜山洞中。

1994年的4月，两个住在卡塔卡马斯的美国和平队的志愿者，提摩太·伯格（Timothy Berg）和格雷格·凯布（Greg Cabe），听说塔尔瓜河边有一些山洞，就在城外6.4千米的山上。当地人很喜欢到这些山洞里野餐，这两人心生好奇，想要一探究竟。伯格和凯布还带上了两个洪都拉斯本地的朋友德西德里奥·雷耶斯（Desiderio Reyes）和豪尔赫·亚涅斯（Jorge Yáñez）。他们搭便车直至车不能再往前走了，才下车沿河徒步而上。他们要探索的是最大的山洞，这个洞是一个巨大的裂缝，位于石灰岩峭壁上约30米的地方。一条地下小溪从洞口处奔泻而出，跌入下方的河流中。

这几个人爬上洞穴，走在浅浅的溪流里，打着手电筒在里面探险。这个洞穴空间很大，地面平坦，很容易就能走进山腹。进去不到1千米，有人就发现洞穴里有一个高出地面3.6米的突出平台，看起来似乎通向别的什么地方。他们先推一个人上去查看了一下，然后这个人又把另外一个人拉了上去。

两个年轻人惊讶地发现高台上散落着前哥伦布时期的文物，其中就包括破陶罐。似乎都没有人爬上来过，至少在近代历史上是没有人来过的。当他们四处搜寻更多陶罐碎片时，又发现了另外一个6米高的高台。高台后面有一个神秘莫测的洞穴。

三周后，他们带着梯子和绳索来到第二个高台处。不出所料，从高台后面的洞穴进去，又是一个新的洞穴系统。他们站在入口处，看到了令人难以置信的一幕。伯格后来写道：“我们看见很多微微发光的骨头散落在通道的地面上。大多数的骨头都被固定在某个地方，我们还看到很多陶瓷的和大理石的容器。除此之外，还有许多很壮观的东西，如隐藏的裂缝中的大量骨头和蒙着厚厚粉尘的陶瓷碎片。”头骨被诡异地排成一列，上面结了一层白霜，还覆着一层闪闪发光的方解石水晶。

他们还发现了一处壮观的藏骨堂，这是继科潘发现以来洪都拉斯最重要的考古发现之一。

巧合的是，在这座藏骨堂被发现之时，埃尔金斯和摩根正在洪都拉斯拍摄和搜寻“白色之城”。当时他们正在洪都拉斯毗邻罗阿坦岛的圣埃伦娜岛上，拍摄考古遗址的发掘工作。埃尔金斯接到了海尼克打来的电话，海尼克通过自己的消息网得知了藏骨堂的发现。在回程的船上，埃尔金斯和他的小组激动地讨论布满晶体的头骨有什么含义。摩根给这个遗址起了个名字：发光头骨之穴。虽然这个名字并不完全准确（头骨实际上并没有发光），可它一提出来就被人们接受了，这一名字也使得这个遗址广为人知。

年轻的发现者向时任洪都拉斯人类学与历史研究所所长乔治·哈斯曼汇报了这次发现。哈斯曼一直在和埃尔金斯一起研究“白色之城”项目，他们两个人讨论该如何去处理这个遗址。埃尔金斯那时正在飞往洛杉矶的路上，他立即汇款给洪都拉斯人类学与历史研究所，这样该所就有足够的经费雇人保护洞穴，防止被抢，同时还能开展一些初步的调查研究。在哈斯曼进入洞中之时，他被眼前的景象惊呆了。他和埃尔金斯联系到著名的玛雅洞穴考古学家詹姆士·布雷迪（James Brady）。1995年9月，三人联合洪都拉斯和美国有关部门，对此史前墓地进行了考古发掘，布雷迪担任首席考古学家。

布雷迪及其团队对藏骨堂进行了发掘，里面有着迷宫一样的洞窟、壁龛、装满了骨头的侧洞。深入这个复杂的洞穴系统，他们又在一个内室的顶部发现了另外一个洞，他们爬了上去，进入这个看似是中心墓室的地方。这个洞穴有30米长、3.6米宽、7.6米高。他们打着手电筒在墓室四处查看，发现一个摄人心魄的空间：错综复杂的钟乳石、石笋和半透明的方解石薄片，就像是打着褶子的帐幔从房顶垂落下来。每个高台、缝隙和架子上都塞满了人骨和裂开的头骨，上面都覆盖着白霜一样耀眼的白色晶体。骨头在热带地区极少能长期保存，但在这样的情况下，方解石涂层保护了这些骨头。“我们从来没有看见或者听过有如此大规模的骨骼材料被保存下来。”布雷迪写道，“考古记录一目了然地呈现在我们面前，等待我们去研究。”

骨头之间摆放着一些精美绝伦的艺术品，有精美的大理石、绘着图案的陶碗和罐子，还有玉石项链、黑曜石刀具以及矛头。有些陶碗的底部打了孔，这在前哥伦布时期是一种奇怪而又普遍的习俗，把放在坟墓里的东西“杀死”，释放它的灵魂，这样它就能跟随主人进入阴间了。

布雷迪和他的团队认为这些骨头堆属于二次安葬。死者的遗体本来是安葬在其他地方，血肉腐烂掉后，这些骨头就被移了出来，刮擦干净，涂上红赭石，然后被带到洞穴和陪葬品堆在一起。很多文物都是后来才增添的，是在几年后祭奠死者的时候添加的。

从发现此处洞穴到布雷迪展开调查，中间隔了几个月，尽管有安保措施，但蓄意破坏者和盗掘者还是毁掉了很多古代遗物。布雷迪最近告诉我说：“甚至就连我们还在那边调查时，他们也会跑进去洗劫一番。每次我们一离开，洞穴的损毁就会更甚一步。他们在里面胡乱翻找，把骨头都打成小碎片，想要找一些财宝。”

这次发现非常惊人，但真正令人震惊的是，在对这些骨头进行碳年代测定的时候，发现最古老的骨头距今已3000多年了，这比所有人预测的时间都要古老得多，这个墓葬使用的时间也持续了1000多年之久。这个藏骨堂成了人类在洪都拉斯存在的最早证据，也成了中美洲最古老的考古遗址之一。

布雷迪回忆说，工作进行了几天后，“我突然产生一个想法：这不是玛雅的墓葬形式”。虽然这个洞窟位于玛雅王国的边境，但它看起来似乎属于一个完全不同的未知文明。虽然玛雅人也把死人埋在洞窟里，但这里放置骨头的方式、遗留下来的文物种类和玛雅洞穴中的完全不一样。这个藏骨堂属于一个更复杂的文明，它具有复杂的社会阶层和高超的艺术成就，这个文明的时间早得令人吃惊，它甚至比玛雅王国还早。布雷迪说：“如果我们知道这些人是谁就好了！”

布雷迪说，玛雅和这些未知的种族似乎有相似的宇宙观。这两种文化“都重视神圣而又充满生命力的地球，认为它是宇宙中最重要的力量”。旧大陆的人认为死人会进入天堂，而中美洲的人相信死人会生活在地上和山间。洞穴是神圣的，因为洞穴是通向地下世界的直接通道。生活在地下的祖先会继续护佑着活着的人，守护他们。活人深入洞穴、留下祭品、举行仪式和进行祈祷，通过这样的方式与死人交流。洞穴本质上是一个教堂，是生者向祖先祈求恩惠和庇佑的地方。

“发光头骨之穴”以及在同一时间发现的相似的藏骨堂，是证明人类在洪都拉斯生活过的最古老证据。千年后，我们在莫斯基蒂亚发现了T1和T3，这些人是T1、T3建造者的祖先吗？

“见鬼，我不知道，”布雷迪说，“我们处在这无知的海洋中，对此一无所知。当然了，莫斯基蒂亚距离边界更遥远，更鲜为人知。”他还说：“我们找到了两三千年前的墓葬，但没有找到定居点；而对于距今千年的文明，我们虽然找到了定居点但没找到墓葬。”

塔尔瓜洞穴被发现后，洪都拉斯的史前考古仍有千年的空白记录。那时候的人们居住在洪都拉斯东部，可他们什么痕迹也没有留下。

洪都拉斯史前文明空白了千年之后，大约在公元400年到500年，莫斯基蒂亚开始出现了小型定居点。考古学家认为莫斯基蒂亚人使用的是一种奇布查方言，这是一种从中南美洲到哥伦比亚都在使用的语言。这就说明，相比之下，莫斯基蒂亚与南面邻居的关联更密切，因为玛雅使用的是另外一种不相关的语言。

穆伊斯卡人是使用奇布查语的主要文明，他们居住在哥伦比亚，拥有复杂的黄金加工技术。穆伊斯卡就是黄金国传说的原型，该传说源于一个真实的传统：新国王要在身上涂满泥巴，覆上金粉，跳入哥伦比亚的瓜塔维塔湖，在湖中洗掉金子，将金子作为祭品献给神明。（在过去几个世纪中，很多人都想抽干这个湖来获得黄金制品，其中有些人从湖中捞到了不同寻常的黄金雕塑和装饰艺术品。现如今这个湖处于哥伦比亚政府的保护之下，以防止再次被盗掘。）

莫斯基蒂亚最早的定居者可能来自南部或是从那个方向来的，但随着莫斯基蒂亚西面322千米处玛雅城市科潘的崛起，这里偏向南部的风俗也发生了改变。莫斯基蒂亚小型定居点出现的时间大约在公元400年到500年，和科潘王朝的时间大致处于同一时间。我们不知道这二者之间是否有关联。我们对科潘的建立了解甚多，科潘是玛雅王国中研究最多的城市之一。科潘人在艺术、建筑、数学、天文学和象形文字方面取得了非凡的成就，这个城市华丽的公共纪念碑上刻有铭文，讲述了科潘的建立和历史。科潘的影响力必然会到达莫斯基蒂亚。

公元426年，一位名叫亚克库毛（K' inich Yax K' uk' Mo'，意为“蓝鸟王”）的统治者从危地马拉的玛雅城市蒂卡尔来到这里，通过政变或侵略掌控了科潘，成了科潘的第一位“圣主”，开创了一个新的王朝，该王朝历经16位君主而终。该王朝让科潘迅速崛起，成为一座统治该地区长达几个世纪的荣耀之城。

“蓝鸟王”和他的玛雅武士精英统治着科潘山谷的原住民。这些原住民说的可能就是奇布查语，而且和莫斯基蒂亚人有联系。科潘的考古结果显示，“蓝鸟王”征服这里后，这里变成了一个多民族的城市。科潘附近地区也发现了装饰有动物头像的磨盘，在莫斯基蒂亚也找到了同样的磨盘。“蓝鸟王”娶了一个科潘女子，可能是当地贵族的女儿，他这么做显然是为了确保自己政权的合法性，他还与当地贵族结成了联盟，这和欧洲君主的做法如出一辙。

科潘位于玛雅的最南边。也许是无法逾越的高山和丛林阻碍了玛雅人扩张的步伐，也许是别的什么阻力挡住了他们，所以即便是公元5世纪玛雅人入侵科潘之后，莫斯基蒂亚的文明依然在发展。然而这两种文明并不是彼此孤立的。相反，两者之间很可能还有频繁的贸易往来，甚至还发生过战争。从许多歌颂光荣战绩和功绩的铭文中，我们知道玛雅城邦是非常好斗的，他们彼此之间有很多战争，跟邻国也频频交战。随着玛雅城邦财富和人口的增加，这些冲突只会加剧，更引发了他们对资源的渴求。

考古学家在2000年发现了“蓝鸟王”的陵墓。几个世纪以来，科潘河的一个弯道一直贯穿着城市中心的卫城，尽管河道多年前发生了改变，但老的堤岸还在。随着城市的发展，在自然的侵蚀下暴露出了一层叠加一层的建筑。科潘城每个主要庙宇都是在之前的建筑或者周围建筑上修建的，创造了一系列嵌套在一起的建筑，就像俄罗斯套娃那般。

通过精妙的推理，考古学家在路堤断面中，找到了最古老建筑所在的地层，从而确定了陵墓的位置。他们从路堤打洞进入，沿着地层走，来到一个被填满东西的楼梯，楼梯通往最早的庙宇，后来在这庙宇之上叠加了8座庙宇。他们把楼梯清理干净，发现楼梯顶部有一个华丽的墓室，里面有一具男性的尸骨。他大约有1.7米高，年龄在55到70岁之间。铭文、祭祀品和其他证据都表明这就是“蓝鸟王”的墓。

圣主的遗骸上覆盖着精美绝伦的玉石和贝壳珠宝，他戴着一个奇特的头饰，头饰由切割过的贝壳制成，上面的眼睛部位明显凸了出来。从骸骨上可以看出他一生受过很多次伤：他的骨架上布满了骨折的痕迹，包括两处胳膊骨折、肩膀骨折、胸部钝挫伤、肋骨折断、头颅裂缝，脖子也有骨折的迹象。人体人类学者在分析了他的遗骸后写道：“在现今世界，如果死者的骸骨有这么多伤，那他大概是被车子给撞飞了却侥幸活了下来。”但在古代世界，这些伤很有可能是由于玩中美洲球类游戏留下的，古代玛雅将这种球类游戏叫作“皮茨”。（在战争中，玛雅人使用尖锐武器例如矛、梭镖来进行近身格斗，用力去“刺、戳和挤压”对手，这种格斗可能会制造出各种各样的伤口。）从早期的叙述和前哥伦布时代的插图可以得知，这种比赛是相当血腥的。16世纪的一个男修士曾经目睹过这种比赛，他说当这种重达2.3千克、用固体乳胶制成的球撞在一个硬篮板上又猛地弹起击中球员的话，球员一下子就被砸死了；他说还有很多人“受了很重的伤”，被抬下来后不久就死去了。球类游戏是中美洲的一种重要仪式，对于维持宇宙秩序和保持社区的健康繁荣至关重要。因为“蓝鸟王”大多数的伤都是年轻时留下的，那时他还没有来到科潘，所以他很有可能就是通过打球建立起了他的领袖地位；也有另一种可能，就是因为地位高，所以他必须参加球类游戏。无论如何，墓葬证实他并不是从本地精英贵族中登上王位的；对于科潘来说，他是个地地道道的外国人。他盾牌上的图案和格鲁乔·马克斯（Groucho Marx）风格的凸眼睛头饰说明他与古城特奥蒂瓦坎有关，该城位于墨西哥城的北部，是当时这片大陆上最大的城市。（如今这里已成了一处壮观的遗迹，包括一些美洲最伟大的金字塔。）研究人员用同位素检测他的骨头，然而结果却显示他并不是在特奥蒂瓦坎长大的，反而可能是在危地马拉北部的玛雅城市蒂卡尔长大的，那里位于科潘北部322千米处。（不同地区的饮用水是不一样的，喝过的水可以在骨头中留下独特的化学特征。）

距离“蓝鸟王”时代4个世纪后，大约是在公元800年，科潘的发展达到了顶峰，这儿成了一座拥有25000人口的强盛的大城市，面积也扩大了很多。但这里也有令人不满意的地方；这里开始慢慢堕落，环境方面、经济方面和社会方面的腐败现象长期以来一直侵蚀着这里，并最终导致了城市的衰落。玛雅王国的科潘古城和其他壮丽的古城为什么会衰落和被遗弃？这个难解之谜一直让学者们争论不休。

骸骨是有力的考古证据，发掘出的许多坟墓都表明在公元650年后，普通人的健康和营养情况有所下降。与此同时，经过多代的繁衍，统治阶层的规模不断扩大，并且每一代的数量都比前一代多，考古学家称这种现象为“精英的寄生作用日益明显”。这种现象至今也依然存在，沙特王室经过不断扩张，公主和王子的数量现已多达15000人。

贾雷德·戴蒙德（Jared Diamond）在名为《崩溃》（*Collapse*）的书中表示，科潘城的毁灭是因为环境退化和王室无能。约从公元650年开始，科潘的统治者掀起了建筑狂潮，他们用宏伟的庙宇和纪念碑来炫耀自己功绩。这是玛雅铭文的典型特征，科潘的铭文没有一篇提到平民。工匠阶层不得不建造这些建筑。农民也被迫供养这些工匠、王室和贵族。只有让人们都相信他们是这个系统的一部分，每个人在社会中都占据着一个有价值的位置，并能为维持宇宙秩序的重要仪式做出贡献时，上述阶层的划分才维持得下去。

在玛雅文化里，圣主有责任维持宇宙的秩序，并且能够通过仪式和典礼安抚神明。平民愿意去供养特权阶级，只要他们用有效的仪式让神灵庇佑自己。但在公元650年之后，滥砍滥伐、水土流失和土壤枯竭，导致庄稼减产。农民和工匠等劳动阶层要忍受越来越多的饥饿和疾病，而统治阶级却占据了更多的资源。社会矛盾日益尖锐。

戴蒙德写道："我们不禁在想，为什么国王和贵族未能认识到并解决这些显而易见、正在破坏他们社会的问题？很显然，他们的注意力集中在了短期利益上，只要有物质享受，能发动战争，能建纪念碑，能钩心斗角，能从农民手中榨取足够的食物来支持所有这些活动，他们就满足了。"（是不是听起来很熟悉，读史明智，这些故事也可以给21世纪带来警示。）

其他考古学家说这样的结论太过简单，圣主们也确实看到事情出了问题。他们试图用过去几个世纪行之有效的方法来解决这些问题：增加建筑项目（提供工作机会）、发动更多的侵略战争（获得资源），因为这两项措施，周边农场的农民都来到城市当工匠。但这一次，旧方法不行了。原有的森林盗伐已经让降雨量减少了，而盲目开建的项目更是加剧了这一趋势，而且还加速了水土流失，让宝贵的农田遭到水淹，河流出现淤积。

在公元760年到800年间，这里连续出现的干旱可能引发了饥荒，让平民遭受了沉重的打击。这是一个徘徊在异化和混乱边缘的社会的最后一根稻草。这证明圣主们没有履行他们的社会承诺。所有的建筑项目都停工了；目前发现的城市最后的铭文刻于公元822年；公元850左右，皇宫被烧毁。这座城市从此一蹶不振。有些人死于疾病和饥饿，但大多数的农民和工匠似乎一走了之了。之后的几个世纪，这个地区的人口大幅下降；到了1250年，科潘山谷的大部分地区都变回了丛林。其他的玛雅城邦也出现了类似的变化，这种变化不是一次性发生的，而是以交错的方式进行的。

公元400年到800年，在科潘兴起的同时，莫斯基蒂亚出现了小型定居点，并渐渐地发展起来。科潘城陨落后，莫斯基蒂亚的文明反而发展到了繁荣鼎盛时期。到了公元1000年，大多数玛雅城市都荒废成了猴子和鸟类的栖息地，莫斯基蒂亚的先民则开始建造他们自己的城市，而且他们的城市和玛雅城市的布局很相似，有广场、高台、土垒防御工事、几何型土丘以及土金字塔。他们似乎也接受了中美洲球类游戏。

这些生活在莫斯基蒂亚热带雨林的古代人是如何在毒蛇横行、疾病肆虐的丛林中定居并繁衍的呢？他们跟强大的邻居的关系又如何呢？在科潘业已衰落的时候，他们又是如何继续发展的呢？换句话说，玛雅人都熬不过去的坎，他们又是怎么挣扎过来的？又是什么最终导致了他们的衰落？

玛雅是美洲古代文化中研究得最多的那个，而莫斯基蒂亚人则是研究得最少的，正因如此，才有了“白色之城”的问题。我们对这个文化几乎一无所知，它甚至连个正式的名字都没有。在这种背景下，发现和继续探索T1和T3意义重大，可以让全世界都关注到这个地区，同时这个探索也改变了我们对这些湮灭种族的理解。这是一个令人敬畏的文明，它位于洪都拉斯东部，占地约2600多万公顷，它恰好处于中美洲和南面奇布查语文明的贸易和旅行线路的中心。

对T1的发掘不仅揭示了这种文化，也加深了它的神秘。“我们对这个伟大的文明知之甚少，”奥斯卡对我说，“或者说，我们对它几乎一无所知。”我们只是在莫斯基蒂亚找到了一小部分考古遗址，而且没有对其中任何一个进行过深入发掘。已经完成了的考古工作甚至不足以回答最基本的问题。正如一位考古学家所说的：“没有多少人愿意承受在那里工作的痛苦。”在T1和T3激光雷达图像出现之前，从来没有人绘制过莫斯基蒂亚地区大型遗址的详细地图。

从其他雨林（例如玛雅低地和亚马孙盆地）的考古研究当中我们也了解到，即使在环境最严酷的热带雨林地区，复杂的农耕社会也能繁荣发展。人类具有无限的创造能力。雨林农民发明了改良土壤的聪明做法。以亚马孙为例，为了改善贫瘠的雨林土壤，这里的农民将贫瘠的雨林土壤和木炭以及其他营养物质混合在一起，创造出一种叫作“黑土”的人造土壤，他们把这种人造土壤覆盖在抬高的种植床上，进行集约型耕作。在亚马孙地区，约1300公顷的土地都盖上了这种“黑土”，这个惊人的成就告诉我们，在前哥伦布时代就已经有大量的人类定居在这里了。（如果能用激光雷达对亚马孙盆地进行调查，必能发现新的东西。）时至今日，几乎没有人研究过莫斯基蒂亚人是如何在雨林中耕种的。在T1，我们发现了一个像是灌溉渠的设施和一个水库，如果我们的判断没错的话，该地区的先民能够在1月到4月的旱季耕种农田。除此之外，我们要学习的东西还有很多很多。

就像胡普斯所说的，古莫斯基蒂亚人之所以会被考古学家忽视，部分是因为他们跟玛雅人太像了，“在这一地区，这些人都处在玛雅的影子下”。他告诉我：“备受世人瞩目的考古文化很少，埃及和玛雅便是其中的两个。因为它们的存在，考古学界都不愿意将人力和资源放在这些‘重点’区域以外的地方。”胡普斯觉得这种忽视影响了我们对这些“非重点”区域的了解，但在他看来，这些区域才是“连接美洲的关键”，因为它位于连接中美洲和中南美洲南部的要道上。

另外一个原因是，莫斯基蒂亚里面的土丘都被丛林掩盖住了，乍一看，它们绝没有玛雅文明中用石头建成的庙宇或穆伊斯卡那繁复的黄金艺术品那么迷人。莫斯基蒂亚人虽然也留下了颇令世人瞩目的石雕，但他们没有建起大型的建筑或纪念碑——在几个世纪后会成为引人注目的废墟，让人们惊叹不已。相反，他们用河里的鹅卵石、土坯、木板和看似热带硬木的材料来建造金字塔、庙宇和公共建筑。他们领地里盛产优质木材，例如桃花心木、紫檀木、香杉和枫香树。我们有理由相信他们拥有高超的编织和纤维加工技术。想象一下这样的庙宇吧，庙宇是由高度打磨过的热带硬木建造而成的，工人巧妙地在它的土坯墙上涂抹上石膏，进行彩绘、雕刻以及装饰，庙宇内部垂挂着昂贵华丽的机织彩色织物。这样的庙宇想必会和那些玛雅庙宇一样壮丽辉煌吧！然而它们一旦被遗弃，就会在雨中分解、腐烂、消失，只留下用泥土和碎石砌起来的、不起眼的土丘，而且就连这些土丘也很快会被植物吞噬。在酸性的雨林土壤里，任何有机残余物都无法长久保存，死人的骨头亦不例外。

最有意思的是，正是在科潘城陨落的时候，莫斯基蒂亚人才开始受到玛雅文化的一些影响。

玛雅的影响力是如何进入莫斯基蒂亚的呢？最简单又最令人信服的理论是这样的：当科潘陷入饥荒和动乱的时候，一部分原来说奇布查语的科潘人收拾行囊，到莫斯基蒂亚寻求避难所，因为他们与这里的人说着共同的语言，有的人甚至还可能在这里有亲戚。我们知道，大多数科潘人都离开了；莫斯基蒂亚或许就是他们投奔的目的地之一。一些考古学家深入研究后认为，在玛雅陨落的混乱时期，一群武士从科潘而来，掌握了莫斯基蒂亚的统治大权。他们这么说是因为有事实为证：早期的西班牙人到达洪都拉斯之时，他们发现莫斯基蒂亚西南部的纳瓦人部落（阿兹特克人）是讲印第安语的，这个部落或许就是入侵部族的后代。（也有人认为这些部落是阿兹特克商人的后代，并不是什么入侵者。）

为什么莫斯基蒂亚会变得越来越像玛雅？有一种说法很有意思，考古学家称之为“秘传知识”（esoteric knowledge）模式。在很多社会中，精英统治平民，通过展现他们的神圣和圣洁，从而让平民去做他们所希望的事。通过秘传仪式和秘密知识，神职人员和贵族这样的统治阶级可以让一般民众对他们产生敬畏。神职人员声称（当然他们自己也相信）他们所举行的仪式具有极为重要的作用，能够安抚神明、争取神灵对每个人的庇佑，如避免灾难、疾病和战争失败等，他们的仪式还能促进生育、增加降雨和带来丰收。在中美洲（也许莫斯基蒂亚也是如此），这些仪式是非常血腥的，需要使用人祭。那些掌握着“终极真理”的贵族们利用这些知识来控制大众，让自己免除了体力劳动之苦，还为自己积聚了财富。*该理论认为，秘传知识之所以富有魅力与威望，部分原因是因为它们与遥远的异域之地有关联，对莫斯基蒂亚来说，这异域之地指的就是玛雅。所以，莫斯基蒂亚的“玛雅化”可能并不是入侵的结果；相反，这可能是当地贵族获得并凌驾普通民众之上的一种方法。

T1这座城市发展到极盛之时，确实是个壮观的城市。费希尔告诉我：“谁也不曾料想到，在这般偏远的丛林中，竟会有如此众多的人类居住——成千上万的人！”T1由19个定居点组成，它们分布在整个山谷中。这个占地甚广的环境处处都经过了人工改造，古代的莫斯基蒂亚人把雨林变成了一个郁郁葱葱、精心策划的景观。他们筑起了高台，重塑了山丘，建造了道路、水库和灌溉渠道。在全盛时期，T1可能像是一个英国花园，只不过没有那么整齐罢了，农田、药田和昂贵树木（如可可树和果树）的种植园错落分布着，旁边的大型开放区域是用来举办公共仪式、比赛和团队活动的，背阴的地方是用来工作和社交的。这里还有大量的花圃，因为鲜花是宗教仪式中的重要物品。所有这些种植区都和居民房子混在了一起，有很多房子都建在较高的土台上，以避免季节性洪水，房屋之间还有道路连接。“将这些花园空间嵌入城市区域，”费希尔说，“这是新大陆城市的特点之一，这使得城市具有可持续性和宜居性。”

远处的环境也被照料得很好，美丽的景观一直延伸到远处神圣的建筑处。要从远处瞻仰金字塔和庙宇，这样人们才能感受到它们的威严，也便于人们观看重要的仪式。这种设计所产生的效果和弗雷德里克·劳·奥姆斯特德（Frederick Law Olmsted）对中央公园的构想很像，只是这里更荒蛮一点儿罢了。

如今的山谷处于与世隔绝的状态，但在它的全盛时期，这里曾是贸易和商业的中心。“今天你来到这里，”费希尔说，“你会觉得这里和其他地方都没有任何联系，一片荒凉，你甚至很难想象自己是在21世纪。但在过去，这里一点儿也不荒凉。这里是古代人类交际网的中心位置。”T1城市坐落在堡垒般的山谷中，它是一个易守难攻的地方。它和中世纪的城堡一样，平日里是熙熙攘攘的贸易中心，但是一旦受到威胁，就可以升起吊桥，武装起城垛，保护自己免受攻击。因此，在前哥伦布时代，T1可能是一个战略要地，保护内陆免受海岸入侵者的侵犯。或许它还是一个抵抗玛雅王国的桥头堡。

公元1500年前后，这个文明彻底崩溃了。然而它不像玛雅那样经历多层次的崩塌，即不同的城邦在不同时期先后衰亡，莫斯基蒂亚文明一下子就消失得无影无踪，消失于一次突然席卷整个文明的大灾难中。“在这个伟大的文明完全消逝在森林中之前，我们只看见了它留下的一点点踪迹。”奥斯卡如是说。

*在西方社会中，这种现象不仅出现在既定的宗教和邪教（例如科学教）中，在资本主义的准宗教活动中也可以看到此类的现象。给CEO提供极高的报酬（因为他们有“秘传知识”，所以很值钱）的做法，特别明显地体现了这一点。另外，在华尔街也可以看到这种现象。华尔街的银行家们对批评不以为意，他们声称普通人不懂那些复杂、重要、多层的金融交易，因为他们做的是“上帝”的工作。——引自高盛公司CEO

Chapter 21

The Symbol of Death

The vulture—the symbol of death and transition—was placed in the middle.

第二十一章

死亡的象征

象征着死亡和向灵界过渡的秃鹫，被放在了中间。

在从未有人踏足过的地窖中发现石雕，这是个重大的发现，但它们到底有多重要，只有等真正发掘后才知道。虽然早在20世纪20年代，莫斯基蒂亚的一些巨大废墟里就曾发现过很多相似的石雕，但没有一个是专业挖掘；正如我之前所说的，在莫斯基蒂进行考古，是一个充满危险、代价高昂而又任务艰巨的活动。考古学家发现这些地窖的时候，它们大都已经被人挖过了，或是被劫掠了一部分。还有数量很少的几个地窖（大概有四五个）在机缘巧合之下原封不动地留至今日，但它们也都受到了无法弥补的干扰。这就是说，专家们从未详细研究过这些地窖，没能去揭开它们的秘密，所以也就无从发现莫斯基蒂亚如此独特的原因。时至今日，考古学家依然不知道这些地窖是用来干什么的，先人为什么要创造它们，这些石雕具有什么意义。所以费希尔希望T1地区地窖的发掘能慎重、科学地展开，从而改变这种困局。

第二个旱季一来，费希尔和他的小组重新回到丛林。从2016年1月开始挖掘地窖，在不到一个月的时间里，他们发现了200多件石头和陶器艺术品，这些文物很多都是碎片，埋在地下还没挖出来的还有几百件。在只有区区几十平方米的地方（相对于一个占地几百万平方米的古遗址而言，这个地窖的面积确实很小），竟然如此集中地堆放了这么多财物。对古莫斯基蒂亚人来说，这个小小的地方显然具有极为重要的仪式意义。

费希尔断定，这个地窖是一个祭神之所，是一个神龛或圣地。这里面装的都是由手艺人用流纹岩或玄武岩雕刻而成的珍贵的物件。这些艺术品至少使用了五种来自不同地区的石头，这意味着该地区与别的定居点之间已经形成了一个贵重石材贸易网。由于当时没有凿刻石头的金属器械，古代雕刻工匠只能用一种费力的研磨方法塑造它们，手持石头和沙子将一块石头磨成他们想要的形状。考古学家管这些工具叫作“磨制石器”，这些东西和传统意义上用锤子和凿子雕刻的东西完全不同。完成每一个石雕，都需要投入大量的劳动力、技艺和工艺。只有特殊的工匠才能创造出它们。

祭品是在同一个时期放置到位于金字塔底部的地窖内的，它们都被安放在用红色黏土夯成的地面上。这种黏土地面特别光滑，是专门用来展示这些器物的。分析显示，这是一种叫作铁矾土的红色泥土，这个山谷大部分的底层土壤都是这种黏土，这与科特斯所说的“古老的红色土地”颇为契合。

这个祭神之所或神龛里的东西并非杂乱无章地堆积在一起，而是每件东西都小心地安放在黏土地面上。这些东西都围绕着一个重要的中心雕塑：一只神秘的、耷拉着翅膀站立的秃鹫。秃鹫周围是一些仪式性质的石头容器，这些容器的边缘都装饰着秃鹫和蛇。还有一些容器上雕刻着怪异的人形怪物：三角形的脑袋、双眼凹陷，嘴巴大开，但其身子却是一个赤裸的小男孩。地窖中间这些艺术品（其中包括美洲豹）的周围摆放着几十个磨盘。这些磨盘制作精美，装饰有夸张的动物头和尾巴，磨盘的腿部和边缘上还雕刻着象形文字般的花纹和图案。

因为环境酸性太高，雨林也太过潮湿，所有的有机文物和骨头都被破坏了，所以我们无法用碳年代测定法来探测地窖的年代。但基于其风格特点和肖像学特征判断，我们认为这些器物可以追溯到中美洲的后古典时期，也就是公元1000年到公元1500年左右，有些考古学家则更愿意将之称作科卡尔时代（the Cocal Period），因为他们认为不应当用中美洲的纪年系统来标记不属于中美洲的文化。

地窖中数量最多的是磨盘。通常所说的“磨盘”指的是一种研磨玉米的石器，但这些磨盘（莫斯基蒂亚和中美洲南部都现过这种磨盘）与之不同。

没有人确切知道这些东西有什么作用，也不知道要如何使用它们。这些磨盘的形状看起来和研磨用的桌子或研磨平台很像，人们还发现了跟这些东西配套用的石制的研磨滚筒。但奇怪的是，这些磨盘体积太大、过于笨拙，根本没法正常磨东西。考古学家认为这些东西有可能是王座或权力的象征。他们发现一些陶制小雕像，其形象就是一个人坐在磨盘上。之所以把它们设计成真正的玉米研磨石形状，可能是因为玉米在美洲具有神圣的意义；玛雅的创世神话中曾提到人类是用玉米面团制成的。考古学家有时候会在墓葬的顶部发现磨盘，它们看起来就像墓石一般，所以也有人认为这个东西是用来把死者搬运到他们最终安息处的“座椅”。

我们在一些罐子的边缘上发现了三角脑袋的人形怪物，费希尔和他的小组高兴地管它们叫“外星宝宝”，费希尔认为它们描绘的可能是“死后的人”。它们也许是被捆起来的祖先的尸体；也可能是被捆住的、等待献祭的俘虏——俘虏常常被塑造成屈辱的姿势，暴露出他们的生殖器。

但这些磨盘和陶罐很有可能被用于更黑暗的目的。我把一些图像发给了研究中美洲陶器文化的权威人物胡普斯。尽管他也曾批判过这个项目，但他还是对图片很感兴趣，并愿意跟我分享他的看法，不过他强调这些看法只是他的一些推测。提到这些磨盘时，他说：“我觉得它们也可能是用来磨骨头的。”他还说，哥斯达黎加和巴拿马南部地区的奇布查人会把敌人的头颅和身体当作战利品收集起来。他说：“或许他们就是用这些磨盘把敌人的头颅和身体碾碎，通过这种方式永远终结一个人的生命。”他指出，在玛雅王国，如果国王战败了，在被处死之前有时会被迫目睹他的整个家族被杀，眼睁睁看着家族的坟墓遭到亵渎，祖先的尸体在公共场所被仪式性地销毁。“被毁灭的不仅仅是整个家族，”胡普斯说，“就连他的整个王朝都会被抹去。”他说在哥斯达黎加，有些磨盘上装饰着小小的头颅，这可能和磨骨仪式以及被抹杀的王朝有关。（我和费希尔说这些磨盘可能是用来研磨骨头的，他说：“那简直太疯狂了，可别写在书里。”）有些陶罐上也有被捆绑的俘虏雕刻，这也证实了胡普斯的说法。最终，专家们会对陶罐和磨盘表面进行“残渣分析”（如果能找到残渣的话，那它们应该是以碾碎的状态沉积在陶罐和磨盘上），来判断里面的祭品会是什么。

我也把一些文物的图片发给了乔伊斯，她也曾批判过我们，但她也同样愿意和我们分享她的看法。乔伊斯是研究洪都拉斯前哥伦布时期肖像学的权威专家。她不同意上述观点。她说这不是一个被绑住等待埋葬的形象，也不是俘虏，看起来它勃起了，这一点很关键。她说这是洪都拉斯古代陶罐上典型的猴子形象：半人半兽，圆圆的眼睛和嘴，还有勃起。在洪都拉斯一些本地部落的神话里，猴子是最初的居住者，人类来到后它们才被赶到了森林里。在洪都拉斯的创世传说和神话故事里，猴子可都是主角。这也可能是“猴神之城”的来历；很多早期探险家的报告中都提到过印第安人给他们讲述猴神的故事，相传这些半人半猴的生物生活在森林里，它们威胁印第安人的祖先，袭击村庄，绑架人类女性为它们繁衍混血的后代。

这个地窖里的器物上有各种各样动物的形象：秃鹫、蛇、美洲豹，还有猴子。乔伊斯解释道，在整个美洲，传统萨满和神职人员都会宣称自己和某种动物有特殊的关系。“美洲豹人”是一个典型的例子，人们把这种半人半动物的形象刻在古陶器和石雕上。根据创世故事和神话，美洲豹、猴子、秃鹫以及蛇都具有强大的能力，萨满把这些动物当作神的化身或守护神的分身。

每一种动物都有一个守护神，或者说一个“主人”，来看顾和保护它们。人类猎人必须讨好某种动物的守护神，才能成功地捕到那个种类的动物。猎杀动物后，人类猎人必须向它们的守护神请求宽恕并向它献祭。守护神可以防止人类猎人肆意杀害自己保护的动物，只有那些尊敬他、遵守惯例、只拿自己应得部分的人类猎人才会得到守护神的奖励。

如果萨满把一种动物当作自己的力量之灵，他就可以和该种动物的守护神沟通（有时会使用迷幻剂）。这就是萨满力量的来源，例如，他能够把自己变成“美洲豹人”，从而与美洲豹的守护神进行沟通。通过与守护神的交流，他能影响王国范围内所有的美洲豹。守护神是萨满影响动物的灵性通道。正因为如此，很多人类学家认为刻着动物头像的磨盘是萨满和圣主的权力之位，是他们在人间和灵界之间穿行的方式，也是他们获取动物力量的途径。

据乔伊斯所言，T1地窖里面最尊贵的位置是秃鹫的所在。秃鹰的翅膀像手臂一样垂着，这其实是部分身体已经变成秃鹫的人类，即正在变身为动物保护神的萨满。中美洲的陶器和石雕上的秃鹫，常常被塑造成对着人类尸体大快朵颐的形象，或是在战场上看守敌人头颅的形象。因为人们认为秃鹫有能力在人间和灵界之间穿行，它们也许和死亡、变形以及从尘世向灵界的过渡有关。所有这些都表明，这个地窖在某种程度上跟死亡和向灵界过渡有关，但死亡的是谁？过渡到灵界的又是谁？死去的是人，还是别的什么？

刻在磨盘上的其他图案则提供了另外的线索。T1地区的一块磨盘上有双螺旋图案，乔伊斯认为这是从山中洞窟里冒出来的薄雾，象征着祖先起源的地方。交叉的带子似乎显示的是进入神圣世界的入口点，也就是通往起源之地或出生之地的入口。“凯尔特结”图案在T1地区的艺术品上很常见，这是一个五点梅花状排列的图案，这个几何图形的排列代表四个神圣的方向和世界的中心点，它象征着整个宇宙。（磨盘上也很多其他令人困惑的图案，可能是某种象形文字，还有待破译。）

按照这种推理，看起来地窖似乎与出生、死亡和过渡到灵界有关。但是为什么这个城市的人在此留下了如此多的可能属于统治精英、萨满和圣主的神圣而强大的东西呢?

费希尔的两个重要发现有助于解决这个谜题。首先，这些东西不是经年累月留下的祭品，而是属于同一时期的。第二个发现更能说明问题：大多数器物都是破损的。是几个世纪以来倒下的巨大树木把它们砸坏的吗？还是有人蓄意为之？费希尔和他的团队在地窖中发现了一个巨大的“石臼”，或者说研磨滚筒，它是用玄武石雕刻而成的。这个东西有0.9米长，其尺寸不合适研磨东西，但又被制作得非常精致，这也证明它是一个礼器。但不管它是什么东西，它实在是太易碎了，被发现的时候已经碎成六块散落在地上了。倒下的大树不太可能把这个石头砸得如此彻底。单纯从数量上来看，要让这么多的玄武岩文物在几百年间自然地碎成这样，似乎也不太可能。费希尔断定这些文物一定是被蓄意摔碎的。它们被破坏的原因和“发光头骨之穴”中的罐子一样，是一种仪式上的“杀死”；古代人在墓地进行仪式性质的破坏，这样这些器物就可以跟着死者一起进入阴间。这种“杀死”不仅适用于陶罐和器物，还包括破坏神圣建筑甚至道路的仪式。例如，在美洲的西南地区，普埃布罗族人的祖先在13世纪遗弃阿纳萨齐地区的时候，他们就把道路沿线的灌木丛通通付之一炬，把神圣的陶罐放在整条道路上全部砸碎，并用同样方式毁掉了部分阿纳萨齐道路系统和路边的驿站。

综上所述，这些线索意味着这些祭品是为遗弃城市的封闭仪式准备的。这样的话，应当是最后离开城市的居民把自己的所有神圣之物聚集在一起，留下来作为献给神明的最后祭品，他们打碎这些祭品是为了释放它们的灵魂。

我们有理由认为，莫斯基蒂亚其他装有文物的地窖可能也是因为同样的原因而留下的，它们是在定居点被遗弃的过程中献祭给神灵的。似乎是在同一时间，即公元1500左右，一场大灾难席卷了整个文明，导致了这些城市的“死亡”，而这个时间和西班牙入侵的时间几乎一致。但西班牙人并没有征服这片地区；他们从来没有探索过，甚至没有进入过这些偏远的丛林。

这就引出了一个难解的问题：若不是因为西班牙人的入侵和征服，那这个城市和莫斯基蒂亚的其他地区又为何会被遗弃呢？这个井井有条的地窖说明因为某种未知的原因，最后的居民们只是离开了他们的丛林家园，去了未知的地方。为了揭开这些谜题，我们必须重回“白色之城”，重温它的传说和诅咒。

Chapter 22

They Came to Wither the Flowers

Our little group stumbled over the cache—a tragic memorial to a once great culture.

第二十二章

他们让花儿都凋零了

对于曾经辉煌一时的文明来说，这个地窖可谓是一个悲剧性的纪念碑。

“白色之城”的神话、“猴神之城”的神话、白色宫殿的神话或卡哈卡玛萨的神话都有一个类似的情节：群山中曾经有一个伟大的城市，它遭受了一系列的灾难，人们认为这是因为神明发怒了，于是他们留下自己的财产离开了这里。从那时起，这座城市就成了一个被诅咒之地、禁忌之地，胆敢进入之人都会被死神带走。

这当然只是一个传说，但传说往往也源于事实，这个流传了许久的“白色之城”传说也不例外。

为了挖掘神话的真相，我们必须追溯一下欧洲人发现新大陆的历史。1493年10月，哥伦布第二次起航来到新大陆。这次探险和第一次大不一样。这一次行程的主要目的是征服、殖民和改变当地人的信仰。在第二次航行中，哥伦布所率领的庞大舰队有17艘船，船上有1500名男性和上千头牲畜，其中包括马、牛、狗、猫、鸡和猪。然而，与带着钢铁武器和盔甲的士兵、拿着十字架的牧师以及这些动物相比，船上还有更危险的东西，它将会扰乱新大陆的生态：病原体。哥伦布和他的人在不知情的情况下带来了微生物病原体，而新大陆的人从未接触或抵抗过这些病菌，因此他们对由这些病菌传播的疾病没有抵抗力。新大陆就好比一个巨大、干燥的森林一般，而哥伦布带来了火种，于是这片森林一点便着。欧洲疾病在新大陆猖獗肆虐早已不是什么新鲜事，遗传学、流行病学和考古学研究描绘了一幅真正具有启示录意义的死亡画面；原住民在那段时间经历的一切，比任何一部恐怖电影都更加骇人。西班牙得以建立世界上第一个“日不落帝国”，靠的不是别的，而是传播疾病。能得到这个称呼，是因为西班牙占据了大幅的土地，它的国土是那般辽阔，在某些地区进入沉沉黑夜之时，还有些国土却依然太阳高照。

哥伦布吹嘘在第一次航行中，除了一个患肾结石的老人外，船上连“一个头疼脑热的人都没有”。在第二次航行中，船只上载满了来自西班牙各地的士兵和牲畜，它就像是带着瘟疫的挪亚方舟。在横渡大西洋之时，舰队中就有上百号人和动物开始生病。当他们抵达加勒比海的外围岛屿时，这些携带大量病菌的船只便开始在许多岛上登陆，他们先后登陆多米尼加、蒙塞拉特、安提瓜等诸多岛屿以及小安的列斯群岛中的其他岛屿，并继续前行，最终抵达波多黎各和伊斯帕尼奥拉岛。虽然哥伦布和船员的病情变得越来越严重，但他还是带着一支小舰队去了古巴和牙买加，然后才返回伊斯帕尼奥拉岛。

哥伦布第一次描述伊斯帕尼奥拉岛时，他说那是一个令人惊叹的富饶之地，这个岛“比葡萄牙还要大，人口也是葡萄牙的两倍”，他赞美这里是“平生所见最美的岛屿”。（这个岛实际上没那么大。公元1500年葡萄牙的人口约为100万人。）伊斯帕尼奥拉岛（现在分属海地和多米尼加共和国）上居住着大量的泰诺印第安人，但具体有多少人历史学家还没有定论。早期的西班牙编年史学家巴托洛梅·德·拉斯卡萨斯（Bartolome de las Casas）曾经以目击者的身份记述了西印度群岛的殖民历史，他说哥伦布到达伊斯帕尼奥拉岛之时，岛上的印第安人口约为100万，后来他又把这个数字修正为300万。很多现代历史学家认为拉斯卡萨斯有夸大其词之嫌，实际人口应该是50万左右。但不管怎样，伊斯帕尼奥拉和加勒比海上各个大型岛屿都繁荣得令人吃惊。在牙买加附近，哥伦布遇到了“遍布海岸和陆地的城镇和优良的港口”，那里“数不清的印第安人乘着独木舟跟着我们”。

这一切很快就变了。

在这宿命般的第二次航行中，哥伦布自己也生病了，差点儿丢掉性命。有几周他连航行日志都写不了。舰队于1493年11月22日抵达伊斯帕尼奥拉岛，他们重新修建了一个西班牙定居点，因为第一次抵达时修建的定居点在他们离开后便被印第安人给毁了。这时候很多西班牙人都病倒了，由于船上的卫生条件不行，他们又无法逃离传染源，因而病死了很多。没过几年，哥伦布带来的1500个士兵就只剩一半了。但与原住民的遭遇相比，这点儿损失根本算不了什么。

西班牙人走走停停穿过加勒比海，与此同时，载着生病船员的船不知不觉地把传染性疾病带到了他们去过的诸多港口。到了1494年，这些传染病变成了一场瘟疫，袭击了整个伊斯帕尼奥拉岛和加勒比海的其他地区。“疾病、死亡和悲惨来到了（印第安人）中间，”拉斯卡萨斯写道，“父亲、母亲和孩子都死了，悲惨死去的人不计其数。”他估计在1494年到1496年期间，约有1/3的印第安人死亡。

这个惨状从伊斯帕尼奥拉岛的数据统计表中可见一斑：

时间	原住民人口
1492	~500000（有争议）
1508	60000
1510	33523
1514	26334
1518（天花出现前）	18000
1519（天花出现后）	1000
1542	0

当然，并非所有死亡都是疾病造成的；强迫劳动、饥荒、残暴行径、谋杀、强奸、奴役和迁居也在很大程度上导致了伊斯帕尼奥拉岛泰诺印第安人和加勒比海其他种族的灭绝，但最主要的因素还是来自欧洲的疾病，它给没有抵抗力的新大陆人民带来了沉重的打击。现代流行病学家曾对古代文献进行研究，想要弄清楚在最开始

的时候，是哪些疾病的蔓延击垮了印第安人。他们猜测最有可能的是流行性感冒、斑疹伤寒和痢疾。这些疾病肆虐一番之后，又出现了很多别的疾病，其中包括麻疹、腮腺炎、黄热病、疟疾、水痘、伤寒、鼠疫、白喉、百日咳、肺结核和最致命的天花，让美洲出现一波接一波的死亡。

这些传染病并非只限于岛上。在拉斯卡萨斯的描述中，这是一张“死亡之网”，它蔓延到了美洲内陆，并“摧毁了整个地球”。可能早在公元1500年之前，本地的贸易商就已经把疾病传播到了美洲内陆，甚至在欧洲人到来之前那里的人就开始出现因病而亡的案例了。但我们可以肯定的是，1502年哥伦布的第四次航行，已经在无意中把疾病带到了美洲大陆。

为了寻找通往西印度群岛的通道，哥伦布于1502年7月30日到达洪都拉斯湾群岛。在岛上待了几周后，他又到了中美洲内陆，成了第一个踏足此地的欧洲人。他在今天的特鲁西略镇附近的一个港口抛锚，并将这片新土地命名为“洪都拉斯”（意为“深度”），因为他见到近海的海水都很深。登上洪都拉斯大陆后，他和手下于1502年8月14日举行了基督教弥撒，并宣布这片土地属于西班牙王后伊莎贝拉和国王费迪南所有。

跟友好的印第安人会面之后，哥伦布（他又病了，但不清楚是什么病）继续带着他生病的手下向南部探险，沿着洪都拉斯、尼加拉瓜和巴拿马的海岸航行，每经一处便停船靠岸。这些疾病就好像森林中零星的小火，很快就从这些停靠点向外扩散，并燃烧到内陆深处，其肆虐范围远超过欧洲人实际探索的范围。我们不知道第一场传染病导致了多少人死亡；目睹这一切的原住民没有留下任何记录，欧洲的编年史也没有记录此事。

可真正的大灾难还没有到来。真正的灾难是天花。拉斯卡萨斯写道："这种病是由卡斯提尔人带来的。"这些人于1518年12月来到伊斯帕尼奥拉。"这个岛上有那么多的人口。"拉斯卡萨斯写道，可到了1519年底，只剩下了"1000人，这都是我们亲眼所见"。1月，天花蔓延到了波多黎各，接着肆虐整个加勒比地区，而后就又传入内陆。到了1519年9月，天花已经传到了墨西哥山谷。

印第安人传统治疗疾病的方法（排汗、洗冷水澡和草药）对天花都没有效果。确实，很多为治疗所做的努力似乎只是在加速人的死亡。天花在欧洲蔓延最严重的时候，大约1/3感染者失去性命；而美洲的死亡率则超过了50%，很多时候甚至高达90%到95%。

流行病学家普遍认为天花是人类遭遇过的最残酷的疾病。在20世纪70年代被根除之前的一个世纪里它夺去了5亿多人的生命，侥幸未死的数百万人要么疤痕累累，要么双目失明。天花给人的身心带来无法忍受的痛苦。它刚发病时一般像是流感，伴随着头疼、发烧和身体疼痛；爆发时患者会觉得喉咙疼，紧接着便全身长疹子。之后一周病症开始恶化，病人经常会经历恐怖的幻觉梦境，还会遭受一种神秘的恐惧感折磨。身上的皮疹变成了斑疹，肿胀成丘疹，然后变成充满液体的脓疱，这些脓疱蔓延至全身，甚至包括脚底。有时这些脓疱会长成一片，导致外层皮肤从身上脱落。最致命的一种天花（会出血的那种）被人称为血痘或黑痘。得了这种天花，患者皮肤会变成深紫色或烧焦了似的，然后成片地脱落。病人常常"鲜血迸发"，血从身体各个破口处流出来。这种病极具传染性。与其他大多数病毒不同的是，天花可以在体外的衣服、毯子和病房中存活并保持数月或数年的毒性。

印第安人对此极度恐惧，这是他们从未经历过的事。征服史中有许多西班牙人目击者的描述，证实这种流行性疾病的恐怖。"这是一种可怕的疾病，”一个修道士写道，“很多人死于这种病。病人完全不能行走，只能平躺在床上。他们动弹不得，甚至连头都也转不过来。他们既不能趴着，也不能仰卧，更不能左右翻身。他们每动一下，都会痛苦得尖声叫唤……很多人死于这种疾病，其中很多人是被活活饿死的，因为没有人照看他们。”

这些流行病削弱了印第安军队的抵抗力。在很多情况下，是天花帮助西班牙人入侵了南美洲。但总的来说，西班牙人（包括哥伦布本人）也对这种大面积的灭绝深感沮丧；因为印第安人如此大规模的死亡有碍他们的奴隶生意，也致使他们的种植园和矿场里没人干活了。天花来临之时，印第安人往往惊慌失措、四散逃窜，遗弃他们的城市和城镇，丢下病人和死人。虽然西班牙人得病的概率比较低，但也不是完全免疫，所以也有很多西班牙人死于这场肆虐的瘟疫。

甚至在欧洲人到来之前，传染病就已扫荡过新大陆了。很多记录都曾写道，欧洲人第一次来到一个村庄，就发现全村人都死了，房子里满是腐烂的、长满脓疱的尸体。

历史学家曾觉得特别奇怪，不知道科尔特斯是如何带领500名士兵打败人口超过100万的阿兹特克王国的。他们提出了各种各样的观点：西班牙在马匹、剑弩、大炮和盔甲方面具有决定性的技术优势；西班牙人在征服摩尔人的几个世纪中磨炼出了高超的战术；印第安人觉得西班牙人是神，因而害怕退缩；阿兹特克对周边酋长国的征服和暴政，令叛乱一触即发。所有的猜测都有一定道理，但真正的征服者却是天花。科尔特斯率领部队在公元1519年占领阿兹特克的首都特诺奇蒂特兰城（今墨西哥城），但这次胜利算不得征服：心神不安的阿兹特克国王蒙特祖玛（Moctezuma）不知道西班牙人是人还是神，所以他邀请科尔特斯进入这座城市。8个月后，蒙特祖玛不明不白地死了（有人说是由西班牙人杀的，也有人说是他们自己人杀害的），印第安人发动起义，在所谓的“悲伤之夜”（Noche Triste）轻松地撵走了西班牙人。在这场毁灭性的溃败中，很多西班牙士兵的口袋里因为装了太多的黄金，在逃离这座小岛时要么被杀死，要么被淹死了。少数人逃离之后，在特诺奇蒂特兰城以东48千米处的特拉斯卡拉驻扎下来，他们一边舔舐自己的伤口一边想着下一步该怎么办。就在那时，天花袭击了整个墨西哥谷地。

“当基督徒被战争折腾得筋疲力尽时，”一个修士写道，“上帝觉得该给印第安人送去天花了。”区区60天，天花就带走了至少一半的特诺奇蒂特兰城居民，在接触外来文化之前，这里的人口至少有30万。天花也杀死了蒙特祖玛优秀的继承者奎特拉瓦克（Cuitláhuac）国王。他继位40天后就迅速组建起了一个军事联盟，如果他没死的话，他很有可能会击退科尔特斯。可惜至少有一半人口死去了，城市和周围的乡村被这场瘟疫吞没了，所以科尔特斯能够在公元1521年再次攻克这个城市。天花最糟糕的后果是使印第安人彻底丧失了斗志：他们清楚地看到，天花在很大程度上饶过了西班牙人，却毁灭了印第安人。印第安人觉得自己受到了诅咒，被神明抛弃了，他们的神转而去帮助西班牙人了。西班牙人长驱直入，一个目击者这样写道：“街道上到处都是死人和病人，我们的人只能绕过尸体前进。”

在西班牙人到来之前，天花不仅仅在墨西哥肆虐，它也在同一时间向南侵入了玛雅王国。尽管那时的玛雅城市已经被废弃了，但玛雅人还分布在该地区，仍然以智慧和军事实力而闻名。这场传染病为四年后科尔特斯手下的一位军官征服危地马拉铺平了道路。

在新大陆天花首次爆发后，十年间，这种传染病一路蔓延到了南美洲的腹地。这种流行疾病也摧毁了北美几个前哥伦布时代的王国。在公元1539年到1541年间，探险家赫尔南多·德·索托（Hernando de Soto）曾途经一个叫作库萨的强大酋长国，这个国家占据了田纳西州、佐治亚州和亚拉巴马州的部分领土，人口约有5万人。可是20年后，在下一批欧洲人到来时，库萨却几乎完全被遗弃了，所到之处只有一些散乱的空房子，曾经鲜花盛开的花园如今长满了蓟和杂草。德·索托曾经在密西西比流域发现了49个城镇，但一个世纪后，法国探险家拉萨尔（La Salle）和若利耶（Joliet）只找到7处破败的定居点，城镇数量下降了86%。北美东南部绝大多数的印第安人都因为疾病而大规模死亡。

尽管这些数字还存在较大争议，但学者估计在哥伦布到来之前，北美人口约有440万，墨西哥约有2100万，加勒比海地区有600万，而中美洲还有600万。但到了1543年，加勒比海主要岛屿（古巴、牙买加、伊斯帕尼奥拉、波多黎各）上的印第安人已经灭绝了，近600万人死亡。在较小的岛上，一些支离破碎的原住民过着朝不保夕的生活。特诺奇蒂特兰的衰落、原住民人口锐减以及持续不断的流行病浪潮，使得西班牙人快速摧毁了中美洲印第安人绝大部分的抵抗。

我们可以把美洲的情形和同时期西班牙征服菲律宾的情况做一个比较。西班牙人在菲律宾也非常残暴，但他们的征服行动没有疾病的协助，因为菲律宾人对旧大陆的疾病有抵抗力，他们没有发生大规模的死亡或人口骤减。结果，西班牙人只能调整自己，去适应与菲律宾原住民共存的状态。菲律宾原住民十分顽强，他们保留了自己的语言和文化。而且西班牙人一离开，伊比利亚人的影响就基本消失了，同样消失的还有他们的西班牙语，现在那里几乎没有人会讲这种语言。

但是这种灾难有没有波及莫斯基蒂亚？如果有的话，那它是如何进入远离西班牙人的遥远内陆的？1519年爆发的天花是如何影响洪都拉斯的，我们并不是很清楚。常识告诉我们，洪都拉斯南面和北面都有天花肆虐，洪都拉斯也必然会受到严重影响。天花肆虐十年后，另外一种可怕的传染病又横扫了新大陆：麻疹。我们知道这种疾病曾经异常凶猛地蹂躏了整个洪都拉斯。对于欧洲人来说，麻疹比天花要温和得多，虽然很容易传播，但极少致死。然而事实证明，麻疹对新大陆的影响也几乎是致命的，造成了至少25%的死亡率。1532年，西班牙征服者佩德罗·德·阿尔瓦拉多（Pedro de Alvarado）在危地马拉向查尔斯五世报告：“在整个新西班牙，蔓延着一种据说是麻疹的疾病，这种病击倒了印第安人，横扫整片土地，让这里变得荒无人烟。”在洪都拉斯，与麻疹同时肆虐的还有其他的流行病（很可能是伤寒、流感和鼠疫）。

当年另外一位西班牙编年史学家安东尼奥·德·埃雷拉（Antonio de Herrera）写道：“在（1532年）这一时期，洪都拉斯出现一种非常严重的流行病，就是麻疹，从一个家庭蔓延到另外一个家庭，肆虐了一个又一个村庄，很多人都死了……两年前，普遍流行的胸膜炎和胃痛，也带走了许多印第安人的生命。”奥维耶多（Oviedo）写道，在公元1530年至1532年间，有一半的洪都拉斯人死于疾病。一位西班牙传教士哀叹道，沿海地区只有3%的人存活了下来，而“即便是活下来的印第安人可能也会很快死去”。

英国地理学家琳达·纽森（Linda Newson）对西班牙入侵时期洪都拉斯发生的人口灾难做了一项权威研究，并发表了名为《征服的代价：西班牙统治下洪都拉斯印第安人口骤降》（*The Cost of Conquest: Indian*

Decline in Honduras under Spanish Rule）的文章。该研究对这个国家发生的事情进行了最详尽的分析。原始人口的精确数据如今很难得到，特别是东洪都拉斯和莫斯基蒂亚的人口数据，因为那里一直没有被殖民过。但纽森评估了大量的证据，提出了最有可能的预测，不过她自己也写道，她的研究因为缺少深入的考古工作而受到一些影响。

综合早期记载、人口估算、文化研究和生态数据，纽森认为前哥伦布时代，洪都拉斯最早被西班牙殖民的地区原本拥有60万人口。到了1550年，只剩下3.2万名原住民，人口骤降95%，这个数据十分惊人。她是这样分析的：3万到5万人死于征服战争，而另外10万到15万人被当作奴隶送到国外。剩下的40万人，则几乎全部死于疾病。

纽森估计在前哥伦布时代，洪都拉斯东部（包括莫斯基蒂亚）的人口密度为12人/平方千米，由此推断莫斯基蒂亚内陆山地人口约为15万。但是像T1和T3这样的大城市的发现（纽森于1986年写书时并不知道这些）在很大程度上修正了那个数据。虽然还不知道实际的人口数量，但我们现在知道这是一个非常繁荣的地区，还与邻国建立了广泛的贸易路线；它根本不是我们今天看到的那种位置偏远、人烟稀少的丛林。科尔特斯和佩德拉萨证明这里是人口密集的富饶之地，T1和T3地区、拉斯克鲁塞斯、万基比拉和莫斯基蒂亚等古城也能证明这一点。

对于西班牙征服者和奴隶主来讲，像T1这样的山谷林木过于茂密，根本引不起他们的兴趣；欧洲人到来后，居住于此的人们应该继续繁荣地发展了很长时间。这里的很多地方直到20世纪或更晚才被开发出来，而且，正如我们所知，即使在今天，这里的部分地区仍然未被开发。但考虑到疾病如此肆虐，T1山谷的人也几乎不可能逃过这次波及面极广的流行病。基本上可以确定的是，在公元1520

年到1550年间，欧洲的流行病席卷了T1、T3和莫斯基蒂亚的其他地区。（我们需要深入的考古研究来完善这一点；或许对T1的发掘能帮助我们发现更详细的信息。）

那些病原体通过两种方式入侵莫斯基蒂亚。第一种是通过贸易。当哥伦布在洪都拉斯海湾群岛登陆时，他看到了一个令人难忘的景象：一条巨大的贸易独木舟长1.8米、宽2.4米，上面配备有25名划桨人。独木舟的中部建有一个小木屋，船上堆积着很多贵重的贸易品，有铜、燧石、武器、织物和啤酒。在整个加勒比海和中美洲地区，海上贸易非常密集。一些史学家说哥伦布看到的独木舟应当是玛雅商人的，但考虑到海湾群岛上居住的不是玛雅人，而是说奇布查语的人（他们和莫斯基蒂亚有千丝万缕的联系），这些独木舟更可能是奇布查商人的。不管是玛雅人还是奇布查人，他们都和内陆有贸易往来，甚至与古巴、伊斯帕尼奥拉和波多黎各也有生意往来。一些考古学家认为他们向北最远可至密西西比河三角洲。通往莫斯基蒂亚的两条主要通道：普拉塔诺河和帕图卡河，会注入距离海湾群岛东边不远的大海。在加勒比地区瘟疫横行的时期，想必就是这些从海岛和海岸方向过来兜售货物的商人们把欧洲病原体带到了莫斯基蒂亚，从此这些微生物便侵入原住民的体内，蔓延至内地。

第二个可能的感染途径是奴隶贸易。在公元1542年西班牙国王废除奴隶制之前，奴隶主们在洪都拉斯四处扫荡，绑架印第安人到种植园、矿场和家中劳作。第一批成为奴隶的印第安人来自岛屿和海岸。疾病夺走了早期俘虏的性命后，西班牙侵略者便到内陆找替代品。（非洲奴隶贸易在这一时期也很猖獗。）到了16世纪30年代，奴隶贩子开始蹂躏莫斯基蒂亚海岸和奥兰乔山谷地区（今卡塔卡马斯），他们毁坏村庄，把人们像牛群一样围捕起来。莫斯基蒂亚的西、北、南三面都被包围了。成千上万的印第安人逃往雨林避难，很多人消失在了莫斯基蒂亚的群山中。不幸的是，这些逃亡者也把欧洲疾病带到了被保护得很好的内陆山谷。

如果上述假设成立的话，根据这个思路，就能得出一个结论：在16世纪早期的某个时候，几种传染病接踵而至横扫莫斯基蒂亚。如果这里的死亡率和洪都拉斯其他地方差不多的话，那么大约九成的居民都死于疾病。身心俱疲的幸存者们怀着巨大的心理创伤遗弃了这个城市，留下了献给神明的祭品。在祭祀仪式上，这些器物被人为打破以此来释放它们的灵魂。这并不是献给某个人的祭品，而是献给整个城市的祭品，是一个文明的衣冠冢。这一现象在这个地区很普遍，很多地方都能找到破碎的祭品。

“想想看，”费希尔说，“纵然他们遭受了疾病的蹂躏，但他们在离开时却又留下了祭品，这更加说明了地窖的重要性。这些地方保留着举办仪式的状态，并将永远保留这个状态。”直到半个世纪后，我们小组无意间闯入地窖，这种状态才被打破。对于曾经辉煌一时的文明来说，这个地窖可谓是一个悲剧性的纪念碑。

这样看来，“白色之城”谜题的答案其实一直都在我们面前：关于“白色之城”的各种神话，关于它被遗弃、被诅咒的真相，可能正是源自这段残酷的历史。从这些流行病来看，“白色之城”的神话很直白地描述了一个（或多个）被疾病横扫又被人们遗弃的城市。若不是疾病肆虐，这个地方本来还能繁荣一段时间。

原住民是怎么看待这种流行病的？相关的记载非常少。最令人动容的是当时的目击者留下来的描述。这本叫作《除马耶尔的方士秘录》（*Chilam Balam of Chumayel*）的书回顾了两个世界接触前后的情景，这里简直是一个世外桃源。这是一本印第安人用尤卡坦玛雅语写作的书：

> 那时没有疾病，没有疼痛的骨头，没有高烧，没有天花，没有胃痛，没有肺痨……那时候的人们站得笔直。然后外国人来了，所有一切都崩塌了。他们带来了恐惧，他们让花儿都凋零了。

Chapter 23

White Leprosy

Four members of the expedition have become ill with the same symptoms.

第二十三章

白麻风病

四名探险队队员病了，症状一样。

2015年2月，在从丛林返回后的几周里，我和其他探险队成员都回归了正常生活。这段经历依然影响着我们：在看到一个完全游离于21世纪之外的地方后，我感到自己谦卑了许多，更有敬畏之心。毫发无损地走出丛林，这让我们都有一种如释重负的感觉。

从洪都拉斯回来后几天，伍迪给每个人都发了封邮件。这是他每次带队进入丛林的标准后续行动之一，其中包括以下摘录：

> 诸位，如果你们有任何症状，感觉不舒服，轻微发烧，又或是任何一处叮咬看起来还没有恢复，那么我建议你们尽快就医，告诉医生你们曾到过哪里，等等。宁可事前谨慎有余，不要事后追悔莫及。

那时我跟其他人一样，全身上下都是虫子咬过的地方，而且还特别痒，但这种感觉在慢慢消失。一个月后，3月时，我和妻子去法国度假，我们到阿尔卑斯山滑了雪，还拜访了巴黎的朋友。在巴黎四处转悠的时候，我开始感觉双腿有点儿僵硬，就像是因为过度运动而变得酸疼一般。起初我还以为这种情况是滑雪造成的，但几天后这种僵硬感变得更严重了，最后我几乎走不动了。当发展到高烧39度时，我登陆疾病防控中心的网站查看了一下不同热带疾病的潜伏期。幸好这个时间已经超出了基孔肯雅病、恰加斯病和登革热的一般潜伏期，但还在疟疾的潜伏期，而且我的症状和疾病防控中心网站上描述疟疾的症状很像。我很懊恼，因为我过早地停掉了自己的抗疟疾药物。我他妈的到底在想什么？但当时T1区并没有人居住，我是如何感染疟疾的呢？疟疾是一种通过蚊子在人类中间传播的疾病。据说，蚊子一辈子的飞行距离也不过100多米，而距离我们最近的、有可能患有疟疾的人类还在数千米之外呢！

巴黎的朋友帮我找到一家医院，这家距离我们住所只有很短的地铁车程的医院里有一个传染病实验室，能做疟疾测试。我当晚就去了那里，他们给我抽血检查，90分钟后结果出来了：不是疟疾。医生认为我体内有一种普通的病毒，和洪都拉斯之旅无关，他向我保证没什么好担心的。我的发烧症状在等测试结果的时候就消失了。两天后，我彻底痊愈了。

又一个月过去了。腿上虫子叮咬的痕迹终于消失了，瘙痒的感觉也没有了。但有一个咬痕一直没有消掉，它位于我的左上臂，在肩膀和肘部之间，它似乎变得越来越红，越来越大。我起初一点儿都不担心，因为它不像其他的咬痕，一点儿也不痒，对我没有任何影响。

4月，我的口腔和舌头突然长了疮，还突然发烧。我来到圣达菲看急诊，给我做检查的医生觉得这是疱疹，给我开了点儿抗病毒的药。我让他帮我看看胳膊上虫子留下的咬痕，这个痕迹现在变得更丑了。他建议我用消炎药膏处理。烧很快就退了，口腔溃疡也愈合得很快。然而，抗生素药膏对我的手臂没有任何作用。

在接下来的几周里，咬痕还在继续变大，还长了一层恶心的硬皮在上面。我跟埃尔金斯讨论过这个咬痕，他说约德和费希尔也有类似的咬痕没能痊愈。埃尔金斯建议我们把图片发给对方进行比对。住在罗马的约德给我发了一张他的咬痕照片，咬痕位于大腿背面，看起来跟我的一样，但比我的还严重。约德都快要抓狂了，他已经在罗马医院挂了三次急诊了，医生一直说这是一种感染，还给他开了抗生素，但一点儿用也没有。“这不像是普通的感染，”他告诉我，“这像是一个微型的火山口。怎么着都没法痊愈。”

约德开始上网搜索信息，想知道自己到底得了什么病。“我平时一般都不用谷歌搜索疾病的图片，”他说，“我以前用谷歌搜索的时候，有两次差点被吓出病来。但是这一次，我只能依靠谷歌，因为我知道我的医生错了。”

网上搜出的图片让他觉得自己可能是得了一种叫作利什曼原虫病的热带疾病。

他把咬痕照片发给《国家地理》杂志的两个摄影师朋友，这两人出任务的时候曾经得过利什曼原虫病。其中一个叫乔尔·萨特尔（Joel Sartore），他在玻利维亚雨林感染过利什曼原虫病，差点儿因此丢掉一条腿。两个摄影师都告诉约德这“看起来确实像是利什曼原虫病”。

约德给我发了一封邮件：

> 你有没有想过这可能是利什曼原虫病？这可能是件非常严肃的事情。我现在非常确定我得的就是这种病。我正在调查这个情况。

我立即上网搜索了这种疾病，带着好奇和恶心的感觉来看有关这种病的描述。利什曼原虫病的早期症状确实和我的虫子咬痕很像。图片还向我展示了它会发展成什么样子，那真是太恐怖了。利什曼原虫病是世界上排名第二的致命性寄生虫疾病，仅次于疟疾，全世界有1200万人感染过此病，每年新增一两百万病例。每年有6万人死于此种疾病。在全世界“被忽视的热带疾病”中，利什曼原虫病即便不是排名第一，也是排名极为靠前的一个。但因为它感染的基本上是热带农村地区的穷人，所以制药公司也没什么经济动力去研发疫苗或治疗方法。

埃尔金斯和贝尼森给整个团队发了邮件，询问是否还有人身上有消退不了的虫子叮咬痕迹。工程师马克·亚当斯说他的膝盖上有一个伤口。汤姆·温伯格说他的指关节处有一个可疑的溃疡。马克·普洛特金身上出现了原因不明的皮疹。萨利和伍迪两人身上的咬痕突然变痛。

几天后，也就是2015年的4月下旬，约德终于受够了当地医生和意大利急诊的无能，去了罗马最大的一所医院求见一个热带疾病专家。刚开始检查，约德就说他认为他患上了利什曼原虫病，但医生斩钉截铁地说："不，不是。"但在检查结束时，医生认为他确实是得了这种病。他建议约德回美国进行更精确的诊断，因为利什曼原虫病是出了名的难以识别；它不是单一的疾病，而是由几十种沙蝇所携带的三十多种寄生虫引起的一系列疾病。

2015年5月2日，约德给我们团队发了一封电子邮件，信上他汇报了他在罗马看热带疾病医生的情况，并提了一些建议：

患利什曼原虫病的兄弟们：

尽管团队中尚未有人确诊，但我还是要直言不讳地说一下大家都避而不谈的问题。就我而言，我有很多理由去检查自己是不是患上了利什曼原虫病，而且据我了解，我们团队的其他成员也应当检查一下。

他说他决定回美国接受更详细的诊断和治疗。

这封信引起了小小的恐慌。不管有没有状况，探险队队员都互发信息讨论症状。就连没有明显利什曼原虫病症状的人也跑去看医生，担心各种各样的问题，如疹子、发烧、头疼还有其他疾病。溃疡扩散的照片在队员之间传过来传过去，那照片看起来真令人反胃。

埃尔金斯一点儿问题也没有，但贝尼森回到加州后发现自己身上有两只丛林蜱虫。虽然那并没有引起什么严重的情况，但他还是被吓到了，他也非常担心别人会不会也出了问题。于是他发了一封电子邮件：

> 如果可以的话，我觉得我们应该互相分享我们的就诊信息，互相帮助对方，这也是为未来的探险者着想。请大家记住，我们不仅在2月一起创造了历史，而且还一起在非常危险的环境下，发现了很多新奇的、激动人心的东西。

我现在对于疼痛十分警觉。埃尔金斯打听到一个新墨西哥州热带疾病专家、阿尔伯克基退伍军人事务部医疗中心的拉维·杜瓦苏拉（Ravi Durvasula）医生，他或许能帮到我们。杜瓦苏拉医生是旧大陆利什曼原虫病的专家。我给他们医院打了个电话，希望能跟他谈谈。一个小时后，在打了多次电话和经过无数次电话转接之后，我放弃了。（一次次从一个错误的办公室转到另外一个，不断地被告知没有这样的医生。这位医生虽然在那儿工作但不接收病人。不是转诊病人不得给医生办公室打电话，而这位医生不接转诊病人。我无法想象我们的伤残军人要如何跟这样一个电话系统联系。）

“别再给这家医院打电话了，”埃尔金斯告诉我，“给他发个邮件。一定要把整个探险活动、失落之城、《国家地理》，所有这些感性的东西都渲染出来。”

于是我写了这样一封邮件：

尊敬的杜瓦苏拉医生：

我是《国家地理》杂志和《纽约客》杂志的一名记者……我刚结束了对莫斯基蒂亚热带雨林中一个极其偏远地区的考察，回到家乡。我们找到了一座前哥伦布时期的大型未知遗址。从2月17日到26日，我们都在丛林里。现在，有四名探险队队员生病了，症状一样……我住在新墨西哥，听说您是利什曼原虫病专家，所以我才联系您，想看看您是否能够收下我这个病患。

杜瓦苏拉医生立刻给我回了邮件。他对此事非常热心（跟退伍军人事务部的做派完全不一样）。我们还电话交流了一下，他问了我一些问题。

“患处是不是有泛着珍珠般的白光，而四周是红色的？”

“是的。”

“痒吗？”

“不痒。”

“疼不疼？”

“不疼。”

“有什么不舒服吗？”

“没有。”

“啊，恐怕这些都是利什曼原虫病的典型特征。”

他让我给把照片发给他。看到照片后，他确定这就是利什曼原虫病。他建议我向美国国立卫生研究院（NIH）寻求帮助，那里是世界上研究和治疗利什曼原虫病最权威的地方。

与此同时，约德也在美国寻找治疗机构。他也瞄准了国立卫生研究院，还与他们取得了联系。约德在国立卫生研究院见到了托马斯·纳特曼（Thomas Nutman）医生，他是寄生虫疾病实验室的副主任。纳特曼对失落之城的探险和疾病的大面积爆发非常感兴趣。他在给约德的信上写道：

亲爱的约德：

我认为这十有八九就是利什曼原虫病，而且因为这是洪都拉斯的菌株，转变成皮肤黏膜病的可能性虽然很小，但也是存在的……现在最主要的问题是看你感染了哪种利什曼原虫病菌，然后根据不同的种类进行对症治疗……过去我们治疗过很多《国家地理》杂志的人。

国立卫生研究院的主要任务是“探索有关生命系统本质和行为的基本知识”，然后利用这些知识“增强体质，延长寿命，减少疾病和残疾”。严格来说这是一家科研机构，接诊的患者必须作为实验对象参与研究。他们每个科研项目都有一套规则，规定什么样的患者可以接受治疗，为什么能被接受，该治疗对医疗知识的探索有何贡献。假如病人达到了标准并被收诊，治疗费用一应全免，研究院甚至还可以提供交通和食宿补助。作为回报，病人要同意遵守规则，并向医学研究捐献各种组织样本、细胞、血液、寄生虫，等等。参与者可以随时、无须任何理由退出研究。

国立卫生研究院的医生对我们的情况非常感兴趣。疾病的大规模暴发非常罕见，T1山谷似乎是超乎寻常的“热门”，医学界之前对该区域一无所知，所有这一切都让医生对这次探险很感兴趣。医生提出要免费为我们治疗——被需要是件好事。

5月末，约德从罗马飞往华盛顿寻求确诊。他开玩笑说：“希望我们的结果都是阴性的，希望只是因为伍迪在丛林里做饭时经常用辣椒酱而产生了不严重的葡萄球菌感染。”

负责这个项目的医生是国家过敏与感染性疾病研究院（NIAID）寄生虫疾病实验室临床寄生虫病科的首席研究员西奥多·纳什（Theodore Nash）。他将给约德、我，还有其他可能“患上利什曼原虫病的兄弟们”做治疗。纳什是美国利什曼原虫病治疗方面首屈一指的专家，同时他也曾在弗兰克·涅瓦（Frank Neva）医生手下工作过。涅瓦医生从哈佛大学毕业后便来到国立卫生研究院工作，是利什曼原虫病治疗的领军人物。涅瓦退休后，纳什便成了国立卫生研究院利什曼原虫病的首席临床研究员，在过去的十几年里，他通过新型药物和配方成功提高了疗效。

国立卫生研究院的医生对约德的病变进行了活检，在显微镜下观察到了其细胞组织上充满了圆形、高倍显微镜下可见的利什曼原虫。但约德的治疗取决于他患的是哪种类型的利什曼原虫病。国立卫生研究院的专业实验室开始对寄生虫的DNA进行排序。

利什曼原虫病在人类身上寄生的历史由来已久，让人类不堪其扰。人类最早的记录中便记载有此病，几千年来它给人类带来了无尽的折磨和死亡。

几年前，人们在一块上亿年的缅甸琥珀里发现了一只吸吮爬行动物血液的沙蝇，这只爬行动物极有可能是一只恐龙。在沙蝇体内，科学家发现了利什曼原虫，在沙蝇的长鼻或者说是吮吸管道中，他们发现该爬行动物的血细胞也感染了同样的寄生虫。

连恐龙都会得利什曼原虫病。

所谓的盘古大陆分裂以后，利什曼原虫可能就已遍布世界各地。古代大陆最终分裂成了旧大陆和新大陆，沙蝇祖先的种群也被分离开来，它们在各自的大陆上独立进化，最终演化出旧大陆和新大陆的两大类原虫。在某种程度上，这种疾病促成了从爬行动物到哺乳动物的飞跃。（现代爬行动物也患有利什曼原虫病。关于爬行动物身上的利什曼原虫病是否会传染给人类，医学上还存在争议，但可能不会。）

和折磨人类的其他疾病不一样，利什曼原虫病从一开始便是全球性疾病，不论是新大陆还是旧大陆，人类的祖先都很恐惧这种疾病。考古学家们在距今5000多年的埃及木乃伊身上发现了利什曼原虫，在距今3000年的秘鲁木乃伊身上也发现了该病。人类最早的档案之一，2700多年前统治亚述帝国的亚述巴尼拔（Ashurbanipal）国王用楔形文字写就的“创世的七块泥板”，便记载了利什曼原虫病。

利什曼原虫病主要有三种，每一种的症状都不一样。

最常见的是感染皮肤利什曼原虫病，旧大陆很多地方都有这种病，尤其是非洲、印度和中东。这种病在墨西哥、中南美洲也很普遍，最近还在得克萨斯州和俄克拉荷马州出现过。一些从伊拉克和阿富汗回来的美国军人也在军事行动中感染了皮肤利什曼原虫病，他们给这种病起了个外号叫“巴格达疖子”。感染了这种利什曼原虫病，发病初期是被叮咬的方地方出现疼痛，然后患处慢慢地变成一个流脓水的溃疡。如果不管的话，它通常会自己消失，只留下一个难看的疤。我们也可以通过灼烧、冷冻或外科手术来切除溃疡。

第二种是感染内脏利什曼原虫病（也来自旧大陆），这种病的寄生虫会入侵人体的内部器官，尤其是肝脏、脾脏和骨髓。有时它也被称为“黑色热病”，因为病患的皮肤往往会变黑。这种类型的利什曼原虫病属于致命性疾病，患者若没有接受治疗一般都难逃一死。但经过治疗，内脏利什曼原虫病可以迅速痊愈，只需要注入抗生素药物便可，治愈率可达95%以上。世界上利什曼原虫病导致的死亡，大都是由内脏利什曼原虫病引发的，而且死去的患者几乎都是得不到治疗的穷孩子。

最后一种利什曼原虫病是黏膜皮肤或黏膜类的疾病，新大陆的利什曼原虫病主要就是这种。患病初期只有表皮疼痛。数月或数年后，溃疡会重新出现在鼻子和嘴的黏膜上。（不过我嘴里的溃疡大概与它没什么关系。）利什曼原虫病转移到脸上时，病情就很严重了。溃疡变大，原虫从内部蚕食鼻子和嘴唇，最终导致皮肉脱落，使脸变得极其恐怖。原虫会继续蚕食脸部的骨头、上颌和牙齿。这种类型的利什曼原虫病，虽然不一定致命，但却是最难治疗的，而且治疗所使用的药物都是有毒的，有时会产生致命的副作用。

在前哥伦布时代，南美居民深受黏膜利什曼原虫病的困扰，他们称之为“尤塔病”。怪异的恐怖面容吓坏了莫希文明、印加文明和其他古文明的人。他们或许认为这是神灵降下的惩罚或诅咒。考古学家在秘鲁和其他地区发现了这种患者的墓葬，他们的病情十分严重，脸部都出现了凹陷的洞口，疾病吞噬了包括面部骨头在内的一切。秘鲁挖掘出来的古代罐子非常忠实地记下了这种畸形，根据记录的描述，研究人员可以辨认出疾病的临床阶段：早期，鼻子出现软组织损伤；中期，出现遍及鼻子和嘴唇的大面积损伤；后期，硬腭、鼻中隔、上颌和牙齿出现毁坏。秘鲁有用切掉鼻子和嘴唇来惩罚人的习惯，或许就是在模仿因为疾病而导致的面部畸形，模仿他们眼中的神的惩罚。

对疾病深深的恐惧，或许还推动了南美人类定居模式的变革。加州州立大学弗雷斯诺分校的退休教授、考古学家詹姆士·库斯

(James Kus) 认为，印加人之所以选择在马丘比丘建城，部分原因可能是黏膜利什曼原虫病的盛行。他告诉我："对于利什曼原虫病，印加人总是疑神疑鬼的。"传播利什曼原虫病的沙蝇不能在高海拔地区生存，但它在印加人种植神圣作物古柯树的低海拔地区却很普遍。马丘比丘恰恰就位于一个合适的海拔高度上：对于利什曼原虫病来说位置太高了，但对于古柯来说又不算太高；在马丘比丘建城，国王和他的朝廷可以在一个安全的地方进行统治，既能主持与古柯种植有关的仪式，也不会患上这种最致命的疾病。

当西班牙征服者在16世纪到达南美时，他们看到安第斯原住民(尤其是古柯种植者)畸形的脸很震惊。西班牙人以为他们看到的是一种麻风病，所以他们管这种疾病叫作"白麻风病"。数年间，黏膜利什曼原虫病在拉丁美洲有了很多绰号：貘鼻子(tapir nose)、粗嗓门(hoarse voice)、海绵病(spongy wound)和大溃疡(big canker)。

旧大陆没有黏膜利什曼原虫病，然而更加致命的内脏利什曼原虫病却长期困扰着印度次大陆。当英国人把帝国扩张到印度的时候，这种病首次引起了西方医学界的注意。18世纪的作家把它描述成"黑热病"。内脏利什曼原虫病以沙蝇为媒介，在人类中间传播，其主要的宿主是人类。它是如此致命，传播速度如此之快，以至于在19世纪的印度，利什曼原虫病曾席卷某些地区，杀光了所有人，留下一片空无一人的村庄。英国人也注意到近东地区和印度都存在会感染皮肤的利什曼原虫病，并给它取了不同的名字：阿勒颇恶魔(Aleppo evil)、杰里科按钮(Jericho button)、德里疖子(Delhi boil)、东方疖(Oriental sore)。但直到1901年，医生才发现两种原虫之间的关系。一位来自格拉斯哥的名叫威廉·布格·利什曼(William Boog Leishman)的医生曾是一名英国将军，他的部队驻扎在加尔各答附近的达姆达姆镇，他手下的一个士兵生病了，还伴有发烧和脾脏肿大的情况。此人死后，利什曼在显微镜下检查他的脾脏切片，利用新型的染色技术，在其细胞里发现了微小的圆形体，这就是利什曼原虫。利什曼管它叫作“达姆达姆热病”。利什曼将自己的发现公之于众，没过几周，另外一个也驻扎在印度的英国医生查尔斯·杜诺文（Charles Donovan）也独立发表了自己的研究成果。他也发现了这种令人讨厌的寄生虫，最终这个病症以“利什曼原虫病”命名，而杜诺文的名字则被拿来给这个物种命名：杜氏利什曼原虫。1911年医生们发现这种病是通过沙蝇传播的，不久他们意识到相当多的哺乳动物都能够成为这种病的宿主，包括狗、猫、田鼠、家鼠、沙鼠、仓鼠、豺、负鼠、狐狸、僧海豹，当然还有人类。该寄生虫的宿主范围大得令人吃惊，这使得它成为这个星球上最“成功”的疾病之一。

约德的寄生虫DNA分析结果出来的时候，我还没有决定是否要去国立卫生研究院看病。结果显示他感染了巴西利什曼原虫。对于约德和我们其他人来讲，这真是个坏消息，因为巴西利什曼原虫会引起第三种，也就是黏膜类的疾病，而且这是最难治愈的利什曼原虫病。

纳什医生决定立即开始治疗约德。他将使用一种叫作两性霉素B的药物，通过慢速输注给药。因为它副作用很严重，医生们戏称这种药物为“加倍可怕”。只有在其他药物都无法起效的情况下，医生才会给血液感染真菌的病人使用这种药物，而这类病人大都患有艾滋病。

纳什医生会给我们注射两性霉素B脂质体，其中的有毒成分两性霉素B被包裹在由脂质滴液制成的微小球体中，这使得药物更安全，减少了一些最危险的副作用。但脂滴本身也会产生不太好的副作用。

治疗时间取决于病人对药物的耐受度以及溃疡恢复的速度。根据多年的经验，纳什医生认为理想的疗程是7天，7天时间足够治愈疾病，但又不至于对病人造成伤害。

约德确诊患上利什曼原虫病后不久，温伯格也从疾病控制与预防中心得知自己患了病。费希尔、亚当斯和费尔南德斯也在国立卫生研究院被诊断患上了此病。除了费尔南德斯，所有人都接受了治疗；纳什医生发现费尔南德斯的免疫系统似乎正在反抗这种病的入侵，所以他决定推迟治疗费尔南德斯。这是一个正确的决定，事实证明费尔南德斯不用忍受两性霉素B脂质体引起的寒战就痊愈了。

我们也得知，尽管伍迪和萨利每晚都把自己裹得严严实实的，但他们也感染了利什曼原虫病。萨利准备去伯明翰中心医院的皇家国防医学中心接受治疗，而伍迪则要在伦敦的热带疾病医院开始治疗。两人都要使用一种新型药物，叫米替福新。洪都拉斯那边也很快传来了消息，洪都拉斯的许多探险队成员也患上了利什曼原虫病，其中包括考古学家奥斯卡·尼尔·克鲁兹、军队指挥官奥塞格拉上校和9名士兵。

我们得了流行病的消息开始在探险队队员当中传开，同时令人毛骨悚然的流着脓水的溃疡照片也传了出去，这不禁让人想起了流传数百年的神话以及经常被引用的“猴神的诅咒”。我们还砍下了那些花！撇开黑色幽默不说，我们许多人私下里都对自己能如此轻松地走进那片热带区域感到震惊，然后又为自己毫发无损地从丛林中走出来而沾沾自喜。面对这种严重的疾病，这种很可能会改变每个人生活轨迹的疾病，我们很快便没了开玩笑的心情。事情相当严重。

因为两性霉素B价格昂贵，在洪都拉斯即使有钱也买不到，洪都拉斯的队员只能使用一种比较老的药来治疗，那是一种五价锑化合物。锑是一种重金属，它在元素周期表中的位置就在砷的正下方，同样有毒。这种药物虽然能杀死寄生虫而不伤害病人（希望能吧），但它的副作用和两性霉素B一样严重，甚至还更严重些：即使在最乐观的情况下，也有致死的可能。维尔吉利奥告诉我们，奥斯卡的右脸被虫子叮了一下，他差点因为这种疗法而死亡，他目前正在墨西哥隐居。他脸上那个丑陋的疤痕恐怕得跟随他一辈子；从那以后，他便留了胡子以盖住那个伤疤，而且对于在T1的经历绝口不提，也不愿意再次深入T1。

约德被诊断出黏膜利什曼原虫病后，我终于明白不能再拖了，我必须马上接受治疗。就算治疗方式听起来很糟糕，我也不愿意拿这种病冒险或是拿我的脸来冒险。

5月底，我电话联系了国立卫生研究院，预约6月初去接受活检和诊断。当时我的虫咬处已经变成了一个流着脓水的火山口状的伤口，有25美分那么大，颜色泛红，看起来很恶心。但它没给我带来什么痛苦；我已经不发烧了，身体也感觉良好。纳什医生说他怀疑我的发烧不是由利什曼原虫病引起的，而是巧合的病毒感染。因为我的免疫系统已经遭到了利什曼原虫病的入侵，所以那种病毒便趁机“劫持”了我体内的白细胞，引起了发烧。

治疗的日子日益临近，但我却听说两性霉素B疗法的副作用很大。约德的肾脏严重受损，纳什医生仅仅给他注射了两剂两性霉素B后就停止了给药。约德仍然留在国立卫生研究院接受观察，医生们正在讨论下一步的治疗方案。

Chapter 24

The National Institutes of Health

My head felt like it was in flames.

第二十四章

国立卫生研究院

脑袋像是着了火似的。

国立卫生研究院位于马里兰州贝塞斯达市，占地面积达数十公顷，园区内绿树成荫。6月1日，我独自来到这里。那是个美好的夏日，空气中散发着刚割下的青草的味道，鸟儿在树间歌唱。在这里，穿凉鞋和牛仔裤的人比身着实验室白大褂的还多，犹如校园一般。我沿着车道向临床中心大楼走去，路上还听见远处有人在吹小号。

走进中心，转了一圈之后，我终于找到了接诊区。签署了同意接受研究的文件后，一个和善的护士为我采了13管血。我也见到了纳什医生以及我的第二个医生，伊莉斯·欧康纳（Elise O' Connell）。他们的热情和专业打消了我的疑虑。

在皮肤病学实验室，一位摄影师拿着佳能数码相机走了进来。他在我胳膊的溃疡下黏了一把小尺子，并拍了几十张照片。之后我又被带到另外一个检查室，一群叽叽喳喳的学生热情地帮我检查病灶，他们轮流观察、触诊和提问。接下来，在活检实验室，护士从我的伤口上切下了两块蠕虫状的肉块，然后又把伤口给缝上了。

活检结果出来了，不出所料：和约德他们一样，我也患上了巴西利什曼原虫病。至少医生们初步判断如此。

我们的主治医师纳什71岁了。他每次巡视都穿着白大褂，侧面的口袋里塞着一卷纸。纳什医生一头卷曲斑白的头发从饱满的额头向后梳去，鼻子上架着一副钢框眼镜，浑身散发着一种和蔼而又漫不经心的学者气质。虽然他也像大多数医生那样忙，但他从来都是一副从容不迫、轻松自在的模样，他爱好交际，也乐于回答问题。我说我不想听人粉饰病情，有什么说什么就好，他说他和病人打交道时也喜欢这样。他直率得让人神清气爽，甚至可以说直白得惊人。

自20世纪70年代初以来，国立卫生研究院就一直致力于利什曼原虫病的临床研究，病患多是新加入美国的移民和在旅游中患上这种病的人。很多病人都是美国和平队的志愿者，他们大多数人的治疗纳什医生都曾参与过。2001年，他为国立卫生研究院撰写了新版利什曼原虫病治疗方案，这本书至今还在使用。根据寄生虫种类和地理环境的不同，他摒弃了过去毒性太大的含锑药剂，转而采用两性霉素B和其他药物进行治疗。纳什对利什曼原虫病的治疗法颇有研究。但这不是简单的疾病，治疗法与其说是科学，不如说是一门艺术。临床数据不足以告诉医生们采用何种配方，而利什曼原虫病的种类太多了，还有很多是未知的。

纳什医生几乎将他的一生都贡献给了国立卫生研究院临床寄生虫病科，他在此工作了45年。他说，回顾过去，寄生虫学曾经是“科学中的死水，完全处于停滞不前的状态，没人对这个感兴趣，没人想跟你一起工作”。因为患寄生虫病的人大都是穷人，也因为传染病药品通常都是免费的，寄生虫学是所有医学领域中收入较低的一个。要进入这个领域，你必须真心想要帮助人们。你要花费10年时间、耗费大量金钱学习医术，但却得拿着微薄的薪水加班加点地工作，你的工作对象是全世界最穷、最脆弱的人群，每天面对的都是惊人的痛苦和死亡，而你的回报就是帮病人减轻一点点痛苦，所以很少有人愿意成为寄生虫学家。（在文章发表之前，我把纳什医生的这段话写了进去，但他写信拒绝了，他说：“还是改一下吧，不要在我头上安光环。”我可以把光环变得柔和点，但不能完全拿掉。）

纳什医生早期主要是研究血吸虫病和一种常见的、世界性的水生寄生虫贾第鞭毛虫，如今则专注于脑囊虫病的研究。得了这种病，大脑会被绦虫幼虫入侵，这些虫子来自于未煮熟的猪肉。幼虫随着血液在人体内流动，有一些会卡在脑部的毛细血管里，发展成为包囊，从而使葡萄大小、充满了液体的孔洞布满大脑。这时患者会觉得脑袋像是着了火似的，继而出现癫痫、幻觉、记忆力衰退和死亡等状况。世上感染脑囊虫病的人有数百万之多，此病是导致后天性癫痫发作的主要原因。“如果能把疟疾的研究资金分那么一丁点儿给我们，”他苦恼地向我表示，“我们也能做很多事来斩断这种病的传播。”

第一次见到纳什医生的时候，他让我坐下来，跟我解释为什么我们小组会感染这种病、利什曼原虫病是怎么发作的、这种原虫的生命循环周期是怎样的、治疗会对我产生什么影响。这种病的传播需要两种动物：一个是“宿主”，就是血液中长满寄生虫的受感染的哺乳动物；另外一个是“带菌生物”，也就是雌性沙蝇。沙蝇叮咬宿主吸血之时，它也把寄生虫吸了进来。这些寄生虫在沙蝇的肠道中大量繁殖，等它去叮咬另外一个宿主时，寄生虫就被注射进新的宿主体内，完成了其生命的循环周期。

每一种寄主动物都像“伤寒玛丽”一般度过一生，感染喝它血的沙蝇。寄生虫不会让宿主“付出”太多，虽然它们也会在一些哺乳动物的鼻子上噬咬出伤口。但识相的客人是不会杀死它的宿主的；利什曼原虫病的原虫希望它的宿主能长命百岁，尽可能帮助它们散播疾病。

T1这种与世隔绝的峡谷距离人类居住点很远，沙蝇和一种未知的哺乳动物宿主（可能是家鼠、田鼠、水豚、貘、野猪，甚至是猴子）已经困在一个感染再感染的死循环里几个世纪了。“然后，”纳什说，“很不幸，你们闯了进去。”进入山谷，我们就像徘徊在战场上的无知平民，在交火中被射得千疮百孔。

受感染的沙蝇叮咬人的时候，它会将成百上千个寄生虫注入人体组织。这些微小的单细胞动物有鞭毛，所以它们可以四处游弋。它们个头非常小，30个这样的寄生虫加起来才有人类的头发丝儿那么粗，但比起其他的病菌和病毒，它们已经算是很大的了。比如说，单个利什曼原虫体内可以装进约10亿个感冒病毒。

因为利什曼原虫是一种复杂的单细胞生物，它们感染宿主的方式比普通病毒和细菌更微妙、更狡猾。沙蝇向人体注射利什曼原虫之时，人体感觉到有东西入侵，派遣白细胞部队去追捕、吞噬和破坏寄生虫。白细胞的种类很多，它们通常是通过吞食和消化入侵物来处理外来的细菌和其他异物。不幸的是，这种处理方式正中利什曼原虫的下怀。利什曼原虫一旦进入白细胞内，就会脱去鞭毛，变成卵的形状，然后开始繁殖。白细胞很快就会胀大，装满了原虫的白细胞就像是一个胀破的装豆子的袋子那般炸裂开来，将原虫释放到受害者的组织中。这时候，就会有更多的白细胞冲出来攻击吞噬四散的原虫，而它们又会被“劫持”，然后产生更多的原虫。

感染部位周边形成的溃疡不是原虫本身造成的，而是因为人类的免疫系统攻击它形成的。吞噬人类的皮肤并且（以黏膜的形式）毁坏面部的，不是原虫，而是炎症。免疫系统完全失去了控制，疯狂地想要清除掉把白细胞都撑爆了的原虫，这场战斗摧毁了战场，被咬区域的组织开始发炎坏死。随着原虫慢慢地向外扩散，损伤处也在扩大，在皮肤上留下伤口，留下了火山口一样的患处，露出皮肤底层的血肉。溃疡通常不会疼（没有人知道为什么），除非发生在关节处的才会剧烈疼痛。因黏膜利什曼原虫病而死亡的患者，绝大多数是因为免疫系统崩溃，感染了其他病菌才致死的。

纳什接着谈到了我要服用的药物，也就是两性霉素B。他说要治疗黏膜利什曼原虫病，这种药物是首选。虽然米替福新是一种较新的药物，还可以制成药片服用，但他并不想用这种药。除此之外，也没有别的药了。*临床试验太少，纳什对该药不放心。在哥伦比亚进行的一次试验中，这种药物似乎对巴西利什曼原虫病没有什么作用。他说至少有10万人服用过这种药物，才能知道这种药会有哪些副作用。而米替福新还没有达到这个基准。对于两性霉素B，他做过很长时间的实验，治愈率几乎达到85%，对药物治疗而言，这结果已经算是“尽善尽美”了。该药物可以附着在原虫的细胞膜上，在上面撕开一个小孔，让里面的有机质流出来，从而杀死原虫。

纳什告诉我服药过程中会出现什么状况。他并没有美化治疗的效果。他说两性霉素B的副作用会很夸张，而且“多到几乎说不完”。一服下药马上就会出现一些急性反应，一段时间后还会出现危险的长期副作用。很多这样的副作用都相当复杂，医生也解释不清楚。15年前他刚开始使用这种药物的时候，起初治疗情况还不错，后来在给病人注射时，病人突然出现急性反应。事实证明，有些人能耐受这个药而有些人则不能。他说，起初这些反应让他也很是慌张，因为这些反应看起来就像是出现了急性感染，如发烧、寒战、疼痛、心跳加速、血压飞升和呼吸困难等。更甚者，这种药物还会对少数病人产生神秘的心理影响。服药后的几秒钟内，他们就被一种即将到来的厄运感淹没了，在极端情况下，这种感觉让他们相信自己实际上正在死亡。他不得不停止给这些病人注入药物，有时还需要使用药物让病人镇静下来或者昏睡过去。不过这种剧烈的反应一般很快就会消失，纳什强调说，很多病人一点儿反应都没有。我大概会是比较幸运的一个吧。

他还列举了很多常见的副作用：恶心、呕吐、厌食、头晕、头疼、失眠、皮疹、发烧、发抖、发冷和意识模糊。身体方面的影响有：电解质紊乱、白细胞数量下降和肝功能异常。他解释说，这些后果都很寻常，我至少会出现上述症状中的一种。最常见也最危险的副作用是药物会损伤肾脏，降低肾功能。年龄越大，危害越大；老年人随着年龄的增长，肾功能会出现自然下降。我问纳什我现在已经58岁了，算不算“老年人”，他觉得这话很好笑。“哦！”他笑道，“难道你还一直觉得自己是中年人？是的，我们都会经历一个否定（自己已老去）的时期。”根据一般的经验，如果肾功能下降到基准线的40%时，他就会停止用药。

他说，整个过程“对于病人和医生来说都是压力满满”。

当我问他这种病是否能治愈时，他吞吞吐吐地说不出话来。如果是让症状消失，从这个角度来讲是可以治愈的，但若是要将身体里的寄生虫完全清除，这是不可能的，医生称这个为“不育治疗”（sterile cure）。就像水痘一样，水痘治好后，病毒会潜伏在体内，过几年再以带状疱疹的形式卷土重来，寄生虫也是如此。因此治疗的关键是抑制住寄生虫，让身体免疫系统接管身体并控制病情，迫使寄生虫不能对身体施加正面攻击，而寄生虫会潜伏起来，还会屡次改变位置，在掩护之下偷袭你的身体。白细胞是通过一种叫作细胞活素的化学物质进行相互交流的，细胞活素会调整白细胞对利什曼原虫病发作的反应，最终帮白细胞“训练”出更好的防御机制。

但假如你的免疫系统出现衰退的话，黏膜型和内脏型利什曼原虫病就会更猛烈地杀回来。比方说，如果有人感染了艾滋病病毒、经历了癌症治疗或器官移植，那这时候利什曼原虫病就会再次爆发。甚至在拥有良好免疫系统的人身上，再次出现巴西利什曼原虫病的情况也很常见。即使在最乐观的情况下，这辈子你的身体也要一直和利什曼原虫进行小规模作战。

在医院等活检的时候，我去探望了一下约德，他的治疗中途流产了，目前正在休养。他被安置在一个可以看到屋顶、树木和草坪的宽敞的私人房间里。这是丛林离别后，我们头次会面，所以我迫切想要见到他。走进房间，我看到他正穿着病号服坐在床边。虽然我也知道他被折磨得不轻，但还是被他的外表吓了一跳：约德看上去很沮丧，这与当时那个健壮、幽默、精力充沛、爱挖苦人的专业人士判若两人。几个月前他还在下着倾盆大雨的雨林中四处乱逛、故意把镜头推到我们的脸上。现如今，他强打着精神，用苍白的微笑，坐在床上伸出汗津津的手来欢迎我，告诉我他都经历了什么。

因为两性霉素B会损伤肾脏，在开始用药前，纳什和他的小组就对约德的肾功能进行过分析，他们认为约德的肾脏没有他们想象的那么强壮。他们让约德入院治疗，以便密切观察他的肾功能。我们的血液中有一种叫作肌酸酐的物质，它是使用肌肉后产生的一种废物，肾脏会以一定的速度把它排出体外。如果肌酸酐水平升高，那就意味着肾功能不正常。通过每天检测肌酸酐水平，国立卫生研究院的医生可以监测肾脏损伤的程度。在早期阶段，这种损伤几乎是可逆的。

然后约德向我描述了吃药后的感觉，跟纳什的警告差不多。他说整个过程需要7个小时到8个小时。护士把他安置在舒适的躺椅上，给他做静脉注射，然后对他做了一系列的血液测试，以确保他的身体状况良好。最后医生们给约德输入了1升淡盐水，目的是为了稀释血液，以便肾脏能迅速排出药物。

打盐水点滴用了1个小时，接着又注射了15分钟的苯海拉明，来抑制两性霉素B可能产生的过敏反应。与此同时，护士们在输液架上挂上了一个可怕的不透明的棕色袋子，里面装的是两性霉素B。

约德说，当一切就绪，他们便打开阀门开始为他注入两性霉素B。这种液体要花三四个小时慢慢从袋子里输入病人的身体里。

“用药的时候有什么不妥吗？”我问。

“我就这么看着柠檬酒一样的溶液从管子里流进我的身体，”约德说，“它进入血管几秒钟后，就在那短短的几秒钟里，我觉得胸口有点儿压得慌，后背也疼。我感到胸闷得厉害，呼吸困难，脑袋像是着了火似的。”

纳什医生立刻关上了点滴。这其实是刚开始输液时的常见副作用，这种反应不是由两性霉素B本身造成的，而是由脂质滴液造成的，因为某种神秘的原因，这些脂滴会让身体误以为发生了大规模的外来细胞入侵。这种症状通常很快就会消失。

医生们让他休息了几个小时，然后给他注射了抗组胺剂，随后再次输入两性霉素B，这一次输入的速度比上次慢了点儿。这一次给药成功了。第二天医生对约德进行了第二次给药。但那天较晚的时候，纳什医生带来了一个坏消息："你没能通过两性霉素B治疗。"约德的肌酸酐水平出现飙升，他的肾功能严重受损。医生们决定终止这种疗法。

他说医生们让他在接下来的一周里都待在这里，以便监测他的肾功能，确保肾功能恢复正常。

"那现在怎么办？"我问，"要怎么治疗？"

他摇摇头："鬼才知道。"他说要等等看，看看这两剂药是否已经消灭了利什曼原虫病，有这种可能，但概率不大。这种病发病很慢，没必要急着用如此危险的方法治疗。同时，国立卫生研究院也在想办法为他搞来新型药物：米替福新。一个疗程的米替福新差不多要花费2万美元，相比之下两性霉素B只需要6000美元到8000美元。即便米替福新在美国搞不到，纳什医生也会试着以实验治疗的名义拿到特许许可，从国外弄点儿药。

听了这些，我越发沮丧，我意识到自己没有选择，只能亲自经历一遍这样的过程。我的治疗时间安排在了月底。

*制药公司曾想获得米替福新的上市许可，纳什也一直在临床中使用米替福新，可当美国批准使用这种药物的时候，该公司却停止了实验。虽然该公司提高了该药的产量，但在美国却买不到这种药。因为种种原因，诸如制药速度不够快、美国食品及药物管理局的官僚作风、在美国治疗利什曼原虫病既没有利润也非医学研究的重点课题等，两年后米替福新才能在美国上市。

Chapter 25

An Isolated Species

They try to have tea with your immune system.

第二十五章

与世隔绝的物种

它们只是要跟你的免疫系统喝杯茶。

6月22日，我再次来到国立卫生研究院。在此期间，费希尔也接受了治疗，其他人的治疗大都安排在我后面。起初，费希尔对药物的反应和约德一样糟糕：突如其来的疼痛、巨大的压力和窒息感，还有一种即将死去的恐慌感，但幸运的是这些副作用不到十分钟就全部消失了。费希尔的身体对两性霉素B的耐受度要比约德好，他成功地熬过了7天的疗程。即便是这样，他受的折磨也不小。治疗让他感觉恶心、疲惫、沮丧，还“完全丧失了雄心斗志”。回到科罗拉多后，他身上开始长疹子，情况非常严重，以致国立卫生研究院的医生想让他住院治疗（他拒绝了）。整个夏天他都在生病，甚至连秋季都没法上班，这给他的学院工作带来了麻烦。利什曼溃疡后来又开始复发，直到费希尔接受热疗法后溃疡才消失了。过了一年多，费希尔的疹子还是没有完全愈合。

当我在国立卫生研究院填写常规文件时，约德和费希尔的经历一直在我脑海中浮现。这次克莉丝汀跟我一起来了，我们被护送到了一个输液间。这里的环境让人感觉很舒服，虽然家具大得出奇。我觉得自己仿佛置身斯威夫特想象中的大人国。护士解释说国立卫生研究院正在研究病态肥胖症，我们所在的房间就是专门为那些病患准备的。

我坐在输液椅上，满心焦虑，压力山大。在7天的疗程里，每天要输液6个小时到8个小时，所以我带了个背包，里面装了重约9千克的书，都是我最喜欢的减压书籍，书很多，有埃德加·艾伦·坡（Edgar Allan Poe）、阿瑟·柯南·道尔（Arthur Conan Doyle）、威尔基·柯林斯（Wilkie Collins）等人的作品，其实我根本读不完。我想象着自己被困在这里数小时，身边只有可怕的护士长拉契特在四处巡视。但是好奇心却又让我对两性霉素B的药效深感好奇。觉得自己要死了是什么感觉呢？

也许我会看到上帝，或者看到隧道尽头的光亮，又或者会看见飞面大神（the Flying Spaghetti Monster）。

一位和蔼可亲的护士长走了进来，先给我做了静脉采血；接着她开始为我输入生理盐水。虽然医生每天都来检查溃疡是否已开始愈合，但他们并没有处理溃疡的创面。

一小时后血液检查报告出来了，一切正常：我的肾功能很好。在纳什医生和欧康纳医生的注视下，装满了两性霉素B的可怕的棕色袋子挂在了打点滴的架子上，旁边是一袋苯海拉明。15分钟的苯海拉明点滴让我头晕眼花，然后两性霉素B的开关打开了，药物开始顺着管子往下滴。

名誉上的意大利人约德把它比作“柠檬酒”，但在我看来，它更像是尿液的颜色。看着它慢慢地顺着管子进入我的静脉，这只会让我更焦虑，所以我强迫自己转移注意力。因而我刻意和医生以及妻子聊天，假装什么都没发生，但事实上我一直都在准备应对突如其来的疼痛、压力和像着了火的脑袋，上帝啊，太阳神啊！我的两个主治医生也假装兴奋地聊着天，试图掩盖他们的紧张。

黄色的液体输完了，什么也没发生。我没有遭受约德和费希尔所经历的痛苦。真是白担心一场。每个人都松了一口气，但我也有一丁点儿失望。

从那时开始，我的治疗过程一直都很顺利。每天早晨8点左右，我到达临床中心，输液，接受一连串的血液检测，然后再输液。三天过去了，我让医生停掉了苯海拉明（它的作用是防止药物过敏），因为它总是让我昏昏欲睡。医生欣然同意了。几天后，两性霉素B不可避免的副作用开始慢慢发作：我出现了持续性的头痛，开始觉得恶心。除此之外，我还出现了一种说不清道不明的不安感，总觉得体内出现了什么严重问题，但我没办法明确说出问题在哪儿。到了第六天副作用继续恶化，我感觉自己正被迫经历全世界最糟糕的宿醉一般——头痛、恶心、嗜睡和思维混乱。治疗快结束时，优秀的工程师马克·亚当斯也开始了他的治疗。2012年的激光雷达探索和2015年的丛林探险，马克参加了。他是我最喜欢的人之一，说话温和，就算是在下着大雨的密林中拖着18千克重的音响设备、扛着配有长长吊杆的麦克风，依然精神十足。我们被安排到同一个房间，每天打发时间的方式，就是回忆探险的日子。马克对两性霉素B的耐受性也很好，可怕的副作用一点儿都没出现。

尽管我感觉很糟糕，但恶心和宿醉是两性霉素B最常见、最温和的副作用之一。我算是极为幸运的了。医生给我开了止吐的布洛芬，还给我一种很难喝的东西帮助我恢复电解质平衡。但在第六天，纳什和欧康纳大夫告诉我，我的肾功能下降到了危险区，他们打算停掉输液治疗。他们希望我能等一等，等肾脏恢复了再输液。几周后，在国立卫生研究院和我的医生弟弟大卫的安排下，我在离家很近的地方进行了输液。

首轮治疗一周后，宿醉的感觉就消失了，在接下来的一个月里，溃疡也干涸、平整了，最后变成了有点儿发亮的疤。有一次我问纳什医生，重返丛林会不会有什么风险。其实我内心深处还是很渴望能回去。他说研究表明75%到85%的利什曼原虫病患者痊愈后就免疫了；他觉得我应该多防备那个地区其他无法预防的流行病，如登革热、基孔肯雅病和恰加斯氏病。（此时，寨卡病毒还没有蔓延到洪都拉斯。）

2015年9月，也就是三个月后，我到国立卫生研究院做复查。纳什和欧康纳医生给我做了检查，他们戳了戳伤疤、抽了点儿血，然后说疾病已经好转了。我痊愈了，因为从技术上来说也只能做到这一步了。为了替患者保密，医生没有提起探险队其他成员，但我也了解到我算是幸运的，有些伙伴（他们叫我不要透露他们的信息）还没有治愈，需要使用米替福新或其他药物进行额外疗程的治疗。还有一些人仍在跟疾病做斗争。（不幸的是，在写本书的时候，我的利什曼原虫病好像又复发了，不过我还没有告诉我的医生。）

与此同时，我对国立卫生研究院的利什曼原虫研究产生了兴趣，据说这里的研究是全世界最先进的。我想知道通过研究我们身上的这种寄生虫，这里的科学家有没有发现什么。因此我借机参观了所内的利什曼原虫实验室，研究员在这里养了一批受感染的沙蝇和老鼠。这是世界上为数不多的能够饲养受感染沙蝇的实验室之一，这可是个既棘手又危险的活儿。

利什曼原虫病实验室的官方名称为细胞内寄生虫生物学学部。这里保存着不同品种的利什曼原虫，有些养了几十年了。研究人员从像我这样的患者身上取出活检组织来培养寄生虫。他们把小块的活检组织放在血液琼脂培养基上，引导寄生虫在上面繁殖。然后再把寄生虫转移到装满液体营养质的瓶子里，储存在25摄氏度的环境里，这也是沙蝇体温的温度。瓶子里的寄生虫开始活动，还以为它正在宿主沙蝇的内脏里面游荡。

沙蝇的体温比人类的低得多。皮肤型和黏膜型的利什曼原虫不喜欢人类过高的体温；正因为如此，它们通常会待在皮肤上或口腔和鼻腔的黏膜里，因为这几处温度相对要低一点。（内脏利什曼原虫可以忍受高温，从而得以进入人体内部。）

在这个寄生虫库中，必须让各种寄生虫循环感染老鼠，以保持它们的毒性。否则它们就变“老”、变脆弱，变得没有研究价值了。动物研究的准则是尽可能地避免不人道的做法；研究时，在满足研究目的和抵抗疾病的前提下，要让老鼠遭受的折磨尽可能轻一点儿。活体研究具有不可取代的重要性。

沙蝇和老鼠都保存在二级生物安全防护实验室中（简称BSL-2）。BSL-2是针对具有“中等潜在危害”生物的（生物安全级别一共分四级，分别是BSL-1、BSL-2、BSL-3和BSL-4）。我到的时候，工作人员正在给沙蝇喂食。一位实验室助理把我带到BSL-2实验室，这是一个小小的房间，进出要经过一道密封门，门上贴着生物危害警示标志。标志下方的门上贴着一张带有污渍的纸，上面有一只巨大的沙蝇，图片下方写着“PHIL’S PHLY PHARM”。菲尔（Phil）是一名科学家，已经去世很久了，他曾参加过沙蝇喂养技术的研究。

这里没有必要穿生化服。我心怀畏惧地走了进去，紧张地四处打量，生怕有沙蝇飞出来，不过它们都紧紧地关在不锈钢结构的温控箱里。但是，外面的桌子上也放着一个透明的塑料箱子，箱子里却是一幅令人恶心的景象：两只麻醉过的老鼠四脚朝天地躺在箱子里，抽搐着。它们全身爬满了正在进食的沙蝇，沙蝇细小的内脏膨胀成了鲜红色的血浆果。看着这个场景，我打了个冷战，想起我在帐篷里摊着四肢睡觉时，沙蝇们吸我血的场景。这些沙蝇还没有感染利什曼原虫；一旦被感染，就要更为小心地处理它们，这不仅仅是因为它们能传播疾病，更因为它们具备科学研究价值。

过段时间，这些沙蝇会被人为感染寄生虫，这是个复杂的过程。饲养员把生鸡皮覆盖在一个精巧易碎的手工玻璃瓶上，就像蒙在鼓上面的皮。皮上涂抹着老鼠血，让沙蝇误以为这是哺乳类动物的皮肤。瓶子里的液体也是老鼠血，里面含有寄生虫。沙蝇把它的吸管刺进鸡皮、伸进玻璃瓶吸取血液和寄生虫。沙蝇感染上寄生虫后，实验室工作人员就要诱使它去叮咬活老鼠，以此转移感染。作为感染目标的老鼠被放在一个密封的树脂玻璃盒子里，其耳朵被固定在一个装有被感染沙蝇的小瓶子上。饥肠辘辘的雌性沙蝇落在老鼠的耳朵上，吸血，同时把寄生虫转移给老鼠。

参观结束时，一位实验室助理拿了两瓶活的利什曼原虫，让我在显微镜下观察。它们都生活在浑浊的橘红色的营养液中。我用双筒显微镜观察其中一个瓶子时，刚对准接目镜，寄生虫就突然出现在眼前，几千只寄生虫一刻不停地动着，互相碰撞，不断地四处游动。它们有着细长的身体、尖尖的脑袋和鞭子状的鞭毛，鞭毛位于细胞的前端，拉着细胞往前游动。看着显微镜下的小生物不断地扭动着身体，我不禁想起它们所造成的破坏。

实验室的主任是大卫·赛克斯（David Sacks）医生，他是一位瘦削、英俊、说话直率的科学家。他在地下室有一个乱糟糟的办公室。“这些沙蝇特别渴望血液，”他告诉我，“它们四处寻找血液，你们这些伙计就这么撞在枪口上了。”

“为什么不是所有人都病了？为什么得病的只有一半人？”我问道。

“我认为所有人都应该被叮咬过，也都被感染上过，”他说，“鉴于你们被咬的频率，就算你们全部被都感染了，我也不会惊讶。为什么有些人没有出现病变，这个问题比你想象得更为有趣。”

他解释说，医学最大的谜团之一就是为什么有些人会生病，而另一些人却不会。尽管环境和营养对于感染很重要，但遗传才是最重要的。为什么那么多新大陆的人会死于旧大陆的疾病，这也是问题的关键所在。是什么样的遗传机制使得这些人比别人更容易受到感染？

赛克斯说，通过基因测序，我们终于有办法弄清楚为什么有些人比其他人更容易受到伤害。科学家们正在对人类的整个基因组进行测序、比较，以找出受感染者与未被感染者之间的基因差异。我们有办法研究生物大灭绝背后隐藏的生物学原理，以及未来如何预防这种流行病，但这个研究还处于起步阶段。

交流之时，我随口说了一句“这些沙蝇好恶心”，他责备我说：“我们一点儿也不觉得它们恶心。我们喜欢我们的沙蝇。”

赛克斯说，利什曼原虫病实验室用图表详细记录利什曼原虫生命周期的每个阶段，在它的“保护壳”上寻找可供疫苗利用的裂缝，这项工作已经进行好几年了。要发明一种针对原生动物的疫苗，这比发明克制普通病毒或细菌的疫苗难多了；实际上，目前还没有一种主要的寄生虫病有可靠的疫苗。利什曼原虫病感染身体的过程非常复杂。正如一位寄生虫学家所说的，“它是疾病世界的王者”。它们不会像很多病毒和细菌疾病那样大举进攻，从而引发剧烈的免疫反应，“它们只是要跟你的免疫系统喝杯茶”。赛克斯和他的小组已经确认了寄生虫在沙蝇体内所使用的重要蛋白质，他们还创造出那些蛋白质的突变形式，这些突变形式的蛋白质可能会阻止沙蝇的繁殖。但是搞清楚要如何利用这些弱点很不容易，从发现弱点到生产疫苗这一步更困难。

通常情况下，生产疫苗的最大的困难是钱。疫苗需要花费上亿美元去研发、测试，然后打入市场。人体试验涉及成千上万的受试者。“让企业参与试验很难，”赛克斯告诉我，“他们看不到这个项目的市场，因为得利什曼原虫病的人都没有钱。”

在过去的几十年中，世界卫生组织资助了一系列的临床试验，并对一种简单的利什曼原虫病疫苗进行了测试，这种疫苗把寄生虫加热灭活后注入人体。医生认为灭活寄生虫能够唤醒免疫系统，让免疫系统做好准备抗击活的原虫。试验失败了，但原因不明。其他疫苗也尚处于测试的初级阶段。

赛克斯和他的小组最大的发现之一就是，利什曼原虫会在沙蝇体内进行交配。此前，人们认为原虫只会通过分裂来繁殖，或者说克隆繁殖。通过交配，它们能够重组基因。这样一来，它们就能够进行杂交，更能适应环境。这就解释了为什么利什曼原虫会有很多种，以及为什么同一个品种的利什曼原虫有如此多的特性。交配的能力给利什曼原虫带来了强大的进化优势。这是它在1亿年里能够蓬勃发展和传播的主要原因，它感染了恐龙和人类，成为世界上最成功的疾病之一（从疾病自己的角度来看），其原因也在于此。

利什曼原虫病在T1山谷如此盛行，我不知道古代人是怎样处理这种疾病的。他们是通过清理植物或杀死作为宿主的动物来控制疾病吗？我向赛克斯提出了这些疑问。他说，那个时代的人很难将沙蝇确定为病媒，当然了，他们也不可能知道疾病是通过宿主动物来传播的；每天他们都会受到昆虫的叮咬，或许他们并不会把沙蝇的咬痕和几周后的病变联系起来。（例如，直到1897年，人们才意识到蚊子和疟疾的联系。在那之前，疟疾被认为是由夜晚的“邪气”引发的，疟疾在意大利语中被称作mal aria，也就是“邪气”的意思。）

T1被遗弃也不是因为利什曼原虫病，因为这种病在前哥伦布时代已经很普遍了，T1的人们无处可逃。他们无处可逃，只能忍受这种疾病，就像今天的数亿患者一样。

我们小组成员的病情确诊后，从伤口中取出的活检组织都送到了国立卫生研究院的另外一个实验室，这个实验室叫作分子寄生虫学部，该实验室的主任迈克尔·格里格（Michael Grigg）是最早通过基因组排序鉴定出巴西利什曼原虫病的专家。我打电话给格里格，问他是否发现了什么异常情况。

“你携带的这种利什曼原虫很难培养。”他回忆道。就和某些品种的原虫一样，这种利什曼原虫根本就不能人工培育。他把从我身上取下来的组织样本涂抹在血液琼脂培养基上，但利什曼原虫却拒绝繁殖。因为如此，他的实验室无法从人体组织上剥下足够多的寄生虫进行基因组测序，因为里面夹杂的人类DNA太多了。

他解释说，他们最初是对一个基因或标记进行测序：一个揭示物种特征的基因或标记。那个标记物和巴西利什曼原虫相符，后来，格里格又对五个标记物进行了测序，他把它们描述成“进入寄生虫的五个小窗口”。他得到了一个大大的惊喜：在“两个窗户里”发现的基因序列与其他已知的利什曼原虫基因都不同。在另外一个窗口里发现的DNA与一种名叫巴拿马利什曼原虫的DNA很相似，那也是一种同样有害的黏膜类疾病，但是那个基因也出现了突变。

他说，我们身上的利什曼原虫可能是巴拿马利什曼原虫和巴西利什曼原虫的杂交品种——这两个物种在沙蝇内脏中交配，生出杂交后代。杂交的原虫后来进入与世隔绝的环境，进化成新的品种，甚至是新的物种。在这五个窗口上出现了足够多的剪接突变，这意味着这个特殊的物种已经与外界隔离很长时间了。

“多长时间？”我问。

“这很难说。剪接突变并不是太多，要我说应该有几百年吧，不会是成千上万年。”

我突然间有了个想法。我对格里格解释道：这个山谷曾是一个繁华的城市，有着活跃的贸易网络。大约500年前，这个城市被遗弃了，山谷也和外界没了往来，也没有人再来传播疾病了。这里被遗弃的时间，会不会是寄生虫被隔离的时刻？如果是这样的话，可不可以用寄生虫的分子钟来确定城市被遗弃的时间？

他想了想，说这是一个合理的假设："如果你看到的是利什曼原虫一两次的阻击，那我们看到的则是数百年的隔离。这个隔离时间距离现代社会相对还比较近。这与你的理论是一致的。"

所有的物种都有所谓的"分子钟"。这个钟测量的是随机突变在几代生物中积累的速度。有些物种，比如感冒病毒，它们的分子钟就很快，而有些生物，如人类，分子钟就很慢。通过计算突变的数量，分子钟会告诉你这些物种隔离的时间有多久。这就像是一个传话游戏，你能通过信息错乱的程度判断出你和原始信息隔了多远。

后来我把这个设想说给赛克斯听，也就是用寄生虫的分子钟来确定T1被遗弃的时间。

"我觉得有道理，"他说，"生物的系统进化树是固定的，所以当你找到一个新物种时，你就要把它固定在树上，以确定它的遗传距离。"遗传距离会告诉你遗址的时间。

果真如此的话，这可能是首个利用分子钟来确定考古遗址时间的例子；我们的疾病或许真能帮助我们把握T1的命运。然而，这个研究尚未完成。

Chapter 26

La Ciudad del Jaguar

Our camp was still but a tiny puncture wound in the great wilderness.

第二十六章

美洲豹之城

对于广阔的原始森林来说，我们的营地就像是一个小小的伤疤。

我们的探险队于2015年2月离开T1山谷，此后近一年时间，无人再去打扰那里。我们的旧营地上留有一个轮值的洪都拉斯分遣队。不到几周时间，士兵们也都患上了利什曼原虫病，洪都拉斯军方从来没有遭遇过这种疾病。军方考虑让他们撤离，但最后解决这个问题的办法是频繁更换士兵轮值，以尽可能减少单个士兵接触沙蝇的时间。士兵们将营地里的灌木和植物清理干净，只留下大树，以便减少沙蝇的栖息地。为了方便轮值军人换岗，军方在阿瓜卡提机场建了一个兵营。

对T1地窖的文物进行发掘成了当务之急。就连费希尔都明白，将所有东西都留在地里不是长久之计。在洪都拉斯，考古掠夺是一个普遍存在的问题，这个地窖又价值上百万美元，必须要有士兵无限期地守着。考虑到花销、政府的频繁换届和厉害之极的利什曼原虫病（因为它，不知道人们能否长期停留在山谷里），这当然是不现实的。

在和利什曼原虫病进行艰苦卓绝的拉锯战的同时，费希尔也制定了一个工作计划，开始召集由考古学家和技术专家组成的队伍来发掘地窖。根据他的设想，专家队伍不会移动地窖里的所有祭品，只拿走露出地面且容易遭到破坏的文物。他计划让其余的遗址保持被丛林覆盖和隐藏的状态，这样留在地下的文物就不会有危险。他希望对地窖进行部分发掘，从而让我们了解它的意义，看是否能从中找到答案，解开这个文化的秘密。（此后，洪都拉斯考古学家对此地进行了发掘，就在我创作此书之时，已经发现了500多件文物。）

关于这次探险的学术争论并没有像探险队的人所希望的那样平息下来。2015年的科考探险结束数月后，费尔南德斯在特古西加尔巴作了一场关于激光雷达的演讲，一群抗议者出现在现场诘问他。他们的领袖、特古西加尔巴国家师范大学的教授格洛丽亚·劳拉·平托（Gloria Lara Pinto）来晚了。在问答环节，她向费尔南德斯发起了攻击，说他不是考古学家，而且也没有资格去冒充考古学家，他的汇报（是针对大众的）缺乏科学严谨性。费尔南德斯指出在演讲一开始，他就针对这些问题作了一个免责声明，可惜她因为迟到没听到这个声明。“我承认，”他后来告诉我，“我不是个考古学家或人类学家，但作为一个洪都拉斯人，我有权利和义务多了解我们国家的地理和历史，而且作为一个拥有博士学位的研究人员，我拥有进行历史研究的基本能力。”他说，在他回答完后，听众们都向平托教授和那群起哄者报以嘘声。

重返雨林和发掘遗址的费用高达100万美元，其中很大一部分是租赁直升机的费用。埃尔金斯和贝尼森开始筹集资金，在费希尔的帮助下，他们收到了来自洪都拉斯政府和美国国家地理协会的捐款，《国家地理》杂志再次聘请我全程报道探险队的工作。我对重返雨林颇有顾虑，但又很好奇，想去看看地窖里到底有什么东西。不管此举明智与否，我担心的并不是利什曼原虫病，实际上我更担心毒蛇和登革热。我们上次遇到的那条矛头蛇，我永远都忘不了它的体型、力量和杀伤力。我没有穿原来那双尼龙防蛇橡胶靴，而是上网买了一双价值200美元的防蛇靴，据说这是质量最好的防蛇靴。制造商在网上放了一段视频，展示防蛇靴如何成功抵御了一条响尾蛇的反复攻击。我打电话询问它们是否曾经拿矛头蛇做过测试，却被告知没有，他们不保证鞋子能抵御那种蛇。不管怎样，我还是买了。

我还制定了对抗登革热的方案：在衣服内外都喷上避蚊胺，每天再脱两次衣服，给全身都喷上避蚊胺。在太阳下山蚊子出动之前，我就会躲进帐篷里，等太阳升起后才出来。

2016年1月初，费希尔和他的考古团队（有洪都拉斯人，也有美国人）抵达遗址，开始搭建探险队大本营，用飞机运送补给。他们带来了最先进的高科技考古设备，包括能抵御丛林严酷环境的加固的平板电脑、最先进的GPS设备，以及由费尔南德斯操作的便携式激光雷达设备。值得一提的是，不论是费尔南德斯还是在上一次探险中得病的人，都没有打消回来的念头，只有奥斯卡（出于一些可以理解的原因）告知洪都拉斯人类学与历史研究所他不能再进入雨林。

不到一周时间，费希尔及其团队便准备好了发掘地窖的工作。虽然失落之城的位置依然是个秘密（知道这件事的人这么多，能守住秘密真是个惊喜），但在失落之城破土动工这件事还是让洪都拉斯的媒体大为兴奋。埃尔南德斯总统向全国宣布，他将亲自飞到现场带走最先出土的两件文物，把它们带到阿瓜卡提机场新建的实验室。撇开总统对这个项目浓厚的个人兴趣外，他还想为国家带来一些好消息。

不出所料，铺天盖地的遗址挖掘报道，再次激起了学术界的争论，也点燃了洪都拉斯原住民的怒火。批评这个项目的人又一次出现在博客上，向媒体大发抱怨。洪都拉斯人类学与历史研究所前所长达里奥·尤拉克在接受vice网站采访时表示，考古学家将一项“不属于他们的”发现归功于自己，他们的“种族主义言论”冒犯了当地人。他还说，公众的关注容易让废墟被洗劫，他很难过洪都拉斯变成了一个“真人秀”。一些考古学家和其他一些人指责总统利用这次发现来分散公众对腐败问题、侵犯人权和谋杀环保主义者等现象的注意力。他们谴责探险队竟然和这样的政府合作。*

1月13日，一个由洪都拉斯原住民领导人组成的团体“莫斯基蒂亚之子”，写了一封公开信批评洪都拉斯政府，宣称对T1进行发掘违反了印第安人条约。他们在这份声明里提出了很多要求，反对使用“猴神”这样的称呼，认为它具有“诋毁性、歧视性和种族主义色彩”。在信件结尾，他们写道：“我们，米斯基托原住民之子……要求即刻归还从我们的圣地‘白色之城’劫掠的文物。”信件还附上米斯基托领土的地图，这张地图似乎把其他原住民印第安人的传统领地（如派赫印第安人和塔瓦卡印第安人，他们才是公认的古莫斯基蒂亚人的后代）也囊括了进去。在洪都拉斯这个国家，原住民的权利问题并不简单；洪都拉斯是一个富有活力的多种族社会，不论是富人还是穷人，大多数人都拥有印第安血统。米斯基托人本身是印第安、非洲、西班牙和英国的混血儿，他们的根是在海岸沿线，而不是T1所在的内陆山区。

我跟维尔吉利奥提起这封信的事，他说政府很清楚这封信的内容，而且早有预料，知道怎么解决这个事情。（我敢保证，政府的解决方案就是置之不理。）

约翰·胡普斯在他所在的大学组织了一个座谈，讨论所谓的“失落之城大骗局”，他认为“不存在失落之城”。我问他讨论的话题有哪些，他向我解释说，讨论主要是帮助学生认识到像殖民主义、白人霸权、男性主义、幻想与想象力、原住民的权利之类的热门话题是怎么与“白色之城”的故事交织在一起的。

1月中旬，我飞回洪都拉斯首都特古西加尔巴，准备重返丛林，为《国家地理》杂志报道发掘工作。我很好奇总统、他的随行人员和媒体将如何应付充满了蛇和致命疾病的丛林。我也一直很担心：雨林那令人窒息的完美状态有可能已经被毁了，人类的进入会破坏该地区的环境，而我自己也将是罪魁祸首之一。

2016年1月11日，我开始重返T1。天还没亮，司机便到特古西加尔巴接我，并长途驱车将我送到了机场。早上8点起飞的一架军机会把我带进山谷。维尔吉利奥提醒我务必带上在山谷过夜所需的一切东西，包括食物和水，因为直升机运输无法保证后勤，我可能至少要在那里待一个晚上，甚至几个晚上。我把塞得鼓囊囊的背包扔到接我的卡车后面，那车破得连挡风玻璃都裂了，侧面印有政府的标志。司机开足了油门，卡车呼啸着穿过荒凉如末日之城的首都街道。很快我们就出了城，车子轰鸣着颠簸在令人目眩的山路上。一小时后，我们行驶在高高的山上，眼前全是厚厚的浓雾。对面车辆发出的黄色灯光时隐时现，令人觉得不祥，那灯光在我们前方像烟花一般闪过，耳边便听见轰鸣的车子与我们擦身而过，再看去，就只见尾灯在黑暗里闪烁着消失了。随着黎明的曙光慢慢升起，一片片雾气仍牢牢地附着在山上，地势较低的地方还笼罩在薄雾里。洪都拉斯的内陆尤为美丽，地势起伏不平，一山接一山，由墨绿色的山谷分割开来。我们翻过了一座又一座山，经过一个个拥有迷人名字的村子：埃尔马戈、瓜伊马卡、坎帕门托、拉贝瓜埃尔、拉斯乔亚斯等。这些都是一年前我们经过的地方，但这一次，他们都笼罩在清晨的迷雾中，看起来是那么超脱尘世，让我对今天的洪都拉斯产生一种“认知失调”感。

航班已经推迟数小时了，我们赶到的时候还没有起飞。看到破旧的航站楼这么快就被修复成了考古实验室，我很吃惊。实验室旁边有一座全新的军营，墙体由浅黄色的煤渣砖砌成，上面盖着波浪形的锡制屋顶，这是轮值守卫遗址的士兵的宿舍。

洪都拉斯的直升机是一架橄榄绿的贝尔休伊武装直升机，此刻它正停在跑道上。起飞一小时后，我们便穿过了山口，T1那笼罩着阳光的神奇山谷再一次展现在我们面前。我们降低速度，开始在营地上方盘旋，这时我看到了自己担心的一幕：从天上已经认不出河岸区域了。河对岸茂密的植被中建起了一个更新、更大的着陆区，停机坪的夯土地面上用塑胶带标记了一个大大的红色“×”。

着陆后，我背着背包跳出飞机，直升机很快便轰鸣着飞上了天空。一切都不一样了。我穿过一堆堆被砍下来已然枯萎的植物，走过河面上歪歪扭扭的独木小桥。2015年勘探结束之后，这里发生了一次大洪水，洪水淹没了山谷，把原先的着陆点也冲走了，把它变成了河心的石头岛。洪水改变了河流的走向，在通向营地的河堤旁边开辟了一条新的河道。幸运的是，考古遗址的位置位于洪泛区上方的高台上，并未受到影响。

我爬上堤岸，再次被老营地的变化给惊到了。地面上所有的植物和小树都被清理一空，只留下大树。这里阳光灿烂、地势开阔、空气炎热，看上去就像是被人狠狠蹂躏过。曾几何时，站在这鲜活的、会呼吸的雨林中，我不由心生一种难以言说的神秘感，现在这种感觉也消失了；这个区域变得那般狭小、荒凉。一年来人类不断入侵，终于造成了现在的结果。分散着隐藏在昏暗的大树林里的单人帐篷和吊床没有了。相反地，这里建起了一个帐篷城市。洪都拉斯士兵的营地就直接矗立在炙热的太阳底下，木桩子上支着一排排绿色的帆布屋，蒙着一块块蓝色的防水布，炊烟萦绕。这里很安全，不会有蛇，但也远没有那么美丽了。泥泞的地上铺着竹子和木板供人行走，发电机在轰鸣。虽然我明白这些改变不可避免，是我们探索这个山谷的必然结果，但我还是很沮丧。甚至连丛林的声音都不一样了，那些鸣叫和呼喊声变得更加遥远，野生动物已经撤回了森林深处。

在空地的边缘，我开心地看到原始的丛林墙还矗立在那里，黑暗、深不可测，里面还传来动物的低鸣声。对于广阔的原始森林来说，我们的营地就像是一个小小的伤疤。我走进营地，看到斯巴德正在厨房泡咖啡，便跟他打了个招呼。因为伍迪和萨利去参加别的项目了，这次则由斯巴德担任探险的后勤。这次后勤工作有了很大的进步；上次差点溺死我们的泥沼，现在已经在上面架了一条路出来，路面上铺着木板，表层还盖着厚重的橡胶垫子。

我试着把自己的帐篷安在距离帐篷区远一点的地方，可是当我在空地边缘寻找合适的地方时，一个年轻的巡逻士兵拦住了我，礼貌地把我带了回去，说："不，不，先生，那边蛇很多。"

我很不高兴地把帐篷安在帐篷区中心的一个开阔地。我爬进帐篷，脱掉衣服，在全身各处喷洒上百分百纯度的防蚊胺，这是今天第二次喷药了。我在衣服上也喷洒了一番才穿上，防虫喷雾呛人的臭味充满了整个帐篷。我抓起笔记本和照相机，徒步走向失落之城。人们清出了一条不错的小路通向那边，现在不用再挥舞砍刀开路了，也不会再走丢了。那天天气很好，天空布满了飘浮的积云。

穿过另外一座独木桥，我来到河对岸，沿着小路继续走。当我来到金字塔下陡峭的斜坡时，发现一群士兵正在用木桩和圆木加固泥砌台阶，以迎接总统。台阶一侧绷着一条尼龙绳作扶手。当我爬上台阶到达金字塔基底的时候，小路开始变窄，我重新回到了最为原始的丛林，看到这里一切未变，只是加了一个用西班牙语写的标语"从此处起禁止吸烟"，真是令人欣慰。

地窖遗址基本没发生变化。只清理出了一块小小的空地，仅够安娜、费希尔和其他考古人员转圜之用。费希尔非常注意保护这里，尽可能不让它遭到破坏。

费希尔和安娜正在一个1平方米大小的空地上忙着（地上摆着第二天总统要带走的文物），我跟他们打了个招呼。安娜拿着一个精美的祭祀容器，容器上刻着几个秃鹫头，她小心地刷去容器上的泥土。我还看见几个新来的考古学家正在遗址上工作，他们来自洪都拉斯和北美。

人们用黄色带子把这里围了起来，用绳子圈成了一个个1平方米大小的方形单元。挖掘工作刚开始几天，就已经划出了三个这样的单元。其中两个里面装满了令人惊讶的精美艺术品。第三个单元一侧的土层被挖走放在地窖外，用作判断遗址自然地层学（即无人为活动的地层分布情况）的参照物。

见到约德我很高兴，他依然在端着相机设备拍照。他来这里也是为《国家地理》作全程报道的。他看起来比上次好多了。我问起了他利什曼原虫病的情况。好消息是，虽然只注射了两剂药，但他的病也迅速好转了，不需要再进行额外治疗。但从药物反应的折磨中恢复过来真的非常痛苦。“用药后的几个月，我总觉得一点儿力气也没有，”他告诉我说，“老实说，我都不知道自己到底有没有康复。”

对于重返丛林他是什么态度？他有没有担心自己的安危？

“我是一个摄影师，”他哼了一声，“既然来这里，我就不怕危险。”他确实也遇上了危险：就在这个月，约德已经好几次险遭意外了。一天晚上，在去公厕的路上，他遇上了一条珊瑚蛇，用他的话说，这条蛇“暴跳如雷”，有1.2米长，当时正沿着一根竹竿往下爬。在它爬到地上时，约德试着用头灯照它，用脚跺地，想把它吓跑，可这条蛇还是直接朝着营地游了过去。洪都拉斯士兵会在夜间巡逻，防止蛇进入营地，幸亏他们及时赶到，用砍刀砍了这条蛇。（“我觉得这样很不好，但那是大半夜，你又不能把它弄走，你能怎么办呢？”他理智地说道，“至少这挽救了无数啮齿类动物的命。”）

同样是在这个月，约德、斯巴德还有几位考古学家差点儿因直升机事故遇难。他们乘坐着送我来的那架飞机飞出山谷，这台老旧的贝尔休伊武装直升机曾经在越南执行过任务，到现在还配有点50口径机枪的枪座。机舱门一般是开着的，以便约德拍照。约德拍完照片，别人过去关门的时候，舱门突然从飞机侧边掉了下去，掉下去的时候还在机身上剐了个洞，舱门还差点撞到直升机尾旋翼和安定翼。一旦撞到这两个机翼的任何一个，我们只能给这8个人收尸了。费希尔一直都在想方设法降低团队的风险，所以当他听说这次意外后极为不安。我后来才知道，这款贝尔休伊武装直升机在飞行过程中，要用特定的方式关门，这样才能避免产生过大的压差，以免将门从铰链上吹下来。

约德给文物打光拍照时，他的一个助手用无人机从上方拍摄遗址照片，无人机在嗡嗡作响，就像是某种白垩纪的巨型昆虫在丛林里飞一般。总统次日便要来访，费希尔在遗址上走来走去，指导人们在总统到来之时把这里封锁起来保护好。这项工作包括用夹板加固发掘坑的边缘，以防有人用脚踩到，还拉起了警戒线防止人们拥挤进来。他可不想让人们闯入文物区。费希尔对这次访问可谓费尽心力，他在一个笔记板上列出一串精心挑选的名单，只有这些人才可以进入黄色胶带区内拍照。

他心情不太好，因为上个月有个好奇的士兵不知轻重地挖出了一些文物，想要看看它们完整的模样，其中包括著名的美洲豹头。（和萨利预期的不一样，这里并没有发生劫掠。）作为一个对工作十分执着的完美主义者，费希尔不欢迎任何会威胁到遗址完整性的事情，即使是本国总统也不行。更让他担心的是，最后期限已迫在眉睫。他很明白要在2月1日之前完成文物的发掘、稳固和保存工作是不可能的，等时间到了，他就必须回美国重新执教了。地窖非常大，比从表面上看到的要大得多。

在专业层面上，因为执教的大学不提供支持，他也很是沮丧。他发现T1并对其展开挖掘，这为科罗拉多州立大学赢得了不少荣誉，也让它成为媒体关注的焦点，费希尔本人也成了大学里的名教授，《纽约客》和《国家地理》杂志都对费希尔进行了专题报道，科罗拉多州立大学校友杂志也对他进行了重点报道。费希尔在墨西哥安加穆科古城展开的工作也很有名且备受推崇，但大学并没有同意让费希尔在教学时间内请假。他们以缺钱为由，要求费希尔在参加2015年探险时，把“课程承包出去”，也就是说，当他去洪都拉斯的时候，得自己出钱雇一个助理帮自己上课。为了让费希尔参与项目，埃尔金斯自掏腰包给了大学8000美金。即便如此，在2015年年度考核时，系里还是批评费希尔请假去T1探险。在2016年的发掘活动中，系里要求费希尔必须在线上前两周的课，可丛林里又没有网络，这就意味着他要飞回卡塔卡马斯，因为那里才有网络。大学甚至不允许他找人代课，还因为请假的事情，给了他一个“不合格”的考评。系主任还给他发了一封谴责信，其中一部分内容是这样的：“你的研究浪费了系里很多资源。虽然你的研究值得关注，但它现在并没有给系里或学校带来任何经费。”（原信加粗强调。）系主任要求他以后要把现场勘探工作安排在暑期进行，等学校放假时再走。可是夏天是洪都拉斯和墨西哥的雨季，那时候根本没有办法进行考古发掘。他对系里对待他的方式非常不满，在创作本书的时候双方还在协调这个问题。

令人不快的事情很多，当一个既没钱又没人欣赏的考古学家也是万分艰难的，但只要能有机会参与这种千载难逢的考古发现，一切困难都不算什么。从一开始，费希尔就是最能调动全部精力与热情的人，这位专业人士对考古充满奉献精神，渴望探索未知领地，以至于在第一次探险中，他总是奋发前行，把我和伍迪都甩在了令人崩溃的到处是淤泥和蛇的雨林里。他完全不在乎自己安全与否，但他对自己的团队却非常保护。那一次的直升机事故差点儿让考古学家丢掉性命，第二次考察结束后又出现了几例利什曼原虫病，费希尔认为T1太危险了，不应该派人到那里。“必须撤离这里，在遗址工作的风险太大了。”在遗址待了两个月之后，他便不再指导T1的考古了。

挖掘团队在遗址上忙的时候，我把目光转向了高高矗立在地窖上方的土金字塔。三棵巨树在地窖上方长成了一簇，巨树后面的金字塔也完全淹没在了植物中。我想知道金字塔是否还保持着原样。走过工作区，爬过那三棵树，我很快便置身在原始丛林翠绿色的暮色中了。看到这片树林并没有受到侵扰，我心里很高兴。我在金字塔顶部停住脚步，静静地感受这充满生机的气息，让自己和这座城市产生共鸣，想象着在突如其来的悲剧发生之前，它是处于何等的巅峰状态。茂盛的植物让我们看不出这座城市的布局和大小。就算站在城市的制高点，我身边仍旧是凌乱的巨大植物，这些植物比我的头顶高出了30多米，上面挂满能绞死大树的藤蔓。我看不见在下面工作的考古学家，但他们的声音从树叶间透过来，扭曲而难以理解，听起来就像是幽灵在低语。

在金字塔顶部，我专注地看着地面。地面跟一年前我们第一次爬上来时完全一样。地面上有一个模糊的长方形洼地，还有其他的凸起，那一定是一个小庙宇或什么建筑的遗迹。如果要试图了解这群消失的人的古老仪式，这个遗迹应该是一个值得发掘的地方，但我内心又暗暗希望不要发掘，这样这个地方就可以永远保留它的神秘感。玛雅和其他中美洲文化中有人祭，他们会给神献上最神圣最珍贵的滋养物——人类的血。神职人员会将人牲斩首或者剖开他的前胸，取出还在跳动的心脏，把它献给上天。这种牺牲献祭往往是在金字塔顶进行的。莫斯基蒂亚人是不是也有这种仪式？当疾病横扫

T1城市之时，人们觉得他们被神抛弃了，我想知道他们在绝望地努力恢复宇宙秩序的时候，会举行什么样的仪式。不管他们做过什么，他们都失败了；他们觉得自己受到了诅咒，被神明抛弃了，于是人们离开了这里，再也没有回来。

夕阳洒满树冠之时，我带着这样的思绪下山回到营地。晚饭后，天也黑了，虫子也出来了，但我忘了自己躲进帐篷里避难的打算，而是和费希尔、约德、安娜、斯巴德还有其他人一起在厨房区四处溜达。我们在油布下放松地休息着，科勒曼营地灯发出嘶嘶的声音，在它柔和的灯光下，我们讲着故事、听着音乐、喝着茶。营地的夜晚总有一些让人不能抗拒的东西，气温下降变凉，温柔的夜晚气息中充满了野生动物的声音，大家停下了一天的工作。士兵们的营地上亮起了一串圣诞节小灯，我们听到主帐篷中传来了武打电影的声音。

第二天早上，吼猴熟悉的叫声在黎明时分响起，我高兴极了，虽然现在它们已经撤到了河对岸。清晨的薄雾弥散在空气中，士兵们又开始干活了，他们既兴奋又紧张，完成了台阶的收尾工作，为总统今天早上的到访做好了准备。在雾气弥散的丛林里，他们把靴子擦得铮亮，武器也擦干净、上了油，制服也理得干干净净的。

上午10点左右，薄雾散去，阳光有点儿弱，还下了一会儿雨。直升机的声音出现在空中，起初在远处，后来声音越来越大。三架飞机迅速依次着陆，从飞机上下来的有媒体和洪都拉斯政府官员，还有埃尔金斯。政府要员包括洪都拉斯部队司令员、国防部长、科技部部长雷蒙·埃斯皮诺萨（Ramón Espinoza），还有维尔吉利奥。第三架直升机上装饰着洪都拉斯国旗，总统胡安·奥兰多·埃尔南德斯从上面走了下来，随行的还有美国大使詹姆士·尼伦。

费希尔在着陆架旁向总统致意，他给总统带了一份应急礼物：一双全新的防蛇绑腿，让总统先穿上绑腿再走路。总统兴奋地把绑腿裹在自己的小腿肚上，他一边穿绑腿一边用英语跟埃尔金斯、费希尔和美国大使交谈，我们则在旁边等着。总统个子不高，他身穿瓜亚贝拉衬衣，头戴巴拿马帽，一张和气的娃娃脸，没有大家想象中一个国家领导人该有的顽固与奢华。我也确实注意到，当人们进入T1山谷这样一个完全与世隔绝的地方时，人与人之间的差别与等级划分似乎就会消失。比如说我自己，现在也会卷起袖子和奥塞格拉上校比身上的利什曼原虫病伤疤。

总统和随行人员走进遗迹，辛苦地爬上台阶，挤进窖藏区，进入了丛林，我则跟在他们的后面。费希尔的警戒线很快就被人们视而不见了，大家一股脑挤进了发掘区，四处踩踏，摆姿势拍照。我看得出来费希尔在努力保持冷静，脸上充满了焦虑不安的笑容。

总统的精力很充沛。这次到访不只是一次公务，还要带走两件文物。第一个要带走的器物是一个石头容器，上面雕有秃鹫头，此时它还待在原地一个土基座上，那位置和五百年前摆放祭祀的时候一模一样。总统和费希尔、埃尔金斯、埃斯皮诺萨和维尔吉利奥等人跪在石头容器边上。埃尔金斯把手放在陶罐上说：“从那时到现在已经有23年了，终于找到了！要解释这里是什么地方，或许还要花上200年的时间。”拍照时，费希尔和总统抓住巨大容器的耳柄，用力把它从浅浅的洞中拉出来，把它从几世纪的沉睡中拉起来。

在打包这些艺术品的时候，我对埃尔南德斯总统进行了采访，他热情地谈着这次发现，谈着这对洪都拉斯意味着什么。孩童时他便听过“白色之城”的传说，2012年当他还是洪都拉斯国会议长时，他从新闻上看到我们在莫斯基蒂亚秘密用雷达扫描发现了两座失落之城，而不是只有一座，他就激动得不得了。“这是考古大事，也是历史大事，”他说，“这里的文化很迷人，但我们了解得并不多，我们还要去学习，而这需要时间。”他骄傲地补充道：“我们很乐意跟全世界分享我们的知识。”我想到了费尔南德斯的评论，他说洪都拉斯缺少强烈的国家认同感和历史认同感，我们都希望这个发现会改变这一切。

文物打包完毕，一切准备就绪，考古学家和士兵分别抬着箱子的一角，带着文物走过狭窄的丛林小径。人们把这两件文物（分别是秃鹫陶罐和雕有美洲豹人图像的磨盘）搬放到直升机里。

我希望能在丛林里多留会儿，却突然被告知我要坐第三架直升机离开丛林，几分钟后就得出发。我又一次抓起背包，慌乱仓促地离开T1，根本没有伤怀感慨的时间。没过多久，飞机便升到空中，掠过树冠，飞向卡塔卡马斯。这是我最后一次来这个山谷。

当我们抵达机场之时，机场已经准备好举办盛大的国家庆典了。实验室后方搭起了一个棚子，里面摆放着椅子、喇叭、宽屏电视和食物。丛林中不拘礼节的感觉消失了，取而代之的是军官、高官、部长和媒体人的世界。在一片热闹声中，箱子被抬出直升机，像游行一样沿着停机坪缓缓而来，跑道两边站着一排又一排的洪都拉斯媒体和贵宾，那情景就像阅兵现场一样。大屏幕上播放着激动人心的视频，这时，费希尔和一个助手戴着橡胶手套打开了两件文物的包装，将它们放在舞台上的特制展览箱里。美洲豹人磨盘放在了舞台右边，秃鹫陶罐则在另一边。文物安放完毕盖上了玻璃盖，观众们齐齐为文物鼓掌。

费希尔发表了一段简短的演说，他谈到了保护遗址和周围的雨林有多重要，谈到不断逼近的盗伐行为对遗址造成了多大的威胁。“这是第一次，”他告诉观众，“我们能够系统地研究这个文化。”

埃尔南德斯总统发表了一段简短却感人的演说，他的话带着一种近乎宗教的意味。“上帝保佑我们能活在洪都拉斯历史上如此特殊的时刻，”接着他补充说道，“这个发现对洪都拉斯和世界来说意味着什么，在场的每一个人都充满了期待。”他说，T1的发现非常重要，它超出了考古学的意义。他还向人们描述了这个发现对洪都拉斯人的意义：这次发现不仅仅会刺激旅游业，帮助洪都拉斯培养新一代的考古学家，它还让我们意识到自己的国家身份和民族身份。他以后会在总统府专辟一个屋子来展示这些艺术品。

洪都拉斯是一个非常有意思的国家，这个国家的人的历史可以追溯到两个分支：旧大陆和新大陆。洪都拉斯被西班牙殖民的历史是众所周知的，但它的前哥伦布时代的历史（除了科潘）还是一个谜。人民需要通过历史来认识自己，建立身份认同感和自豪感，建立文化传承、社会公共意识和对未来的希望。这就是“白色之城”传说为什么能在洪都拉斯深入人心：它与哥伦布发现美洲大陆之前富饶、复杂、值得纪念的历史有直接的联系。500年前，T1大灾难的幸存者离开了这个城市，但他们并没有消失。出走的绝大多数人都活了下来，他们的后代仍然是今天洪都拉斯充满活力的混血文化的一部分。

埃尔南德斯总统最后用一个激动的宣告结束他的演讲。从那时起，T1的城市便有了正式的名字：美洲豹之城。

*在洪都拉斯，腐败是一个严重的问题，这里显然还存在严重的侵犯人权的问题。调查洪都拉斯腐败并不是本书的研究范围，但在与现任埃尔南德斯政府有限的接触中，我并没有发现腐败的直接证据，军队或洪都拉斯的人类学与历史研究所也没有腐败问题。必须说，总的来看，如果考古学家们坚持原则，拒绝与腐败政府合作，那世界上大多数考古工作都得停下来；俄罗斯、埃及、墨西哥、中东大部分地区，还有中南美洲、非洲及东南亚的很多国家都不会再有考古学了。我说这些不是为自己辩解或道歉，而是因为我看到了考古研究艰难的现状。

Chapter 27

We Became Orphans

We became orphans, oh my sons!

第二十七章

我们变成了孤儿

我们就这样变成了孤儿，哦，我的孩子们啊！

当人类在距今2万年到1.5万年前第一次通过白令海峡大陆桥进入美洲时（美洲最初移民的迁徙路线和时间还存在争议），我们人类这个物种以小型游牧部落的形式遍布整个大陆，四处迁徙，以打猎为生。那时候没有城市，没有城镇，也没有农业和畜牧业。人类的部落分得很散，一直在四处迁徙，很难碰上其他部族。因为人口密度低，绝大多数疾病在此都没有立足之处。人类也会患上寄生虫病和传染病，但是大家所熟知的人类近代历史上的大多数疾病，如麻疹、水痘、感冒、流感、天花、肺结核、黄热病和黑死病等，还没出现。

在过去的1万年中，人口密度激增，疾病也成了人类生活的常见问题。流行病改变了人类历史发展的轨迹。尽管我们拥有炫目的技术，但我们仍然在很大程度上受制于各种病原体。

生物学贾雷德·戴蒙德在开创性的作品《枪炮、病菌与钢铁》（*Guns, Germs, and Steel*）中，提出了这样一个问题：为什么旧大陆的疾病会毁灭新大陆，而不是新大陆的疾病毁灭旧大陆？为什么疾病只会向着一个方向发展？（一个显著的例外是梅毒。哥伦布的船员可能在第一次航行时把这个病带回了旧大陆。）答案就在于1.5万多年前的跨大陆迁徙之后，旧大陆和新大陆的人们的生活是如何分化的。

新旧两个大陆独立发展出了农业，让人们有能力在城市和乡村定居下来。两个大陆最大的差别在于畜牧业。旧大陆驯养了很多动物，大约在10000年到8000年前，人们驯养了牛，很快又驯养了猪、鸡、鸭、山羊和绵羊。新大陆的农民也驯养动物，主要是美洲驼、豚鼠、狗和火鸡。但是在欧洲（还有亚洲和非洲），饲养和繁殖牲畜成了人类生活的重要组成部分，几乎是每个家庭的必要生产活动。在长达数千年的时间里，欧洲人一直和他们的家畜住在一起，也一直能接触到牲畜携带的微生物和疾病。而在新大陆上，或许是因为空间更大，驯养的动物更少，人们并没有和家畜住在一起。

动物身上的传染性疾病一般不会感染人类；病原体往往只会以单一种或属的生物为宿主（利什曼原虫病是一个特例）。但微生物一直在变异。偶尔，动物病原体会出现变异，然后突然传染给人类。近东的人类首次驯化欧洲野牛时，牛痘病毒出现的一种变异体就感染了人类，天花就是这么产生的。牛瘟传染给人，就变成了麻疹。肺结核很可能也是从牛身上传染来的，流行性感冒来自鸟类和猪，百日咳来自猪或狗，疟疾来自鸡鸭。同样的事情今天依然还在继续：埃博拉病毒可能是蝙蝠传染给人的，而艾滋病则是从猴子和猩猩那里传染过来的。

在驯养动物的同时，旧大陆的人类开始在乡村、城镇和城市定居。人类更为密集地生活在一起。城市的喧嚣、贸易、肮脏和密集的居住环境为病原体创造了完美的家园，也成了流行病蔓延的理想阵地。所以当疾病从牲畜传播到人类时，就会爆发流行病。大量的人口就成了这些病毒繁衍的温床，从而使它们从一个城市传到另一个城市，从一个国家传到另一个国家，甚至还能乘船跨越海洋。生物学家将它们称为“群体性疾病”，因为在繁殖和进化过程中它们最需要的就是密集的人群。

流行病周期性横扫欧洲的定居者，夺走易感人群的性命，留下健壮的人，剔除基因不好的人。一如既往，受害者往往是儿童。百分之百致命的疾病几乎没有，总有一些染上疾病的人能死里逃生。幸存者往往拥有抵抗该种疾病的基因，他们也能把这种抵抗力遗传给他们的孩子。在数千年的时间里，历经数不尽的死亡，旧大陆的人逐渐建立起了对抗致病性流行病的遗传性抗病能力。

新大陆则是另外一种情况，动物似乎从未将大型疾病传染给人。虽然美洲也有和欧洲一样大的城市，但在西班牙人到来时，那些城市的历史还相对比较短。新大陆的人生活在狭小空间里的时间还不够长，群体性疾病还没有出现并大肆传播。美洲土著没有机会进化出抵抗力，也就无法对抗这些在欧洲肆虐过的种种疾病。

遗传性抗病能力和后天获得的免疫不可混为一谈。后天的免疫力是指身体清除病原体后，免疫系统能对那种微生物保持较高的警觉。正因为如此，人类一般不会再次患上同样的病。遗传性抗病能力是更加深奥和神秘的东西。这种能力是天生的，一些人对某些疾病的抵抗力天生就比其他人强。我们团队在T1山谷的经历就是一个很好的例子。医生认为探险队里的每个人都被沙蝇叮咬过，也都感染过寄生虫，然而只有一半人染上了这种病。少数人（例如像费尔南德斯）不吃药就能打败这种病。其他人则会病得很严重，甚至在我写书的时候，他们还在跟疾病做斗争。

抗病基因的获得只能通过自然筛选，那概率小得像中彩票那般残酷。免疫系统较弱的人（尤其是孩子）只能死去，而免疫系统较强的人存活了下来，从而使人群获得了广泛的耐药性。在过去的数千年里，数不清的死亡和痛苦造就了欧洲（以及亚洲、非洲）人对疾病的抵抗力。一位生物学家告诉我很多印第安文化之所以没有完全灭绝，可能是因为欧洲男性强奸了大量的土著女性；强奸生下的婴儿遗传到了欧洲人对一些疾病的抵抗力。（这个科学家在告诉我这个可怕的理论后，说：“看在上帝的分上，不要说这是我的观点。”）

在新大陆，几千年的痛苦和死亡被压缩到了从1494年到1650年前后的这段窗口期。病原体造成的大规模屠杀就发生在这残酷的一个半世纪里，而这恰恰发生在最糟糕的时刻：当时新大陆的人口刚刚汇聚成大城市，人口密度也达到了疾病疯狂传播所需要的水平。

这是一次完美的流行病风暴。

遇难者留下的声音很少。只有少数美洲原住民曾经目睹了这次大灾难并幸存了下来。其中特别引人注目的一本书是《喀克其奎史》（*Annals of the Cakchiquels*），书中描写了一种流行病（也许是天花或流感）横扫莫斯基蒂亚西北的危地马拉的惨状。这份非同寻常的手稿是1844年在一个偏远的女修道院里发现的，该手稿是用玛雅语的分支喀克其奎语写的，作者是一个名叫弗朗西斯科·埃尔南德斯·阿拉纳·亚基拉（Francisco Hernández Arana Xajilá）的印第安人。阿拉纳·亚基拉十几岁的时候，曾目睹族人死于一种流行病。

> 1520年爆发的这场瘟疫流行了25年，哦，我的孩子们啊！他们先是咳嗽，然后开始流鼻血，膀胱也出了毛病。真是太可怕了，那个时期死的人很多。瓦卡基·艾麦可（Vakaki Ahmak）王子也病逝了。渐渐地，沉重的阴影和黑夜笼罩在我们的祖辈、父辈和我们自己身上，哦，我的孩子们！……死尸恶臭熏天。祖辈和父辈被压垮后，一半人都逃去了野外。狗和秃鹫吞噬着尸体。死亡率太可怕了……所以，我们就这样变成了孤儿，哦，我的孩子们啊！我们还这么小，就成了孤儿。我们所有人都一样。我们生来就是为了死去！

我想请读者暂停一下，看一下数据。数据看上去只是数字，但我们需要将其当成人类的经验。90%的死亡率对幸存者和他们的社会意味着什么？欧洲的黑死病在最严重的时候带走了30%到60%的人口。那已经够让人崩溃的了。但黑死病的死亡率还不足以摧毁欧洲文明。90%的死亡率真的太高了：它杀死的不仅仅是人类，它还毁灭了整个社会，摧毁了语言、宗教、历史和文化；阻碍了知识的传承；割断了幸存者与过去的重要纽带；幸存者被剥夺了属于他们的故事、音乐和舞蹈，他们的精神实践和信仰。一言以蔽之，他们失去了自己的身份。

这一波流行病的总体死亡率可能确实在90%左右。想象一下，如果你最亲近的19个人，除了一个人以外，其他人全都会死（当然，你也算是幸存者），这对你来说意味着什么？这就是《喀克其奎史》主人的亲身经历，看着所有人一个个死去，包括你的孩子、父母、祖父母、兄弟姐妹、朋友、部族领袖还有精神领袖。看着他们以最痛苦、最屈辱和最可怕的方式死掉，你会怎样？想象一下，社会中的每根柱子都断了，只遗留下荒地、被遗弃的乡村和城市、杂草丛生的土地、满是未埋葬尸体的房子和街道，财富变得没有意义，到处是恶臭、苍蝇、食腐动物、孤独和寂静。把这个场景扩大到城镇以外，扩大到王国和文明以外，甚至扩大到大陆以外——直至它占领了半个地球。流行病带来的地狱之火毁灭了数千个社会和数百万的人，从阿拉斯加到火地岛，从加利福尼亚到新英格兰，从亚马孙雨林到哈德逊湾的苔原，所到之处，无一幸免。正是它毁灭了T1，毁灭了美洲豹之城和古代莫斯基蒂亚。

这是末日小说作者的想象，这是我们不断轮回的最大噩梦，可是这场真实发生的“末日之战”的残酷，即便是最黑暗的好莱坞科幻片也无法描述。这是人类有史以来最大的灾难。

要怪16、17世纪的欧洲人吗？逝者已矣，他们也无法回应你的责怪。西班牙人、英国人和其他人通过残酷的行为、奴隶制、强奸、虐待、饥荒、战争和种族灭绝，致使大量的人死亡。即便没有疾病，欧洲人直接杀死的原住民也不尽其数。有些时候，他们甚至故意把疾病当作生物武器，例如把沾有天花病毒的毯子送给印第安人。欧洲人的暴行让印第安人变得更脆弱、更易受感染，若非如此，数百万死于疾病的印第安人可能会存活下来。

很多人喜欢争论说如果欧洲人没有到达新大陆，这些致命的疾病或许根本不会发生。但新旧大陆的相遇是不可避免的。即便欧洲人没有把疾病带到新大陆，亚洲人或非洲人也会带过去；新大陆的船员最终也可能会到旧大陆来。无论怎样，灾难都会随之而来。这是一场可怕的地理事故，它迟早要发生。这个定时炸弹已经滴答作响了1.5万年，当装载着生病乘客的船只最终跨过辽阔的大海时，宿命般的爆炸时刻便到来了。

我绝不是为种族灭绝作辩解。这场大灾难在很大程度上还是个自然事件，是一场无意识的生物灾难，是病原体从星球的这一边迁徙到那一边所造成的结果。

我们自己的患病经历也具有很强的讽刺意味。发生在我们身上的这种利什曼原虫病，便是新大陆疾病袭击旧大陆人（探险队成员大都是旧大陆人）的罕见例子。我当然不相信诅咒一说，但有一种不可避免的自暴自弃感。多年前，旧大陆的疾病摧毁了新大陆的城市，而现在这座废墟却用新大陆的疾病报复了旧大陆的到访者。不过这个讽刺却忽略了现代的教训：这是第三世界的疾病袭击了第一世界的人。如今的世界不再是新旧大陆，而是分为第一世界和第三世界。曾经只存在于第三世界的疾病开始向第一世界的人发起致命的进攻。这是未来地球上疾病的发展轨迹。病原体没有国界，它们是最自由的旅行者，只要有人的地方，就有它们的脚印。我们第一世界的人太过自满，以为自己可以将疾病（尤其是被忽视的热带疾病）隔离在第三世界，我们可以安全地活在自己的圈子里，而不用理会远方穷人和病人的痛苦。

艾滋病病毒带来的医疗危机也将利什曼原虫病带到了新的地区，特别是南欧地区。艾滋病病毒能大大加强利什曼原虫的破坏能力，反之亦然。利什曼原虫/艾滋病病毒合并感染是很严重的疾病，被认为是一种全新的疾病，几乎没有治疗手段，通常是致命的。艾滋病病毒和利什曼原虫病陷入了相互强化的恶性循环中。如果携带利什曼原虫的人得了艾滋病，利什曼原虫就会加快艾滋病的恶化，加强艾滋病病毒的攻击能力，同时还会妨碍抗艾药物起效。反之亦然：得了艾滋病的人若居住在利什曼原虫病区，其利什曼原虫病的发病概率会比健康人高千百倍，因为艾滋病削弱了他的免疫系统。遭受利什曼原虫/艾滋病病毒合并感染的人身上携带的寄生虫实在太多了，他们都变成了超级宿主，让疾病传播得更快。内脏利什曼原虫病和艾滋病病毒很像，也能通过受污染的针头在静脉注射吸毒人员中传播；20世纪90年代末的两项研究发现，约50%的马德里吸毒者丢弃的脏针头上存在着利什曼原虫，它们分布在两个相隔数年的不同地点。西班牙发现的内脏利什曼原虫病患者，68%都是静脉注射吸毒者。

利什曼原虫是一种在人类苦难深重和被忽视的绝境中盛行的疾病，如破旧的房屋、拥挤不堪的贫民窟、垃圾堆、露天下水道、野狗和老鼠猖獗之处，还有饱受营养不良、毒瘾、医疗匮乏、贫困、战争和恐怖主义折磨的地方。在伊斯兰国（ISIS）掌控的伊拉克和叙利亚地区盛行的就是皮肤利什曼原虫病，无奈之下，很多家庭只能故意在年轻女孩不会露出来的身体部位接种利什曼原虫，以免原虫伤害到她们的面孔，留下难看的伤疤。（这种类型的利什曼原虫病比较温和，它通常会自行消失，得过病的人会产生免疫力。）

自1993年以来，利什曼原虫病一直都在传播，不仅仅是因为与艾滋病合并感染，也是因为人们从农村地区迁往了城市。这种病攻击的是出于不同目的去雨林冒险的人，如在雨林筑坝修路、伐木、贩毒、探险旅游、摄影、报道新闻和考古的人。奇怪的故事数不胜数。几乎所有参加哥斯达黎加丛林探险的人都染上了利什曼原虫病。有个生存节目的选手就是因为利什曼原虫病而割掉了部分耳朵。一群拍摄探险旅行片的电影制片人也都中招了。

如今利什曼原虫病也正在美国传播。纵观整个20世纪，美国报道出来的利什曼原虫病患者只有29例，而且全部病例都发生在与墨西哥接壤的德克萨斯州。2004年，在俄克拉荷马州东南方的一个小镇上（距离阿肯色州边境16千米），有一个年轻人去看医生，跟医生抱怨说他的脸很痛且一直都无法愈合。医生切下一些组织，送到俄克拉荷马城的一位病理学家那里，这位病理学家也不太清楚这是什么，只能把组织冷冻储存起来。一年后，这个病理学家偶然在同一个小城的另外一个病人身上得到了同样的组织样本。这位病理学家立刻给俄克拉荷马州立卫生部打电话，找到该州的流行病学家克里斯蒂·布兰德利（Kristy Bradley）医生。布兰德利医生和她的同事命对方将两份组织样本送往亚特兰大疾病防控中心。诊断结果是皮肤利什曼原虫病，属于比较温和的一种，一般来说手术切除溃疡后便可治愈。（两个病人其实都是这样治愈的。）

布兰德利医生在俄克拉荷马调查这种病的时候，德克萨斯州东北部和达拉斯–沃斯堡都会区周边的一系列郊区爆发了一次皮肤利什曼原虫病；十几个患者中，一个小女孩脸上有伤，还有一个患者平时和猫共处一室。德克萨斯州和俄克拉荷马州卫生部门的医生们联合起来追踪这种寄生虫的来源。让他们特别担心的是，这些患者都不曾旅行过，他们是在自个儿家里染上病的。

布兰德利医生对俄克拉荷马州的两个病例展开了调查。她组建了一个由昆虫学家和生物学家组成的团队。调查组在查看病人、调查他们的生活特点之时，发现了木鼠的地洞和大量的沙蝇，他们判断它们应当就是宿主和媒介。调查人员设下陷阱抓来许多木鼠和沙蝇，检查它们身上有没有利什曼原虫，结果一只原虫也没找到，而且此时这种疾病的小爆发也已经消退了。

我给布兰德利打电话，问她利什曼原虫是不是真的已经没了，还是仍然在。“我确定它还没有消失，”她说，“它一定是暗暗地潜藏在了什么地方，在大自然中静悄悄地循环。”等各种条件都合适了就再次爆发。她和调查组成员画出各个时期美国利什曼原虫病例的分布图，发现这种病正势不可挡地穿过德克萨斯州和俄克拉荷马州，朝着美国东北各州蔓延。

为什么会这样?

她脱口而出：“气候变化。”美国变得越来越温暖，沙蝇和木鼠的活动范围也都往北蔓延，利什曼原虫也就跟着传过去了。在沙蝇原活动范围西北方805千米和东北方322千米处的美国境内，已经出现了已知的传播利什曼原虫的最佳媒介——沙蝇。

最近的一项研究模拟了未来65年美国利什曼原虫病可能的扩展。利什曼原虫病必须同时具备宿主和媒介才能传播，科学家们想知道沙蝇和木鼠会同时迁移到哪些地方去。他们在模型中设定了两种气候状况，分别是最好的情况和最坏的情况，推测在这两种气候状况下，利什曼原虫在2020年、2050年和2080年三个时间点的蔓延情况。他们发现，即便是在最乐观的气候设定中，到2080年，利什曼原虫也会因为全球变暖而跨越美国全境，进入加拿大东南部。数亿美国人都会暴露在这种病的威胁之下，而这还只是木鼠传播的疾病。由于很多哺乳动物也能成为利什曼原虫的宿主，包括狗和猫，实际情况可能比研究描述的要严重得多。（最近，美国各地的狗舍都爆发了致命的内脏利什曼原虫病，很有可能是狗传染给人的。）预计欧洲和亚洲也会出现类似的疫情。

利什曼原虫病这种从远古时代就一直困扰着人类的疾病，似乎又在21世纪攻城略地了。国立卫生研究院的国家过敏和感染疾病研究所所长安东尼·福西（Anthony Fauci），曾直率地告诉探险队队员，就是因为进入丛林患上了利什曼原虫病，“你们才会震惊地感受到，你们曾如此冷漠地对待过地球上最底层的10亿人的感受”。他说我们在机缘巧合之下，遇到了很多人不得不一生都要忍受的问题。他说，如果说我们的痛苦还能带来一丝光明的话，“那就是向世人讲述你们的故事，唤起人们对这种非常普遍、非常严重的疾病的关注”。

如果利什曼原虫病如预测般继续在美国散播的话，到21世纪末，这种疾病不会只局限于遥远的“10亿下层人”那里。它会出现在我们家里。

全球变暖打开了美国的南大门，登门入室的不仅仅有利什曼原虫病，还有很多其他疾病。进入美国的重大疾病有寨卡病毒、西尼罗病毒、基孔肯雅热病毒和登革热病毒。随着全球变暖加速，就连像霍乱、埃博拉、莱姆病、巴贝西虫病和黑死病之类的病毒都有可能感染更多的人。

现代旅行者为这些传染性疾病提供了新的传播途径。14

世纪的黑死病通过马匹、骆驼和船只从中亚传到了黎凡特和欧洲；而到了21世纪，截止至2015年，从密克罗尼西亚的雅浦岛传播到法属波利尼西亚、巴西、加勒比海和中美洲的寨卡病毒都是通过飞机传播的。2016年寨卡病毒再一次通过飞机传播到了美国。2009年墨西哥爆发的致命性的H1N1猪流感病毒搭乘飞机四处传播，远至日本、新西兰、埃及、加拿大和冰岛等地。正如理查德·普雷斯顿（Richard Preston）在他那部恐怖的《血疫》（又译《高危地带》，*The Hot Zone*）中指出的那样，“来自热带雨林的危险病毒，可在24小时内乘飞机抵达地球上的任何城市”。

最近的一次大流行病是1918年西班牙爆发的流感，导致1亿人死亡，约占世界人口的5%。如果那样的流行病在今天爆发，它会传播得更快，而且根本无法控制。根据比尔及梅琳达·盖茨基金会的调查，即便全力接种疫苗和使用现代特效药物，那样的传染病也会造成“高达3.6亿人的死亡”。盖茨基金会估计这样的流行病也会摧毁世界经济，经济崩溃带来的损失可达3万亿美元。这并不是危言耸听：大多数流行病学家都认为这样的传染病迟早会发生。

考古学包含了许多值得我们在21世纪思考的警示故事，不仅关乎疾病，也关乎人类的成功与失败。它在环境退化、收入不平等、战争、暴力、阶层分裂、剥削、社会动荡和宗教狂热等方面给我们上了一课。考古学也同样告诉我们，各个文明是如何克服了环境的挑战及人性的阴暗面，从而实现繁荣和持久发展的。它向我们展示了人类是如何适应环境、如何在极其多样的条件下找到满足感和意义的。它追寻着失败和成功的足迹，告诉我们各个文明如何面对困难和挑战：有时以成功的方式，有时以最初成功但同时也播下了最终崩溃的种子的方式。玛雅创造了一个充满活力和辉煌的社会，最后却没能适应不断变化的环境和满足人民的需求；罗马帝国和古代高棉人也是如此，这样的文明随便都能列出很多个。可是，美洲豹之城的人民确实适应了热带雨林的挑战，在地球上最严苛的环境中，他们依然能繁衍不息，他们把那里变成了美丽的花园，直到死亡突然降临。

我还记得发现地窖的那一刻，我一眼就看见那个美洲豹的头从地里探出来。在雨中，它发着微光，似乎要跃起来咆哮，仿佛在挣扎着逃离地面。这是一个跨越几个世纪直接与我对话的形象——与这些消失的人们建立起一种即时的、情感上的联系。对我来说，曾经的理论变成了现实：创造出这样充满生机的形象之人，必然是充满自信、富有才华、拥有强大实力之人。站在古代土丘的阴影中，我似乎感到那些逝去的人重新出现在我面前。在文明最为繁荣的时候，T1城市的人们，或者说美洲豹之城的人们住在这群山环绕、犹如堡垒一般的山谷里，想必也觉得他们的城市是坚不可摧的吧。是什么样的力量瓦解了他们强大的神灵和和仪式？看不见的入侵者像幽灵一样悄悄潜入，给他们带来了毁灭。这种毁灭无法抵挡，正如它也无法被预知一般。有时，一个社会看着自己的末日一天天逼近，却无能为力，比如玛雅；有时候，没有任何征兆，帷幕便突然落下，一个文明便从此谢幕了。

文明一个接着一个走向瓦解，就像一波接一波拍在沙滩上的海浪。谁也无法逃脱这样的命运，我们亦不能幸免。

Acknowledgments

致谢

除了书中提到的人物之外，我还想借机一并感谢未曾在书中出现，但也为项目做出了贡献的人。

首先，我想向洪都拉斯政府致以最深的谢意，感谢他们的配合、许可和支持，特别要感谢波尔菲里奥·“佩佩”·洛沃·索萨总统和胡安·奥兰多·埃尔南德斯总统、内政和人口部部长阿非利加·马德里、科技部部长雷蒙·埃斯皮诺萨、洪都拉斯人类学与历史研究所所长维尔吉利奥·帕雷德斯、考古学部主任奥斯卡·尼尔·克鲁兹、考古学家兰菲力·华雷斯·席尔瓦（Ranferi Juárez Silva）、诺曼·马蒂奈斯（Norman Martínez）和圣地亚哥·埃斯科巴（Santiago Escobar）。笔者还想感谢洪都拉斯国防部部长撒母尔·雷耶斯（Samuel Reyes）、洪都拉斯武装力量司令员弗雷迪·圣地亚哥·迪亚兹·塞拉亚（Fredy Santiago Díaz Zelaya）将军、卡洛斯·罗伯托·波多（Carlos Roberto Puerto）将军、威利·乔·奥塞格拉·罗达斯上校和洪都拉斯特种部队的士兵。

在此也感谢我的好编辑们：大中央出版公司的米莉森特·班奈特（Millicent Bennett）和梅兰妮·戈尔德（Melanie Gold）、《纽约客》的艾伦·博迪克（Alan Burdick）和多萝西·威肯登（Dorothy Wickenden）、《国家地理》的杰米·施瑞伍（Jamie Shreeve）和苏珊·戈德伯格（Susan Goldberg），还有杰米·莱文（Jaime Levine）。也特别感谢威廉·莫里斯奋进娱乐公司的艾瑞克·西莫诺夫（Eric Simonoff）、拉法埃拉·德·安吉利斯（Raffaella De Angelis）和艾丽西娅·戈登（Alicia Gordon）；圣达菲公司的杰里米·萨布罗夫（Jeremy Sabloff）；高级研究学院的迈克尔·布朗（Michael Brown）；美国自然历史博物馆的大卫·赫斯特·托马斯（David Hurst Thomas）；哈佛大学的威廉·法什（William Fash）和已故的埃翁·Z. 沃格特（Evon Z. Vogt）；加州理工学院的乔治·罗斯曼（George Rossman）；新墨西哥大学的安·拉梅诺夫斯基（Ann Ramenofsky）；考古学研究驻新墨西哥办公室的提摩太·D. 麦克斯韦尔

(Timothy D. Maxwell)；国家地理协会的弗雷德里克·希伯特(Fredrik Hiebert)；美国航空航天局喷气推进实验室的罗伯特·克里平(Robert Crippen)。

我还会时刻铭记阿歇特图书出版集团的朋友和同事给我带来的帮助，他们有：迈克尔·皮奇(Michael Pietsch)、杰米·拉伯(Jamie Raab)、凯特琳·穆如尼-利斯基(Caitlin Mulrooney-Lyski)、布莱恩·麦可兰登(Brian McLendon)、德布·富特(Deb Futter)、安德鲁·邓肯(Andrew Duncan)、贝斯·德古斯曼(Beth de Guzman)、奥斯卡·斯登(Oscar Stern)、谢尔比·豪伊克(Shelby Howick)、弗拉姆·托纽西(Flamur Tonuzi)和杰西卡·皮尔斯(Jessica Pierce)。另外还要感谢毒笔书店的芭芭拉·皮特斯(Barbara Peters)、德弗罗·查狄伦(Devereux Chatillon)、盖里·司柏尔(Garry Spire)、玛姬·贝格利(Maggie Begley)、温蒂·韦格(Wendi Weger)、梅里斯·埃尔辛(Myles Elsing)、罗伯托·伊赛兹(Roberto Ysais)，还有一直给我提供帮助的凯伦·库普兰德(Karen Copeland)。特别要感谢我的妻子克莉丝汀，还有赛琳娜(Selene)、乔什(Josh)、阿莱西娅(Aletheia)和艾萨克(Isaac)，还有我的母亲多菲(Doffy)。

最后，我要向国立卫生研究院表达我真挚的感谢，他们卓有成效、富有价值的医疗研究项目减轻了美国乃至全世界数百万悲惨人民的疾病和痛苦负担。我还想说的是，在过去的几十年里，因为国会不合理地削减预算，国立卫生研究院的财政资金被削减超过了20%，他们不得不减少甚至停掉一些项目，其中包括对我们健康有重要意义的重大项目，如传染性疾病、癌症、糖尿病、中风、心脏病、关节炎、精神病、上瘾等。把纳税人的钱拿来支持国立卫生研究院，没有比这更好的用途了；这个例子证明有些事情只有国家才能做好，因为财政和利润要求等原因，私营部门是做不到这些的。

Sources and Bibliography

参考文献

本书涉及的谈话内容都有实时录音或文字记录，书中所载各大事件亦依照时间顺序用文字或视频记录下来，所有细节、事件、发现、谈话内容皆如实记录，并无事后篡改或臆想之处。为避免混淆和赘述，笔者将几次独立进行的采访整合为一个谈话。资料的来源基本按照该资料在各章中出现的顺序排列，而没有引用资料的章节则是根据笔者的亲身经历撰写的。

Chapter 2: Somewhere in the Americas

Author interviews and correspondence with Ron Blom and Bob Crippen, Jet Propulsion Laboratory, August and September 1997.

Author interview with David Stuart, Harvard University, 1997.

Author interview with Gordon Willey, Harvard University, 1997.

Author interviews and correspondence with Steve Elkins, 1997.

Chapter 3: The Devil Had Killed Him

The Fifth Letter of Hernan Cortes to the Emperor Charles V, translated from the original Spanish by Don Pascual de Gayangos. Originally published by the Hakluyt Society. NewYork: Lenox Hill Publishers (Burt Franklin), reprinted 1970. Retrieved from the website of the Library of the University of California.

Christopher Begley and Ellen Cox, "Reading and Writing the White City Legend: Allegories Past and Future. "*Southwest Philosophy Review*, Vol. 23, No. 1, January 2007.

John L. Stephens, *Incidents of Travel in Central America, Chiapas and Yucatan*, Vols. 1 and 2. New York: Dover Publications, 1969.

Eduard Conzemius, "Los Indios Payas de Honduras: Estudio Geográfi co, Histórico, Etnográfico y Linguístico, "*Journal de la Société des Américanistes*, Vol. 19, 1927. Retrieved from persee. fr.

William Duncan Strong, "1936 Strong Honduras Expedition, "Vols. 1 and 2. Washington, DC: Smithsonian Institution. Unpublished journals.

William Duncan Strong, "Honduras Expedition Journal 1933. "Washington, DC: Smithsonian Institution. Unpublished journal.

Ralph Solecki and Charles Wagley, "William Duncan Strong, 1899– 1962."*American Anthropologist*, Vol. 65, No. 5, 1963. Retrieved pdf from Wiley Online Library.

Chapter 4: A Land of Cruel Jungles

Christopher S. Stewart, *Jungleland*. New York: Harper Collins, 2013 (e-book edition).

Lawrence M. Small, "A Passionate Collector. " Washington, DC: Smithsonian magazine, November 2000.

"George Heye Dies; Museum Founder. "*New York Times*, January 21, 1957.

Leona Raphael, "Explorer Seeks Fabled Lost City; Spurns Weaker Sex Companionship. "*Calgary Daily Herald*, June 16, 1934.

"Frederick Mitchell- Hedges Dies; British Explorer and Author, 76. "New York Times, June 13, 1959.

J. Eric S. Thompson, *Maya Archaeologist*. London: Robert Hale, 1963.

"Seek Cradle of Race in American Jungle. "*New York Times,* January 24, 1931.
"Hold-Up of Explorer in England Proves Hoax. "*New York Times,* January 17, 1927.

Chapter 5: One of the Few Remaining Mysteries

"'City of Monkey God' Is Believed Located. "*New York Times,* July 12, 1940.

"Honduran Jungles Yield Indian Data. "*New York Times,* August 2, 1940.

"TV Producer a Suicide. "*New York Times,* June 28, 1954.

Christopher S. Stewart, *Jungleland,* op. cit.

National Museum of the American Indian, Smithsonian Institution. Fifty- two unpublished accession catalog cards and photographs from the Theodore Morde Third Honduran Expedition.

Theodore Morde, "In the Lost City of Ancient America's Monkey God."*Milwaukee Sentinel,* September 22, 1940.

"Seek Long Lost City of Monkey God. "*Sunday Morning Star,* United Press, April 7, 1940.

"Theodore Ambrose Morde, 1911– 1954. " Unpublished, boundvolume of original documents, letters, articles, photographs, and typescripts by or relating to Theodore Morde. In the possession of the Morde family.

Theodore Morde and Lawrence Brown, unpublished journals of the Third Honduran Expedition (3 vols.), 1940. In the possession of the Morde family.

E-mail from Christopher Begley, November 4, 2015, confi rming Lancetillal as Morde's presumed city.

Correspondence with Derek Parent, 2015, 2016.

Chapter 6: The Heart of Darkness

Author interviews and correspondence with Steve Elkins, 1997, 2010– 2016.

Author interviews with Bruce Heinicke, 2012.

Steve Elkins interview with George Hasemann, 1994.

Author correspondence with the University of Pennsylvania and Penn State, 2015, 2016.

Bhupendra Jasani, "Remote Monitoring from Space: The Resolution Revolution." In *Verifi cation Yearbook, 2000*. London: Vertic, 2000. Retrieved from www. vertic. org/media/Archived_Publications/Yearbooks/2000/VY00_Jasani. pdf.

Steve Elkins interview with Sam Glassmire, 1997.

Sam Glassmire, *The Bush.* Privately published book, 2002.

Sam Glassmire, "He Found a Lost City. "*Denver Post Sunday Empire Magazine,* November 27 and December 4, 1960.

Sam Glassmire, hand- drawn map, dated February 2, 1960.

"Obituary for Glassmire. "*Albuquerque Journal,* December 1, 2002.

Thomas H. Maugh II, "Ubar, Fabled Lost City, Found by L. A. Team. "*Los Angeles Times,* February 5, 1992.

Chapter 7: The Fish That Swallowed the Whale

Philip Sherwell, "Welcome to Honduras, the Most Dangerous Country on the Planet. "Telegraph,

November 16, 2013.

Rich Cohen, *The Fish That Ate the Whale,* New York: Farrar, Straus and Giroux, 2012.

Boston Fruit Company, Boston Fruit Company Records, 1891–1901. Baker Library, Harvard Business School.

Retrieved from Online Archival Search Information System.

United Fruit Company, "Andrew W. Preston Biography. "Retrieved from unitedfruit. org.

William Finnegan, "An Old- Fashioned Coup. "*New Yorker,* November 30, 2009.

Chapter 8: Lasers in the Jungle

"The Loot of Lima Treasure Story. " Retrieved from aqvisions. com.

Arlen F. Chase, Diane Z. Chase, and John F. Weishampel, "Lasers in the Jungle."*Archaeology,* Vol. 63, No. 4, July/August 2010.

Arlen F. Chase et al. , "Geospatial Revolution and Remote Sensing LiDAR in Mesoamerican Archaeology. "*Proceedings of the National Academy of Sciences,* Vol. 109, No. 32, June 25, 2012. Retrieved from pnas. org.

Arlen F. Chase et al. , "Airborne LiDAR, Archaeology, and the Ancient Maya Landscape at Caracol, Belize. "*Journal of Archaeological Science,* Vol. 38, No. 2, February 2011.

Juan Carlos Fernández Díaz, "Lifting the Canopy Veil. "Imaging Notes, Vol. 26, No. 2, Spring 2011.

Chapter 9: Something That Nobody Had Done

Author interviews and correspondence with Bruce Heinicke, 2012, 2013.

Author interview with Mabel Heinicke, 2013.

Author interview with Ramesh Shrestha, 2013.

Author interview with William Carter, 2013.

Author interviews with Michael Sartori, 2012, 2013.

Author interviews with Steve Elkins, 2012– 2016.

Author interview with President Porfi rio Lobo and Minister áfrico Madrid, 2013.

Chapter 10: The Most Dangerous Place on the Planet

Author interviews with Bill Benenson, 2012, 2013, 2016.

Author interviews with Juan Carlos Fernández, 2012, 2013, 2016.

Author interview with Tom Weinberg, 2016.

Author interviews and correspondence with Bruce Heinicke, 2012, 2013.

Chapter 11: Uncharted Territory

Author interviews with Chuck Gross, 2012, 2013.

Author interviews with Juan Carlos Fernández, 2012, 2015.

Author interview with Ramesh Shrestha, 2013.

Author interview with William Carter, 2013.

Author interviews with Michael Sartori, 2012, 2013.

Ramesh L. Shrestha and William E. Carter, "In Search of the 'Lost City' by Airborne Laser Swath Mapping in Honduras, Final Report. " Houston: GSE Research Center, University of Houston, July 18, 2012. (Unpublished report.)

Chapter 12: No Coincidences

Author interview with áfrico Madrid, 2013.

"The Government of Honduras and UTL Scientifi c, LLC Announce Completion of First- Ever LiDAR Imaging Survey of La Mosquitia Region of Honduras. " Press release, UTL Scientifi c, May 15, 2012.

"UH Research Team Uses Airborne LiDAR to Unveil Possible Honduran Archaeological Ruins. " Press release, University of Houston, June 5, 2012.

Author interview with Rosemary Joyce, 2012.

"Mythical Ciudad Blanca, " May 20, 2012. Retrieved from hondurasculturepolitics. blogspot. com. One of the unnamed authors of this blog post is Rosemary Joyce.

Rosemary Joyce, "Good Science, Big Hype, Bad Archaeology, "June 7, 2012. Retrieved from the Berkeley Blog, blogs. berkeley. edu.

Author interviews with Chris Fisher, 2013, 2015, 2016.

Author interview with Alicia González, 2013.

Chapter 19: Controversy

Interview with Trond Larsen, 2016.

Letter from Harrison Ford to President Hernández, April 22, 2016.

"Letter from International Scholars: Archaeological Finds in Honduras. " Posted March 6, 2015. Retrieved from realhonduranarchaeology. wordpress. com.

"Who Signed the Letter from International Scholars?" Retrieved from realhonduranarchaeology. wordpress. com.

The list of signatories is: Christopher Begley, PhD, Transylvania University; Eva Martinez, PhD, Universidad Nacional Autónoma de Honduras; Rosemary Joyce, PhD, University of California– Berkeley; John Hoopes, PhD, University of Kansas; Warwick Bray, PhD, Emeritus Professor of Latin American Archaeology, University College London; Mark Bonta, PhD, Pennsylvania State University; Julia Hendon, PhD, Gettysburg College; Pastor Gomez, PhD, Honduran archaeologist and historian; Alexander Geurds, PhD, University of Leiden and University of Colorado– Boulder; Carmen Julia Fajardo, Licda, Universidad Nacional Autónoma de Honduras; Gloria Lara Pinto, PhD, Universidad Nacional autónoma de honduras; Jorge G. Marcos, PhD, Centro de Estudios Arqueológicos y Antropológicos, Escuela Superior Politécnica del Litoral, Guayaquil, Ecuador; Geoff McCafferty, PhD, University of Calgary; Adam Benfer, MA, University of Calgary, PhD candidate; Ricardo Agurcia, MA, Asociación Copán; Karen Holmberg, PhD, New York University; Roberto Herrera, MA, Hunter College, City University of New York, PhD candidate, University of New Mexico; Christopher Fung, PhD, University of Massachusetts– Boston; Brent Metz, PhD, University of Kansas; Jeb Card, PhD, Miami University; Ronald Webb, PhD, Temple University; Karen O'Day, PhD, University of Wisconsin– Eau Claire; Antoinette Egitto, PhD, Haskell Indian Nations

University; Grant Berning, BA, University of Kansas, MA candidate; Roos Vlaskamp, MA, Leiden University, PhD candidate; Silvia Gonzalez, MA, Universidad Nacional Autónoma de Honduras.

Charles C. Poling, "A Lost City Found?"*American Archaeology*, Vol. 19, No. 2, Summer 2015. (Some of the quoted passages came from correspondence with Poling and the editors of *American Archaeology that* were not published in the final article.)

Becca Clemens, "Transy Professor Gets Grant to Search for 'Lost City' in Honduras. "*Lexington Herald Leader*, July 5, 2011. Retrieved from www. kentucky. com/news/local/counties/fayette- county/ article44114496. html.

Chris Kenning, "Kentucky Professor a Real- Life Indiana Jones. "*Louisville Courier- Journal*, June 10, 2016.

Sarah Larimer, "The Very Real Search for an Ancient City that Probably Doesn't Exist. "*Washington Post*, January 11, 2016.

Chris Begley, "The Pech and Archaeology in the Mosquitia. " Posted March 15, 2015. Retrieved from realhonduranarchaeology. wordpress. com.

Alan Yuhas, "Archaeologists Condemn National Geographic over Claims of Honduran 'Lost Cities.'"Guardian, March 11, 2015.

"Media FAQ: Under the LiDAR Expedition. " February 2015. Retrieved from resilientworld. com.

Author interviews with Virgilio Paredes, 2015, 2016.

Chapter 20: The Cave of the Glowing Skulls

Timothy Berg, "Digging 3, 000 Years into the Past. " Retrieved from old. planeta. com.

Author James John Joel William Ellen B. Marilyn Simon Author interview with James Brady, 2015.

James E. Brady, George Hasemann, and John H. Fogarty, "Buried Secrets, Luminous Find. "*Americas*, Vol. 47, No. 4, July–August 1955.

John Noble Wilford, "Age of Burials In Honduras Stuns Scholars. "New York Times, January 26, 1995.

Joel Skidmore, "Copan's Founder. " Retrieved from mesoweb. com. William L. Fash, *Scribes, Warriors and Kings: The City of Copán and the Ancient Maya*. New York: Thames & Hudson, 1991.

Ellen E. Bell, Marcello A. Canuto, and Robert J. Sharer, eds. , Understanding Early Classic Copan. Philadelphia: University of Pennsylvania Museum of Archaeology and Anthropology, 2004.

B. L. Turner and Jeremy A. Sabloff, "Classic Period Collapse of the Central Maya Lowlands: Insights about Human– Environment Relationships for Sustainability. "*PNAS*, Vol. 109, No. 35, August 2012. Retrieved from pnas. org/content/109/35/13908.

Marilyn A. Masson, "Maya Collapse Cycles, "*PNAS*, Vol. 109, No. 45, November 2012. Retrieved from pnas. org/content/109/45/18237.

Simon Martin and Nikolai Grube, *Chronicle of the Maya Kings and Queens*, second edition. London: Thames & Hudson, 2008.

Zach Zorich, "The Man under the Jaguar Mountain. "*Archaeology*, Vol. 62, No. 5, September/October 2009.

David Stuart, "The Arrival of Strangers. " Extract of a paper presented at Princeton University, October 1996, revised February 1998. Retrieved from mesoweb. com.

Fray Diego Durán, *Book of the Gods and Rites and the Ancient Calendar,* translated and edited by Fernando Horcasitas and Doris Heyden. Norman, OK: University of Oklahoma Press, 1975.

M. R. , "Palace Coop. "Economist, March 14, 2014.

Jared Diamond, *Collapse.* New York: Penguin, 2011 (e-book edition).

Evon Z. Vogt, *Fieldwork among the Maya.* Albuquerque: University of New Mexico Press, 1994.

Author interview with John Hoopes, 2016.

Author interviews with Christopher Begley, 2012, 2015, 2016.

Christopher Taylor Begley, "Elite Power Strategies and External Connections in Ancient Eastern Honduras. " Unpublished dissertation, University of Chicago, 1999.

Oscar Neil Cruz, *Informe Exploración en la Mosquitia.* Tegucigalpa: IHAH Archives, February 2015. Unpublished report.

Christopher T. Fisher et al. , "Identifying Ancient Settlement Patterns through LiDAR in the Mosquitia Region of Honduras. "*PLOS/one,* Vol 11, No. 8, August 2016. Retrieved from journals. plos. org/ plosone/article?id=10. 1371%2Fjournal. pone. 0159890.

Dealbook, "Blankfein Says He's Just Doing 'God's Work. '"*New York Times,* November 9, 2009.

David Grann, *The Lost City of Z.* New York: Doubleday, 2009.

Author interviews with Chris Fisher, 2015, 2016.

Author interview with Oscar Neil Cruz, 2015.

Chapter 21: The Symbol of Death

George R. Rossman, "Studies on Rocks from the UTL Archeology Site in Honduras. " Unpublished report, December 19, 2015.

Author interview with Chris Fisher, 2016.

Author interview with John Hoopes, 2016.

Author correspondence with Rosemary Joyce, 2016.

Anne Chapman, *Masters of Animals: Oral Traditions of the Tolupan Indians,* Honduras. Philadelphia: Gordon and Breach, 1992.

David E. Stuart, *Anasazi America: Seventeen Centuries on the Road from Center Place.* Albuquerque: University of New Mexico Press, 2014.

Chapter 22: They Came to Wither the Flowers

Noble David Cook, *Born to Die: Disease and New World Conquest, 1492– 1650.* Cambridge, UK: Cambridge University Press, 1998.

Bartolomé de las Casas, *A Brief Account of the Destruction of the Indies.* London: Printed for R. Hewson at the Crown in Cornhill, 1689. Retrieved from Project Gutenberg. Also sourced is the original Spanish- language version, retrieved from Project Gutenberg.

William M. Denevan, ed. , *The Native Population of the Americas in1492,* second edition. Madison, WI: University of Wisconsin Press, 1992.

David Henige, *Numbers from Nowhere: The American Indian Contact Population Debate.* Norman, OK:

University of Oklahoma Press, 1998.

Alfred W. Crosby Jr. , *The Columbian Exchange: Biological and Cultural Consequences of 1492,* 30th anniversary edition. Westport, CT: Praeger Publishers, 2003.

Richard Preston, *The Demon in the Freezer: A True Story.* New York: Random House, 2002.

Hugh Thomas, *Conquest: Montezuma, Cortés, and the Fall of Old Mexico.* New York: Simon & Schuster, 1994.

Linda Newson, *The Cost of Conquest: Indian Decline in Honduras under the Spanish Rule.* Dellplain Latin American Studies No. 20. Boulder, CO: Westview Press, 1986.

Ann F. Ramenofsky, *Vectors of Death: The Archaeology of European Contact.* Albuquerque: University of New Mexico Press, 1988.

Chapter 23: White Leprosy

G. Poinar Jr. and R. Poinar, "Evidence of Vector- Borne Disease of Early Cretaceous Reptiles. "*Vector Borne Zoonotic Disease,* Vol. 4, No. 4, Winter 2004. Retrieved from ncbi. nlm. nih. gov/pubmed/15682513.

F. F. Tuon, V. A. Neto, and V. S. Amato, "Leishmania: Origin, Evolution and Future since the Precambrian. "*FEMS Immunology and Medical Microbiology,* Vol. 54, No. 2, November 2008. Retrieved from ncbi. nlm. nih. gov/pubmed/18631183.

F. E. G. Cox, ed. , *The Wellcome Trust Illustrated History of Tropical Diseases.* London: Trustees of the Wellcome Trust, 1996.

Centers for Disease Control and Prevention, "Leishmaniasis. " Retrieved from cdc. gov.

Elizabeth Martinson et al. , "Pathoecology of Chiribaya Parasitism. "*Memórias do Instituto Oswaldo Cruz,* Vol. 98. Rio de Janeiro, January 2003. Retrieved from scielo. br.

Maria Antonietta Costa et al. , "Ancient Leishmaniasis in a Highland Desert of Northern Chile. "*PLOS/one,* Vol. 4, No. 9, September 2009. Retrieved from journals. plos. org.

Alun Salt, "Ancient Skulls Haunted by Their Past. " September28, 2009. Retrieved from alunsalt. com.

Author interview with James Kus, 2016.

Daniel W. Gade, *Nature and Culture in the Andes.* Madison: University of Wisconsin Press, 1999.

Obituary Notices of Fellows Deceased, Proceedings of the Royal Society of London, Series B, Containing Papers of a Biological Character, Vol. 102, No. 720, April 2, 1928. (Biography of William Leishman.)

Chapter 24: The National Institutes of Health

Author interviews with Dr. Theodore Nash, 2015, 2016.

Author interview with Dr. Elise O'Connell, 2016.

Author interviews with Dave Yoder, 2015, 2016.

Chapter 25: An Isolated Species

Author interviews with Dr. David Sacks, 2015.

Benenson Productions, taped interview with Dr. David Sacks, 2015.
Author interview with Dr. Michael Grigg, 2016.

Chapter 26: La Ciudad del Jaguar

Author interview and correspondence with Juan Carlos Fernández, 2016.

Gabriela Gorbea, "Looters, Tourism, and Racism: Controversy Surrounds 'Discovery' of Lost City in Honduras. " Vice. com, March 31, 2016. Retrieved from news. vice. com/article/honduras-rainforest- controversy- white- city- lost- civilization.

MASTA, "Comunicado Publico, " retrieved from www. mastamiskitu. org/f iles/ COMUNICADO_PUEBLO_MISKITU- CASO_CIUDAD_BLANCA. pdf. (Translation by author.)

Communication with John Hoopes, 2016.

Author interview with President Juan Orlando Hernández, 2016.

Chapter 27: We Became Orphans

Jared Diamond, Guns, Germs, and Steel: The Fates of Human Societies. New York: W. W. Norton, 1999 (e-book edition).

Adrián Recinos and Delia Goetz, translators. The Annals of the Cakchiquels. Norman, OK: University of Oklahoma Press, 1953.

R. Molina, L. Gradoni, and J. Alvar, "HIV and the Transmission of Leishmania." *Annals of Tropical Medicine and Parasitology*, Vol. 97, Supp. 1, May 2003. Retrieved from www. who. int/leishmaniasis/burden/hiv_coinfection/ATMP3. pdf.

World Health Organization, "Leishmaniasis and HIV Coinfection. "Retrieved from the World Health Organization website, who. int.

Author interview with Dr. Kristy Bradley, 2016.

Carmen F. Clarke et al. , "Emergence of Autochthonous Cutaneous Leishmaniasis in Northeastern Texas and Southeastern Oklahoma. " American Journal of Tropical Medicine and Hygiene, Vol. 88, No. 1, January 2013. Retrieved from ncbi. nlm. nih. gov/pmc/articles/PMC3541728/.

Christine A. Petersen and Stephen C. Barr, "Canine Leishmaniasis in North America: Emerging or Newly Recognized?"Veterinary Clinics of North America: Small Animal Practice, Vol. 39, No. 6, November 2009. Retrieved from ncbi. nlm. nih. gov/pmc/articles/PMC2824922/.

Bill & Melinda Gates Foundation, "Preparing for Pandemics. "July 10, 2016. Retrieved from paidpost. nytimes. com/ gates- foundation/ preparing- for- pandemics. html.

Camila González et al. "Climate Change and Risk of Leishmaniasis in North America: Predictions from Ecological Niche Models of Vector and Reservoir Hosts. " PLOS/Neglected Tropical Diseases, Vol. 4, No. 1, January 2010. Retrieved from ncbi. nlm. nih. gov/pmc/articles/PMC2799657/.

Benenson Productions, taped interview with Dr.Anthony Fauci, 2015.

版贸核渝字（2016）第148号

图书在版编目（CIP）数据

失落的猴神之城 /（美）道格拉斯·普雷斯顿著；
吴真贞，邓菁菁译. -- 重庆：重庆出版社，2019.11
书名原文：The Lost City of the Monkey God: A True Story

ISBN 978-7-229-13806-6

Ⅰ.①失… Ⅱ.①道… ②吴… ③邓… Ⅲ.①美洲—历史 Ⅳ.①K700

中国版本图书馆CIP数据核字（2018）第290583号

失落的猴神之城
［美］道格拉斯·普雷斯顿 著
吴真贞 邓菁菁 译

策　　划：华章同人
出版监制：徐宪江
责任编辑：秦 琥 何彦彦
责任印制：杨 宁
营销编辑：王 良
封面设计：今亮后声·小九

重庆出版集团
重庆出版社 出版
（重庆市南岸区南滨路162号1幢）

投稿邮箱：bjhztr@vip.163.com
三河市九洲财鑫印刷有限公司 印刷
重庆出版集团图书发行有限公司 发行
邮购电话：010-85869375/76/77转810
重庆出版社天猫旗舰店
cqcbs.tmall.com
全国新华书店经销

开本：880mm × 1230mm 1/32 印张：9.75 字数：235千
2019年11月第1版 2019年11月第1次印刷
定价：58.00元

如有印装质量问题，请致电023-61520678